培养完美女孩

卜翔宇 编著

北京工艺美术出版社

图书在版编目（CIP）数据

培养完美女孩/卜翔宇编著． — 北京:北京工艺美术出版
社，2017.7

ISBN 978-7-5140-1306-1

Ⅰ.①培… Ⅱ.①卜… Ⅲ.①女性－家庭教育 Ⅳ.①G78

中国版本图书馆CIP数据核字（2017）第156066号

出 版 人：陈高潮
责任编辑：李 雪
封面设计：韩立强
责任印制：宋朝晖

培养完美女孩

卜翔宇 编著

出 版	北京工艺美术出版社
发 行	北京美联京工图书有限公司
地 址	北京市朝阳区化工路甲18号
	中国北京出版创意产业基地先导区
邮 编	100124
电 话	(010) 84255105（总编室）
	(010) 64283630（编辑室）
	(010) 64280045（发 行）
传 真	(010) 64280045/84255105
网 址	www.gmcbs.cn
经 销	全国新华书店
印 刷	北京中振源印务有限公司
开 本	787毫米×1092毫米 1/16
印 张	16
版 次	2017年7月第1版
印 次	2017年7月第1次印刷
印 数	1～5000
书 号	ISBN 978-7-5140-1306-1
定 价	32.00元

前　言

　　望女成凤是每位家长的心愿。身为女孩的父母，无不希望自己的女孩成长为一个集美丽、优雅、博学、成功、多才、自信于一身的完美女孩，最终获得成功的事业和幸福的婚姻。但是，完美女孩不是天生的，而是通过后天细心打造的，这与父母的教育和引导不无关系。正如古人所说："玉不琢，不成器。"女孩如同一块璞玉，只有在精心雕琢下才能绽放出最美的光彩。

　　父母的教育决定了女孩的未来，完美女孩是优质教育的结果。家庭是女孩人生中的第一所大学，父母是第一任老师，父母的言传身教，对女孩的智力、性格、习惯、心态、能力、品德的培育等有着重大影响，甚至可以决定女孩的一生。女孩将来会成为什么样的人，成就怎样的事业，掌握多少财富，建立怎样的家庭，收获怎样的幸福，都掌握在父母的手中。因此，你想给女儿一个美好的明天，就要精心培育她，因为没有不完美的女孩，只有不会教的父母。

　　然而，现实生活中，有些父母望女成凤心切，过分关注女孩的智力发育和学业成绩，把自己未实现的理想强加到女孩身上，不加选择地给女孩安排各种培训班或才艺班，希望她考一所名牌大学或凭借一门才艺获得成功，而完全不顾及女孩自身的成长规律，也忽略了女孩心理、能力、品德等其他方面的培养。其实，完美的女孩不只是成绩优异、才艺超群，她们更懂得发挥自己的潜质，她们因为非凡的气质和优雅的谈吐被人们所喜爱，她们应在某个领域中表现出果断的办事能力和独当一面的气魄，还应具备独特的眼光、成熟的心智，能够稳稳地找到属于自己的终身幸福……这些并不是单靠学习课本知识和特长培训就能够造就的。

　　教育女孩是一门艺术。要培养出一个幸福、完美的女孩，父母不但要教，更需要掌握科学的教育观念和方法，具备一定的养育智慧。如果引导得当、教育方式合理，你的女儿就会成为一个卓尔不群的人才，并找到一个同样优秀的丈夫共度一生。教不得法，不但达不到培养目标，还可能毁掉女儿一生的幸福。因而，要想培育好女孩，必须先学会做父母，首先提高自身的素质，以自己言传身教的榜样力量去影响女孩，塑造女孩。其次是掌握科学的教育理念和有效的技巧，不要陷入对女孩成长不利的教育误区。再次，女孩在人生的各个阶段，会遇到各种各样的问题、困难和挫折，父母们应随时更新自己的教育观念，及时观察发现女孩的心思，帮助她、引导她正确面对和处理各种问题，这样才能确保其健康成长。

那么如何培养女孩子？它和培养男孩子有什么不同之处吗？如何让自己的女儿出类拔萃？怎样引导她走向幸福的生活呢？

《养育完美女孩》结合女孩的心理特征和成长规律，从不同角度出发，为父母们提供了一套成功育女方案，使父母们掌握教育的正确方向和科学方法，真正教到点子上，是每一位望女成凤的父母的必读书。本书深刻分析了女孩与男孩的不同之处、女孩天性中的优缺点，以及父亲和母亲在养育女孩过程中所应起到的不同作用，统揽女孩成长过程中的教育问题及解决办法，全面介绍女孩的身体、心理、性格、气质、品质、理财、才艺、潜能、学习等各个方面的培养，指导父母教出有素质、有能力、有眼光、有魅力的卓越女孩。书中综合介绍了国际著名教育家如老卡尔·威特、蒙台梭利、多湖辉等的教育理念，最有助于发展女孩天性的教育方法，以及透视女孩心路历程所应掌握的心理学，如延迟满足、强化心理、巴纳姆效应、从众心理等，有效解决了最令女孩父母头疼的难题，如如何说女孩才会听、女孩如何安全度过青春期、如何避免刁蛮任性的小女孩、怎样令女儿学会应对挫折等。

掌握了这些方法和技巧，并用心、耐心、精心培育自己的女儿，她一定能够朝着你所期盼的方向发展，成为人人羡慕的完美女孩。即使只是普通女孩，也能从这种教育和引导中得到受益终生的启迪，收获自己的幸福。

目　录

第一章　男孩来自火星，女孩来自金星

有别于男孩的一片天地

一个脆生生的"小甜辣椒"

在古老的童谣中有这样的传说：女孩就是用糖和香料以及一切美好的东西做成的。

和男孩相比，女孩们很少会对手枪、坦克、变形金刚这样的玩具感兴趣，她们喜欢可爱的洋娃娃、漂亮的花瓣，或者是好闻的香水，她们喜欢一切美好的事物。

这就是女孩，她们就好像是一块小甜饼，永远让爱着她的爸爸妈妈忍不住想咬她一口。

她是那样的聪明伶俐、乖巧可爱，让所有看到她的人都会忍不住想逗逗她，甚至是想捏一下她肉乎乎的小脸蛋。

如果你也有这样的一个女儿，你一定会希望她能永远那样乖巧而惹人疼爱，你希望她永远生活得平安幸福。但是，女孩的世界中并不都是那样平静而美丽，她们在成长的过程中也总会有这样那样的烦恼，那些对大人们来说无所谓的困难却足以让女孩感到抓狂和不知所措，在她们的世界中也有很多的苦恼和哀愁。

她会莫名其妙地闷闷不乐；

她会突然间哭起来不停，大声地叫嚷；

她会在某个时候对父母很依赖，以至于不想回到自己的房间睡觉；

……

看着自己眼前这个情绪多变的小女孩，你会不会觉得她比外星人还令我们捉摸不透？

我们常常会听到自己的女儿这样抱怨：

"为什么我长得这么普通，而我特别讨厌的那个女孩却那么漂亮？"

"为什么我总是这么倒霉？"

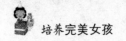

"该死的考试，什么时候才能结束？"

看看下面一对母女的对话吧：

莉莉："当班长太累了，又要自己学习，还要维持纪律。"

妈妈："既然不喜欢，就和老师说说不做了。"

莉莉："可是我也很喜欢做班长，它让我觉得很光荣。"

妈妈："既然你喜欢，那就不要再嚷嚷着说累了。"

莉莉沮丧："可是喜欢不代表不累啊！"

妈妈反问："那你到底想要怎样呢？"

莉莉郁闷："哎呀！你根本就不理解我，我不和你说了。"

妈妈无奈："真不知道你到底要说什么。"

……

谈过话后，莉莉只觉得情绪无处发泄，她不愿意继续交谈，因为她觉得无趣极了。

在大多数人的惯常思维中，女孩是乖巧、善良、可爱的，其实这样认识女孩并不全面，女孩的特有性格中还少不了固执苛刻、喜怒无常和蛮横霸道，这些性格特征出现在女孩身上是多么正常。

这时的女孩就不再是一块甜甜的饼了，而成了一个呛人的小辣椒。

事实上，女孩就是这样，她们并不只是表面上的单纯可爱，她们善于耍小心眼，更倾向于"智取"。尽管她们有很甜美的一面，但是我们也不能忽略她们的辛辣、苦涩，还有就是酸与麻。

对于女孩的教育，并不是说要简单地保留她身上的甜味而去掉其他不好的气味，更不可以任她掩盖住天性当中的那些甜味。最高明的父母，一定要让这些味道全部保留，并且调制成最可口、最美味、最容易让人接受、最让人喜欢的独特风味。当然，最重要的一点是，让女孩因为自己的独特味道而感受到幸福和快乐。

如果父母能够培养出这样的女孩，就会感受到：抚养一个女孩真的像是在创作一件艺术品，是一件十分美好的事。

"嗯……那好吧"——容易委曲求全的小女孩

这些看上去又甜又辣的小女生，她们的成长轨迹是怎样的呢？

一位有着多年从教经验的老师这样描述她眼中的女孩：

她们是文静的，也是懂得遵守纪律的，她们上课认真听讲，在课堂上从不捣乱；

她们总是按时交作业的好小孩，她们害怕挨老师的批评；

和男孩相比，她们更善于懂得如何讨得长辈们的欢心；

……

女孩，更喜欢安定、平稳地成长，这个特点不知曾为多少家长感到欣慰：因为大多数的女孩家长都持有这样的观点，正是由于女孩如此听话乖巧，家长们往往不需要太费神就可以把她们教养好。

而实际上，真的就是这样简单吗？

著名的教育专家孙云晓先生曾经就此提醒女孩的家长们：千万不要"高兴得太早"。家长这种盲目的高兴和疏忽大意很有可能会走向另一个教育误区：家长如果不够注意女孩的心理发展，女孩就很有可能变得敏感多疑；家长如果不注意女孩的能力培养，女孩就会有可能变得胆小脆弱……

小女孩豆豆今年已经4岁，虽然说在幼儿园里年纪已经不算小了，但是她好像天生就很怕人，在幼儿园里经常会把自己心爱的玩具不情愿地让给别人。

那天妈妈去幼儿园接豆豆回家，在院子里看到了这一幕：

小豆豆站在院子的一角，手里捏着她喜欢的毛绒玩具小海豚，正在摆弄着，不远处小男孩丁丁朝着豆豆的方向跑了过来："冲啊，杀啊。"

豆豆吓坏了，她本能地把小海豚藏在身后，大声喊道："不许你抢我的海豚！"

豆豆不说还好，这样一说，丁丁执意要抢豆豆的玩具，把豆豆气哭了。

"哇哇——"

看到宝贝女儿在哭，妈妈感到很心疼，连忙跑了过去对丁丁说："你怎么可以抢姐姐的东西呢？这样做是不对的。"

丁丁哪里理会，他扮个鬼脸之后就利落地跑开了。

空荡荡的院子里只有豆豆和妈妈，妈妈使出浑身解数来安抚这个受到心灵创伤的小女孩："好豆豆我们不哭了，回去妈妈给你买个更大的海豚。"总算是让豆豆破涕为笑了。

只是，妈妈心里一直嘀咕：我家豆豆总是这么怯懦，连小弟弟都可以欺负她，但愿她以后长大了可不要这样。

相信没有一个家长希望自己的女儿会变成这样，但又是什么原因会让这些女孩变得如此敏感脆弱呢？

追根溯源，要从人身体中那对性染色体中的 X 染色体说起。

X 染色体携带了女性基因，所以它强化了女孩天生具有的女性特征，比如软弱、安静、柔顺等特点；与此同时，它还决定了女孩更加注重人际关系的协调，这才是根本的原因。正因为女孩更害怕人与人之间的关系破裂，所以她们常常会委曲求全，胆小软弱这样的特征就很明显地表现出来了。

正因为如此，女孩和男孩在看待周围的世界时，才会表现出很大的不同。

女孩总是重视与自己有关的任何人之间的关系。细心的家长也许会发现，当自己的女孩与他人的关系不融洽的时候，她们会极度的伤心难过："为什么老师不表扬我了呢？""为什么今天莉莉不带我玩了？""为什么姐姐不和我一起拼图了呢？"

为了能够让自己的内心充满安全感，女孩总是需要更好地保持与他人之间的关系。

为了能够与爸爸妈妈保持更好更稳固的关系，女孩总是会让自己完全按照父母的意愿行事，即便有的时候她的内心很不乐意。

在与同龄人的交往当中，女孩也经常会表现得谦让和顺从，以赢得对方的好感，使彼此更友好，使自己更有安全感。

沿着这种成长轨迹长大的女孩，她们多半很听话，在很多时候不得不委曲求全，不太爱表达自己的看法，也不是遵照着自己的意愿来行事。

在不知不觉中，女孩原本的独立性、自主性都丧失了。这种习惯将一直影响到女孩日后的生活，她们常常会为了满足他人的意愿而损害自身的利益。

"爸爸是我的保护神"——渴望他人的保护

女孩似乎天生就渴望得到他人的保护。

在女孩很小的时候，她们从来不为什么事情而担心，因为她们知道，爸爸妈妈会一直在身边保护她们。在生活中，不难看到这样的场景：

一个小女孩和一个小男孩，他们正在发生争执。小女孩气哄哄地说："哼哼，我不怕你，我爸爸很厉害的，你要是再敢欺负我，我就告诉爸爸。"

当生活中出现的一些状况让女孩感到无法应对的时候，她们的第一反应总是希望能够有人伸出援助之手。而这个给她们提供无微不至的帮助的人，非爸爸莫属。

曾经有大量的研究表明：那些平时与父亲接触较少的女孩，她们在体重、身高、动作等方面的发育速度都会显得较为落后，并普遍存在焦虑、自尊心不强、自控能力较弱等感情障碍，表现为忧虑、多动、有依赖性，这种状况被专家称之为"缺少父亲综合征"，在父亲坚实臂膀的支持和呵护下，不管身处何处，女儿总是能平安健康地茁壮成长。

大多数的女孩都会有这样的一段心理发展历程，甚至有的女孩会形成一种强烈的心理依赖：我要受到别人的帮助和保护，因为我是女孩。很多爸爸妈妈，在面对女孩的这种心理依赖时总会感到习以为常：毕竟，女孩子嘛，娇气很正常。不过，为人父母者可能还不知道这样的危害吧，其实这样的做法对女孩的成长和发展都极为不利，因为一个女孩如果经常抱有依赖心理，她就会很自然地把自己定位成弱者。长此以往，当她们遇到了人生重大问题的时候，首先想到的一定不是依靠自己的力量来解决，而是总幻想着有人来帮助她。

其实，在小女孩的心目中，她们总是幻想着得到父母更多的爱，父母的爱，是这些小女孩最坚实的依靠。她们想要得到的，不仅仅是疼爱，而是宠爱。

这可能是女孩的天性，她们习惯于把自己定位成"弱者"，而这种定位，可能更多地来自于父母的宠爱。

大多数的父母总认为女孩是娇小而柔弱的，喜欢对宝贝女儿们过度地爱护："哎哟！我的小宝宝啊。"看到女孩受苦了受累了，总是忍不住心疼，看到女孩哭了，就不舍得再教训她了。这些被宠着哄着长大的女孩已经禁不起挫折和伤害，正因为如此，女孩也认为她们受到保护是天经地义的。女孩天生的敏感以及家长的过度呵护，反而让她觉得自己常常会被一种不安全的感觉所包围。

这是一个周末，小女孩芸芸在家里沉沉地睡着，而爸爸妈妈都早早起床，因为他们要去参观一个项目展览。

临走的时候，妈妈写了一张小字条放在桌子上，告诉芸芸他们要下午才能回来，叮嘱她不要随便给陌生人开门。桌子上放好了芸芸的早饭和午饭，吃的时候只需要放到微波炉里加热一下就好。把一切安排妥当，爸爸妈妈安心地出门了。

上午9点多，芸芸终于睡醒了，她揉揉惺忪的眼睛，发现周围一片安静。和往常一样，她习惯地赖在床上，叫着"妈妈，妈妈"。要是以往，妈妈肯定会放下手中的家务，然后来到芸芸旁边，哄着她说："都几点了，你怎么还不起床啦？早饭还要不要吃呢？"可是今天，爸爸妈妈怎么没有反应呢？芸芸一下子就急了，放大声音喊"妈妈，妈妈"，还是没有反应。芸芸感到委屈，撅起嘴不高兴了。

芸芸穿好衣服来到客厅，发现爸爸妈妈都不在家，只有她一个人。桌上的早餐已经凉了，要是在以往，妈妈一定会把热腾腾的早餐摆在她面前。想

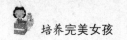

想以前，一家人总是围着她团团转的情景，不知为什么，芸芸一下子难过起来，眼泪顺着眼角就流了出来。

养育女孩，为她创造一个和睦的家庭气氛是尤为重要的。以前也曾经有过相关的研究表明：在和睦的家庭环境中成长起来的女孩，会比其他的孩子更加开朗活泼、聪明可爱。

小女孩心中的美好生活是什么样子的呢？来看看一个小朋友的日记：

今天，爸爸妈妈带着我去公园，我玩秋千，妈妈帮我扶着，爸爸帮我推着，我坐在中间。爸爸还给我买了一个"蓝猫"大号气球，我特别喜欢。我们下午回家了，妈妈又给我做了一桌好吃的饭菜。今天真高兴啊。

想让女孩生活得快乐吗？她们并不需要昂贵的衣服，也不一定要玩最高级的玩具，只要让她感到爸爸妈妈在爱她，女孩就会感到没有比这更值得高兴的事情了。

如果一个家庭不和睦，那么受伤最深的也是孩子，尤其是最看重人与人之间关系的女孩。

"我可以吗"——小女孩欠主见

和男孩相比而言，很多女孩都有缺乏主见的表现：

女孩喜欢关注周围的好伙伴喜欢穿什么样的衣服，然后追赶着流行，自己也要买一件。

不仅是衣服，女孩还关注美丽的发型和漂亮的首饰，看到别的女孩拥有的漂亮手链，自己也想拥有一条。

任何一项或是有意义或无意义的活动，在女生中往往会传播得很快，因为一传十，十传百，女孩子都爱跟风……

女孩天生都是没主意的孩子吗？

女孩所表现出来的"没主见"，一方面和女孩天生注重人际关系有着密切的关系。另一方面，也在于后天爸爸妈妈的培养。

父母的培养方式对于女孩子这一点的改造至关重要。很多爸爸妈妈过于爱自己的孩子，以至于事事都替孩子包办了。时间久了，父母终于发现自己的孩子好像不太有主见。其实，孩子一路成长的过程中，哪有自己做主的机会呢？

女孩有她独特的成长过程，当女孩还很小的时候，并不能自然地来进行理性思维。所以但凡遇到什么事情，总是不能够很好地进行选择。比如有的时候父母问她："晚上想吃什么？"也许她会思考半个小时还想不出答案来。

女孩稍微长大一点，到了青春期之后，这个时期由于受到激素分泌等因素的影响，女孩会变得比较懒散，她们在意识上觉得让别人来做抉择比自己做出决定简单得多。所以，她们不太喜欢思考，无论生活中遇到的大事还是琐碎的事情，她们都会把决定权交给周围的人，自己干脆"顺其自然"就好了。

所以，父母最好有意识地培养女孩的自主能力，尽可能地调动孩子身上的积极性。

谢军是享誉世界的国际象棋特级大师，曾获得过多项世界冠军。很多人羡慕她的辉煌成就，但很少有人知道她之所以能够取得这样的成就，完全是因为父母给了她自主的机会。

1982年，12岁的谢军小学即将毕业，但她却面临了两难境地：是升重点中学还是学棋，在这个分岔口谢军举棋不定。

小学6年中，谢军曾有7个学期被评为三好生，这样品学兼优的孩子，学校当然要保送她上重点中学。

但是，国际象棋的黑白格同样牵引着谢军和她的一家人。在这个节骨眼，母亲的一席话给了谢军莫大的勇气，让年纪小小的她学会了自主，学会了对自己负责。

母亲叫来了谢军，用商量的语气说："谢军，抬起头来，看着母亲的眼睛。你很喜欢下棋，是不是？"

这是母亲对女儿选择道路的提问，从某种意义上讲，也是对女儿将来命运的提问。

谢军目光坚毅、严肃地看着母亲的眼睛，坚定地说出7个字："我还是喜欢学棋。"

听到女儿的话后，母亲同意了她的选择，同时又严肃地说："很好，不过你要记住，下棋这条路是你自己选择的，既然你做出了这个重要的选择，今后你就应该负起一个棋手应有的责任。"

一个12岁的女孩很难懂得和理解这段话，但却理解了父母的良苦用心。

正是母亲的这段话，使谢军受益终生。假如当初没有这段话，或者是由父母决定女儿的前途，就不会有今天的谢军，也不会有中国这位国际象棋"皇后"。

要知道，小女孩天生就不喜欢自己做决定，父母更应该有意识地给女孩创造更多做主的机会，千万不要让她成为没有主见的"小乖乖"。

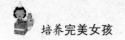

女孩大脑里装的都是什么

语言能力：女孩天生的特长

家长们总会有这样的体验：女孩总是比男孩子更善于表达自己的感情。男孩比较偏重于用自己的行为来表达自己的想法，而女孩则更喜欢用语言来表达自己的想法。相比于男孩而言，女孩更喜欢整天欢快地喊"爸爸妈妈"，而不是一个人闷在那里自顾自地玩耍。喜欢给爸爸妈妈讲故事听的一定是个女孩，而不会是男孩。

这种差异是普遍的，更是与生俱来的。女孩拥有更好的语言表达能力，这一点毋庸置疑。

在英国，曾经有学者先后对 3000 对左右的龙凤胎进行调查，试图通过比较找到使人更擅长讲话的基因究竟在哪里。研究人员分别教这些龙凤胎识字，观察他们对语言认知能力的大小，而女孩总是比男孩懂得更多。

他们研究的结果是：女孩比男孩更有语言天赋，这从他们两岁的时候就可以看出来。

这个现象，或许用左右脑之间的功能分区可以解释。

人的大脑分为左脑和右脑，它们分别具有不同的功能。简单地讲，左脑是负责语言和推理的，而右脑则是负责运动以及时空方位的。女孩的大脑比男孩发展得要快，而且她们更多地在使用左脑思考问题，所以女孩的左脑相对发达一些，因而语言能力也相对要好一些。

讲到这里，也许家长们就会发现：女孩与男孩的兴趣点完全不同。女孩一般比较喜欢组词、造句、猜谜语等游戏，而男孩则更喜欢搭积木、走迷宫等游戏。

等到女孩的年纪稍微大一些，家长们还可以发现：女孩的写作能力要远远强于男孩，语文成绩也比男孩要高出一截。

作文课上，老师给同学们发了一篇高年级学姐的作文，明明拿过来一看，不禁大喜，抑制不住自己的情绪对周围同学讲道："这篇文章的作者是我的二姐。"老师看了他一眼，无动于衷，对同学们说道："这篇范文写得很好，希望同学们在课下好好学习。"

明明继续对同桌说道："回家我把这篇文章拿给我二姐看，她一定会高兴的。"

老师看到明明的表现，继续说道："同样是出生在一样的家庭，受一样的教育，语文的学习水平怎么会差这么多呢？明明，你要多反思反思自己，争取也能写出好文章来。"

被老师这样一说，明明的兴奋一扫而光。

其实，这位老师并没有认识到，如果让男孩也有很好的语言水平，这是一个不算宽松的要求。现在有越来越多的家长也已经能够认同女孩在语言方面能够表现出来的优势，辩论、写作、阅读，这些都可以看作是女生的强项。

形象思维，女孩略高一筹

关于文科 MM（妹妹）和理科 GG（哥哥）的故事，放在这里讲并不过时。

提问："同样面对一杯清水，文科 MM 和理科 GG 的反应会有什么不同呢？"

文科 MM："看啊，这杯水晶莹剔透，纯净无瑕，宛若一个冰清玉洁的仙子。这样的干净澄澈，让我想起了青海湖边的蓝天碧水，没有些许的杂质。这样的透明，又让我想起了红楼梦里林妹妹的那滴眼泪，水珠中裹着脂粉的香气。"

理科 GG："这杯水，是要蒸发的。"

这个故事所讲的，就是女孩和男孩在形象思维方面的差异。

通俗地讲，形象思维是指形象能够在大脑里动起来，而且还能够具有连续性。就好比看到草原之后，大脑中马上就可以展现出一片关于草原形象的发散联想：草原像一片毛茸茸的地毯铺在大地，草原的绿色和水彩画颜料有所不同，比颜料更加天然和淳朴，这才是形象思维的关键所在。

这样的差别，并不完全在于他们是文科生还是理科生，而在于不同的性别，对事物的想象是绝对不同的。小女孩习惯于看到一些美好的事物进行浮想联翩，甚至与其他的事物一起相提并论，而男孩则不然，他们更喜欢直接、直白和直率。

高阿姨领着两个小朋友从马戏团走了出来，她分别问玲玲和壮壮："你们觉得那只猴子可爱不？"

壮壮用一句话直接收尾："那只猴子灵活敏锐。"

而玲玲的心得就很多了："那只猴子的尾巴长长的，我很担心它在钻火圈的时候会被烧到尾巴。还有它的屁股为什么会这样红，是不是以前被烧坏过呀。还有猴子的脸很像是有表情的，它的脸会动。"

看，这就是女孩。

这样的差异，还是要从大脑结构这个角度来解释。正是由于女孩的左脑要比男孩的左脑发达，所以才会在形象思维方面比男孩优越很多。

既然女孩的形象思维天生就是优势，家长是否应该想想办法，帮助女孩再进一步开发？

读连环画是培养形象思维最好的方法，也是最简便的方法，因为连环画可以将故事、形象等一幕幕地加以展开。当女孩走进了连环画的世界中，她会发现书的第一页只有一个简单的场面，但是后面却可以延展出一串长长的故事。家长在使用连环画的时候，还可以让女孩先看第一幅图，然后问她："你觉得这幅图和之前看过的那些图画相似吗？它们相似在何处？""你能不能根据这幅图画猜出后面会发生的事情，为什么呢？"通过这样的方式来提高女孩的形象思维能力。

糟糕的抽象思维

在平常的生活当中，家长们总会发现，和男孩相比，女孩会显得更加"笨"一些，比如：女孩的数学成绩总是比男孩要低；女孩基本上都是"物理盲"；观察女孩如何做几何题吧，画完图之后基本上就无从下笔了。

事实上的确如此，女孩在抽象思维方面远远比不过男孩，而抽象的思维能力，是由大脑所决定的。其中右脑的主要功能之一就是负责抽象思维，而女孩右脑开发的程度要比男孩低很多。

正由于如此，家长们往往陷入"女孩比男孩笨"的误区，实际上并不是谁比谁笨，而是男孩和女孩的思维方式不同。

1. 女孩有着较强的记忆能力，所以思维的灵活性不够，而且理解能力比较差。男孩则偏向于抽象思维，他们善于依靠概念进行进一步的判断和推理，有较强的演绎、归纳的能力，思维的灵活性要远远强于女孩。

2. 女孩更加习惯于模仿，在处理问题的时候更加细心，注重细节，但是不能很好地把握全局与部分之间的关系。而男孩们喜欢独立思考，综合分析能力较强，在处理问题的时候更加重视全局与部分之间的联系，但是对细节的注意力不够好。

3. 男孩从小喜欢玩机械类的玩具，比如汽车、变形金刚之类的，喜欢摆弄物体，这就使男孩从很小就具备了较强的动手能力，喜欢自己进行设计实验，有比较高的创造力。而女孩子喜欢玩的一般就是大头娃娃、毛绒玩具，所以她们的动手能力比较差。

生活中常会出现这样的场景：

浩浩正在帮小豆豆讲数学题目，浩浩已经讲得满头大汗了，但是小豆豆依然木木然，根本没有要开窍的迹象。在浩浩看来很简单的一道数学应用题，豆豆就是想不明白。浩浩干脆这样，写一步就问一遍豆豆："这一步看懂了吗？"要等豆豆点头，浩浩才讲下一步。

进行到第四步骤的时候，豆豆发话了："我不明白嘛，从这一步是如何跳到下一步的？"

"刚才讲上一步的时候，你不是点头明白了吗？"浩浩不耐烦了。

"是啊，上一步我明白啊，但是这一步我就不懂啦。"豆豆一脸的茫然。

"这一步就是在上一步的基础上得来的哦。"浩浩说道。

"怎么得来的？"

……

浩浩已经被豆豆整得要虚脱了，他实在不知道该如何应付这个豆豆。干脆，浩浩使出自己的绘画才能，帮豆豆画了一幅示意图，没想到豆豆一看就明白了：

"原来这么简单，你要是早画一张图给我，那我早就明白了。"

"你……"浩浩实在是拿豆豆没有办法。

看，女孩往往是这样，她们没有更多的意识去思考、去推敲，更喜欢这样的直观，不习惯去思考。女孩天生都是如此，我们无可奈何，却又不得不遵从她们的思维方式。

方位是个什么概念——模糊的空间感

空间感是个什么样的概念呢？

如何走出一桩迷宫？这样的游戏实际上就是在培养孩子的空间感。但是，大多数的父母如此粗心，以至于没有意识到，这种游戏实际上是帮助孩子们树立对空间的概念。

而实际上，男孩子的空间感普遍要好于女孩，这是他们的性别所决定的，我们没有办法加以改变。但是尽管如此，我们也要要求自己的女孩能够做到：去商店可以成功买回想要的东西而不至于走丢，如果想去某个地方玩一玩的话，能够自己顺着地图的方向找过去就最好不过了。

有一个女孩很优秀，无奈却有一个致命的毛病——她没有对于空间以及距离的感觉。每当和人约定去哪里做什么事情的时候，千万不能苛刻地要求她不迟到，她只要不要你再返回去接她过来就不错了。就因为她这个总也找不到路的毛病，人们有事都不喜欢叫上她，因为找不到路，碰不到面这样的事情对任何人都很痛苦。

空间感是如此的重要，以至于会给我们的生活带来深远的影响。然而小女孩们却恰恰在这一方面如此欠缺。他们的这种劣势在生活中表现得尤为明显，即便是年纪比较大的女孩，她们也大多会在陌生的环境中分不清方位，和男孩相比更加容易迷路。所以，女孩们不喜欢学习几何——无论是平面的还是立体的，相信家长读到这里之后就能够体谅她们了。

下面，推荐几个小游戏，能够让女孩提高对空间及距离的感知能力。

拼图

女孩在拼图的时候往往需要将图形旋转，正是这样的训练有助于她们方位感的培养。当女孩大一点的时候就会很自然地动脑筋，思考自己手里拿的这一块是不是想要拼接的位置。拼图是一种简便易行的游戏方式，而且最容易让女孩产生成就感。在选择拼图的时候要根据女孩的年龄来选择难易程度不同的拼图，以获得最佳训练效果。

积木

积木可以帮助女孩熟悉和创造出三维空间，并且可以对她们将来学习几何有帮助。积木有简单的玩法，也有复杂的玩法，那要根据女孩的具体情况来决定。对于年纪较小的女孩，父母可经常给予鼓励"宝宝能建一个高楼了"，让她们提起对于玩积木的兴趣，等她们年纪大一些之后，父母可以在纸上画一个非常简单的"图纸"，然后让她们用立体的积木来表现你所画的平面图，难度有所提升，她的空间感也会有所提升。

折纸

给女孩一张纸，让她折出各种各样的形状，这样的游戏可以培养女孩的动手能力，同时在制作的过程中会逐渐感受到平面变换为立体的过程。

面对女孩，家长如何"量体裁衣"

通过前几节的分析可以得知，女孩虽然具有很强的语言能力，语文成绩也不错，但是，这并不能解决女孩在理科学习上的弱势，由于女孩在方位空间想象力、抽象思维力等方面存在着先天的不足，多少会对于理科的学习造成障碍。有的女孩在做数学题的时候，甚至发现自己读不懂题目，难道是语言能力不好吗？

数学考试成绩发下来了，林林回到家很沮丧地对妈妈说："这道题我根本就没有看明白，如果看懂了就会做了。""我把这道题的意思理解错了"。妈妈不以为然地对林林说："看看你呀，每次都是这么粗心。"

实际上，并非是女孩在做题的时候不认真，而是在做题目的时候出现了阅读障碍。专家通过分析得知：男孩在做理科题目的时候，他们的大脑在快速运转，并善于把字面的意思转化为图像，而女孩喜欢一遍又一遍地读题目，仅从字面的意思去理解。有些数学题，如果仅仅通过读题目根本就找不到解题的方法，而且会越读越迷糊。但如果把题目的意思用图画表现出来，题目所要表达的意思就一目了然了。

可以举个很简单的例子：

小 A 有 6 个橘子，小 B 比他多了 2 个，小 B 有几个橘子？

这是很简单的一年级数学题目，而有的小女孩会一遍又一遍地读这个题目，围绕"多了"这个关键点展开思考，结果会自己把自己绕进去。

而男孩则不会在字面上较真，他会在草稿纸上画 6 个圆圈，然后再加上 2 个，这样很轻易就会得到答案。

越是到高年级，理科题目的"语言绕弯"现象就越严重，很多的题目难度并没有增加，只是在表述方式上绕了一下，这足以让很多女孩理不清思路。要弥补女孩的数学能力，先要改变女孩的注意点，并鼓励她用画图的方法来解决题目。通过画图，可以把很抽象的句子变成很形象的，方便思考。对于女孩来说，这是一种行之有效的学习数学的方法，对提高她们的学习成绩会有很大的帮助。

除此之外，家长还可以对女孩做一些提高抽象思维的训练。我们可以先给女孩出个题目，提问 3 乘以 5 等于多少？女孩可以回答出来等于 15。关键是父母可以再进一步给女孩讲述说："其实，这些数学运算可以用一个 $A \times B = C$ 的公式来表示。"这个公式就是帮助女孩树立抽象概念的工具。家长可以通过这些联系告诉女孩，我们所见到的关于这个世界上的很多事物都是可以运用抽象的形式来表示的。这样的练习，就有助于帮助她们对种种的复杂现象进行组合整理，并且会形成新的概念。

全面了解女孩的成长历程

学龄前阶段，塑造好女孩的关键

7岁前的女孩，正值身体发育的时候。在这段时间内，父母最需要做到的就是让女孩快乐地成长，让她可以像朵小花一样安然绽放就好了。这时的女孩在成长过程中最需要的养料就是足够的爱，她们需要父母们的照顾和保护，如果爸爸妈妈们不能在这个时期给予孩子足够的保护，那么在她长大之后就很容易依赖父母。所以建议爸爸妈妈最好能够多抱抱她，能够多爱抚她。

还有的家长望女成凤，希望能够让女孩以最小的年龄极限接受早期教育，以期能够赢在起点。然而，这一时期的女孩最喜欢的就是自由地玩耍，父母们应该尽量地让她能够快乐地嬉戏，在她游戏的时候协助她，而并不是粗暴地打断她，在游戏的过程中不断地培养女孩坚持不懈的精神以及创造力，还可以让她在以后能够变得更加聪明能干。

美国的一位儿童心理学家曾经表明，按照女孩的成长轨迹，10～11岁时才会有理性的思维，如果我们在女孩的能力还没有达到的时候就去强迫她来理解某些事物，那无异于直接毁掉女孩对于认识世界的兴趣了。对于那些女孩现在还不懂的事物，家长们大可放心，因为她是会长大的，长大之后理解能力展开的那一天，她就可以懂得全部。

著名的教育专家孙云晓老师曾经在一本著作中讲道：

在这一教育阶段，父母们最容易犯的错误就是，试图用讲道理的方式赢得女孩的合作。

其实，如果我们试图让一个只有三四岁的小女孩接受我们所讲的那些大道理，或者听我们的告诫，这些都是违背女孩成长规律，或者说是拔苗助长的一种教育方式。因为一个刚刚学会说话的小女孩是不可能理解这些大道理的。

这时候的女孩，最需要的就是玩具，足够多的玩具，玩具是女孩在成长过程中所不可缺少的。根据女孩的年龄，选择适合她们的玩具，可以最大限度地发挥女孩的潜力。对于不同年龄的女孩，如何挑选玩具也是很有学问的。

当女孩长到2周岁的时候就已经开始学习走路了，这时候的家长应该多给女孩选择一些拖拉玩具，以提高女孩对走路的兴趣。目前市场上的拖拉玩具造型丰富，并且玩具在拉动的过程中会伴有响声，这对于小孩子而言是极具吸引力的。在帮助孩子选择玩具的过程中家长应该注意所使用的材料是否安全无毒，并观察玩具表面是否有裂痕，上膜是否光亮，是否有发霉或者是发锈的零件。

当女孩长到三四岁的时候，家长可以考虑给她买积木玩。在选择积木的时候最好也根据女孩的年龄和智力发展水平，先买一些块数较少的积木给女孩来玩，以后再循序渐进挑选数量多的积木。在选择积木的时候要注意观察棱边等是否有歪斜的状况。

女孩在玩积木的时候，最开始总是会照着图纸的说明来搭建，这个时候父母可以引导女孩自己发挥创建一个新的"建筑"，让女孩能够自由地发挥自己的想象。

当女孩长到了五六岁的时候，可以给她买一些小钢琴之类的玩具，启发她们对于音乐的领悟，开发智力。在帮助女孩挑选这类玩具的时候，要先试一下弹出的音调是否纯正。

此外，家长们还可以给女孩们买一些张贴画之类的玩具来玩，一方面可以培养女孩的动手能力和欣赏能力，同时可起到开发智力的作用。

小学的天真时代，培养能力的最佳时期

女孩上了小学之后，开始走出自己的小家庭，并且惊喜地发现自己已经成为一个独立存在的个体。她更加热心于接触周围的新事物，外面的一切对她而言都是新鲜的。这时候的女孩渴望自己能够融入群体中来，和周围的人建立联系。

这个时候的小女孩会变得稍稍叛逆一些而不再迷信权威。当她幼小的时候，可以对父母无条件的依赖，父母在她心目中的权威总是不可动摇的。但是当女孩上了学，接触到了周围的人之后，她的小脑袋里被注入了更多的新思想，这使她不再相信父母是正确的了，她开始有了自己的主见，并且开始觉得即便是父母的话也不一定都是正确的。所以，问题来了，在这一时期也许父母们会觉得自己的小女儿开始变得很叛逆。

另一方面，这个时候的女孩已经长成一个"小大人"了，父母们这时可以有意识地培养她们的一些个人能力，这对女孩是有好处的。

首先，家长应该着重培养女孩的学习能力。曾经有一份研究报告说，现在的社会已经进入了知识爆炸的时代，而女孩在学校中所学到的知识，在社会上能够用到的只占 5% 左右，这说明，一个优秀的女孩要想跟上社会的进程，一定要靠自己更多的学习才能得到。

其次，培养女孩的动手能力也是至关重要的。培养女孩的动手能力，可以进一步激发女孩的学习兴趣，使她更加喜欢学习。当女孩小的时候，她们很乐于将自己的手工作品拿出来给家长展示，以得到大人们的认可。同时，当女孩在动手的时候，她的大脑也一定会跟着思考，如何能够把手中的东西做得更好，这样的话，求知欲就会被激发起来。

再者，这个时候要培养女孩的自理能力。现在的小女孩在家里都是娇生惯养，自理能力很差，甚至会性格孤僻暴躁，往往家长哪里照顾不周，她就会感到委屈。然而从另一个方面来说，由于现在的课业负担愈加沉重，女孩们没有时间做自己的事似乎成了顺理成章的事实，家长们爱女心切，则更是把孩子的事情全都大包大揽到自己身上了。也有一些家长在观念上认为，女孩小小年纪，根本就不需要做家务。实际上，女孩的自理能力基本上就是从家庭中培养起来的，父母们不要事事都为女孩准备好，而是要帮助女孩摆脱依赖家长的想法，让女孩从小学会规划管理自己的时间、安排自己的事情。只要女孩树立起信心之后，她们就知道自己能够做好一切了。

步入中学，女孩长大了，父母还需要做什么

当女孩成长到这一阶段，恭喜家长，她已经不仅仅是个孩子，而是已经成为一个曼妙多姿的少女了。这个时期的女孩已经步入青春期，生理上开始了第二阶段的发育。她们迎来的是真正意义上的成长，渐渐地她们会遇到各种各样的生活选择。

随着女孩年龄的增长，也许家长们会发现，她们的管教系数也在不断增加，她们经常会与父母有很多分歧，她们常常会有自己的主见，而且讲起道理来头头是道，让人无法辩驳，家长们也许会感到很挠头。这时候的女孩可不是当初的小孩子，再想用哄骗的方式来对女孩进行教育已经不能起到丝毫的作用。而青春期的女孩又极度敏感，家长在教育的时候也不得不小心谨慎，千万不要轻易训斥女孩，甚至是打骂女孩，这样的做法会使女孩感到自尊心严重受挫，甚至会发生意想不到的事情。

然而对于女孩的父母们来说，最不愿意面对的事实就是眼看着女儿一点点脱离自己的控制。所以父母就要有意识让女孩成为自己手中的风筝，可以允许她自由地探视外面新奇的世界，给她属于自己的人生道路，与此同时心里还要十分清楚女孩有没有做出格的事情。高明的父母并不是要紧紧抓住风筝不让它飞，而是要紧紧握住风筝线，不让它乱飞。

任何一个女孩，她们都希望自己的爸爸妈妈能够给她们足够的理解、支持与鼓励。所以为人父母者要给女孩足够的耐心，支持她所做出的选择，鼓

励她一直走下去。

兰兰从小就喜欢扮演角色，正巧就在她13岁的那年，剧组在招演员的时候，她被星探相中了。跟随剧组演戏，怎么着也要两年的时间。可是兰兰正当上学的年纪，如果去演戏的话就无法正常学习了，该怎么办呢？

这个时候，犯难的不仅仅是兰兰，还有兰兰的家人。要知道，家里只有这一个宝贝闺女，如果一步走错了，将来耽误了她的前程怎么办？可是，兰兰平时最喜欢的就是表演，如果她没有机会接触自己所爱好的事情，那也是不小的损失啊。

鱼和熊掌不可兼得。兰兰的妈妈觉得应该和女儿好好谈谈了，这其中的拿捏分寸，应该让女儿自己来决定。

妈妈把兰兰叫到身边，语重心长地对她说："兰兰，现在你面临着一个重大的选择，你是想继续好好上学呢，还是想放弃两年的学业去参加演出呢？妈妈想听听你的意思。"

"嗯……"小兰兰想了一下说道，"我只是喜欢扮演，但是要两年时间，太长了啊。"

妈妈从兰兰的话中听出了女儿真实的想法，于是不失时机地引导："是啊，那兰兰，我们还是继续好好念书吧，将来才会有机会碰到更好玩的事情呢，你说呢？"

兰兰认同地点了点头。

女孩的成长过程中需要自由的空间，如果要想让女孩茁壮地成长，就一定要给她们自由的空间，而并不是要让她们拘泥在一个个小小的"鱼缸"之中。

在很多时候，家长过于严厉的管教，反而会扼杀女孩原本美好的本性，令孩子感到无比窒息，甚至产生长远的不利影响。

乖小孩 & 怪丫头——女孩的另类成长

"现在的男孩子们说话总是细声细气的，相反班上的女孩子们言行却很粗犷泼辣，真不知道现在的孩子们都怎么了。男孩不像是男孩，女孩不像是女孩。"曾经有一位中学教师很无奈地这样讲道。

炎炎是一所重点高中的女生，她从小到大从来都没有留过长头发，也从来都没有穿过裙子，俨然就是一个标准的"假小子"。而父母不觉得她这样有什么不好，反而觉得正在上学时候，如果太过于打扮自己会影响学业，也就由她去了，从小便拿她当成男孩抚养。

而在炎炎的班级中，像她这样的"假小子"却不少，虽说是女孩，但是大家的性格都是十分直爽开朗，仿佛班上的女娃都是梁山好汉，能为同伴两肋插刀。

而现在，"中性"也已经成为一个时髦的称呼，很多女孩坦言自己不喜欢那种柔柔弱弱的女孩。很多女孩的打扮与男生无别，一眼看上去还真分不出性别来。

面对这些"与众不同"的女孩子，家长们也是喜忧参半。喜的是自己的女孩能够这么放得开，不像那些扭扭捏捏的小气女孩，忧的是自己的女孩居然会像男孩子一样豪放，没有一点儿女孩子样。

当然，每一种性格都有其优势和劣势，不可以片面来看待，同时，父母的引导也很关键。

萱萱是个很漂亮的小女孩，但是她的性格却和男孩子一样，甚至说她比男孩子的胆子都大。有一次在教室的窗台上落下了一只受伤的蝙蝠，很多男生都不敢过去碰，但是萱萱二话不说就用手把蝙蝠抓起来，还故意跑到男生那里炫耀："你们连这都怕，真胆小，还不如我呢。"

萱萱最喜欢上的就是体育课，而且她的体育成绩很好，无论是投铅球还是爬杆跳双杠，她样样在行，周围的小女孩们可羡慕她了。有一次老师教大家做前滚翻运动，萱萱一学就会，伶俐得很，然后她用后半节课的时间来教别的女孩们，俨然一个小教练，班上的女孩都喜欢她。

平时在学校里，萱萱从来不会和任何一个小女孩吵架，因为在她眼里无非都是鸡毛蒜皮的小事，不值得计较。当然了，萱萱最不喜欢的就是那些喜欢哭哭啼啼的小女孩。每当遇到老师的指责，她也从来不哭，摆出一副无所谓的状态，有时还会调皮地朝老师吐舌头。

萱萱的这种性格是"中性"女孩的杰出典范，她不会像那些小女孩一样敏感爱哭，这样的女孩会让父母省不少心。不仅如此，这样的女孩通常很容易交到朋友，而且会与伙伴们愉快地相处。

作为父母，如果发现自己的女孩性格上大大咧咧，那说明女孩子有很强的交往天赋，所以作为父母要鼓励她多交朋友，而且要着重培养她的交际能力，这对于她以后的发展很有好处。

父母在鼓励女孩多交往的同时，还应该引导女孩做一个举止优雅、谈吐有度的人。

总之，面对这些个性的女孩，父母一定要做出接受的态度，然后再进一步地加以调教。

第二章　教育的 99％依靠家庭，家庭是 女孩成长的第一站

为女孩营造温馨和睦的家庭环境

温馨的家庭与女孩的心灵成长

女孩子的成长主要包括两个大的方面，一是身体的成长，一是心灵的成长。一般的家长都会更加注重女孩的身体成长，怕她的饮食不好而影响身体发育，怕她生活习惯不好而产生疾病。但是女孩在成长的过程中，她的心理也是在不断变化的，心灵的成长需要更多的营养，而这一点恰恰被家长们忽视了，甚至有的家长根本就没能够给予女孩这方面的补养。比如说，帮助女孩建立一个温馨的家庭环境，就是女孩成长最好的土壤，但是很多家长都忽视了。

曾经有一所小学对学生进行调查，设置了这样一个问题：你最希望爸爸妈妈满足你什么样的要求？结果，在接受调查的小学生中，有 57％的孩子都说希望自己的爸爸妈妈能够肯定自己、认可自己。不要总是批评他们，也不要总是拿他们和别的孩子比，希望家庭中永远是快乐祥和的。

有的家长对于孩子这样的心理感到不理解，有一位妈妈说："我的孩子从来没有要求过我什么，也没找我要过什么，在我看来，她只知道吃喝玩，然后就是学习。毕竟都是小孩子，她的年龄还很小，也没有什么生活压力。我想只要多给她一些零花钱，她就会很快乐吧。"看看，我们的家长对自己的女孩有着多么深的误解啊。

当我们走在大街上，看到一个衣衫褴褛的孤儿的时候，相信我们的内心一定会对之报以同情。而在现实的生活中，或许你心爱的女孩，她的心灵正处在饥寒交迫之中，甚至是伤痕累累，正需要家长用爱心来滋润她幼小干枯的心田。

但是，很多爸爸妈妈对此毫无察觉，甚至会在女孩受伤的心灵中再戳一

把刀子，再次刺痛女孩的心灵。所以，希望家长们从现在开始，收起我们常用的食指，不要再指着女孩对其指责，而是要伸出我们的大拇指，对女孩多多夸奖。如果父母能够伸开双臂将女孩的心灵拥暖，用充满肯定语气的话语对女孩加以更多的欣赏，为女孩的成长营造一个幸福的童年和少年，相信她以后能够健康快乐地成长。

给女孩的成长以自由

自由能够让一个女孩焕发出巨大的想象力空间，并且产生发散性的思维，发挥出巨大的潜能。当一个女孩的心灵解开了限制之后，将会充满无穷的活力，更加的天真烂漫。我们要给予女孩安排时间的自由，给予女孩支配零花钱的自由，给予女孩自主选择课外读物的自由，给予女孩发展自己兴趣的自由，等等。给她一片自己的天地，她将开拓出一片新的格局。

教会女孩心理自助

我们所生活的这个世界，并非到处都是美好的事物，这个世界也同样有着阴暗丑陋的一面。我们要在日常的生活中教女孩有这样的认识，当她再次遇到挫折之后，就能够很快地调整自己的心态，能够教会女孩用一个正确的心态来面对一切，女孩才会有能力应对将来的挫折，用正确的方法来排解心中的负面情绪。当然，我们要教给女孩一个基本点，就是既不伤害自己又不伤害别人。

女孩对周围的环境更加敏感

很多家长在有了孩子之后才有切身体会，原来养个孩子是这样的不容易。女孩的很多表现会让他们闹不明白，比如说，女孩小的时候为什么喜欢吃手指头？她们为什么会因为一些微不足道的小事而着迷？为什么她总是喜欢将手中的玩具扔掉，再因为自己没有玩具而哭闹？在这些奇怪现象的背后，有一个容易被家长忽略的至关重要的教育概念，那就是女孩的敏感期。了解女孩的敏感期，并且根据女孩的敏感期制定教育方略，这是每个父母的必修课。

女孩在成长过程中的某个阶段，会出现这样的一种现象，那就是只对周围环境中的某一项事物感兴趣，因而只对该事物专心而拒绝接受其他事物，这个时期就叫作敏感期。父母在女孩处在敏感期的时候，应当适当地给女孩一些帮助，利用这个时候女孩的特点来进行顺其自然的教育，将起到事半功倍的效果。

教育家蒙台梭利认为，懂得教育的家长应该根据女孩不同的年龄段用不同的方法挖掘女孩的潜能，进行不同的训练方法。经过长期的研究，蒙台梭利归纳出女孩幼年时期的九种敏感期：

语言敏感期（0～6岁）：这是训练女孩表达能力的最好时期；

秩序敏感期（2～4岁）：当女孩从环境中逐步建立起内在秩序的时候，智能也会因此而逐步建构；

感官敏感期（0～6岁）：这个时候女孩正在借着听觉、视觉、味觉、触觉等感官熟悉环境；

兴趣敏感期（1～4岁）：这时正是培养女孩注重细节，培养缜密思维的好时机；

动作敏感期（0～6岁）：这时的女孩最为活泼好动，应多让女孩充分运动，同时帮助左右脑均衡发展；

社会规范敏感期（2～6岁）：父母要注意与女孩建立明确的生活规范，保证女孩在日后拥有自律的生活；

书写敏感期（3～5岁）：这一时期适宜对女孩进行书写训练；

阅读敏感期（4～5岁）：父母可以选择多种读物，为女孩布置一个读书环境；

文化敏感期（6～9岁）：父母可在此时为女孩提供丰富的文化信息。

抓住成长的关键时期进行教育将会起到事半功倍的效果，而敏感期正是教养的重点。敏感期是大自然赋予女孩的成长助力，如果没有抓住敏感期进行适时适当的教育，就会错失学习的机会，日后若再想学习，不仅要付出更多的时间和精力，而且效果不一定是最好的。

父母应该明确各自在家庭中的角色定位

细心的家长们可能会注意到，一群小孩在一起玩过家家，而自己的女孩总是喜欢扮演妈妈的角色，她们会学着妈妈的样子，奶声奶气地对布娃娃说："宝宝，该吃饭了。来吧，让妈妈喂你吃饭。"有的时候，女儿们还会主动地利用现有资源组成一个小"家"，有爸爸，有妈妈，有哥哥，然后"一家人"在一起玩游戏。

这就是女孩将自己生活中所经历的场景搬到游戏中来了，同时，这样的游戏也显示出了女孩的梦想：她希望她的爸爸妈妈永远喜欢她。

爸爸妈妈对女孩的爱就如同游戏中所扮演的那样，即便爱的本质是相同的，但是父亲与母亲，完全是两种不同的角色。

父亲具有一种健壮、理性、创新的特质，可以让女孩感受到的是主见、责任和原则。通过父亲无形的示范，女孩将这些优秀的品质和人生必备的智慧，自然而然地纳入自己的思维世界中来，继而形成了自己人生哲学框架中的一部分。

和爸爸的这种理性、创新精神相比，妈妈会显得更加的温柔和秀美，并将这一面淋漓尽致地展现给女孩。母性使然，妈妈会与女儿成为最亲密的无话不谈的朋友，在日常生活中直接影响着女孩的行为小节。

男人与女人，这两种动物天生存在着巨大的差异，这样的差异决定了在家庭教育中父母所起到的作用不同，爸爸妈妈分别需要运用不同的教养智慧，以达到事半功倍的效果，为女孩的成长助一臂之力。

同时，父母对女孩不同的教养态度，也决定了女孩的特长以及未来的发展轨迹。

有一位儿童心理学家曾经总结出这样一段话："父母对女孩的影响是潜移默化的，它不仅仅塑造着女孩的人生观和价值观，还在悄悄描画着女孩看待自己的表情。如果父母眼中的女孩是正直自信的，那么女孩就不会辜负这份信任；如果父母眼中的女孩是懦弱无能的，那么女孩就会怀疑自己不是一个坚强的孩子。"

小女孩唱歌跑调了，妈妈不耐烦地对她说："行了，行了，快停停吧，以后不要再折磨我们的耳朵了。"

女孩自己一个人正在带劲地跳舞，爸爸在一旁笑得前仰后合："乖宝贝啊，你跳的是什么舞，实在是奇怪啊！"

当女孩独自一人"奋战"整个晚上，然后独自拿出一幅画给妈妈看的时候，妈妈严肃地纠正她："咦？你画的西红柿怎么是黄色的呢？不对啊。"

爸爸妈妈是女孩最为亲近的人，女孩在幼年时期非常重视爸爸妈妈对自己的看法，一句不经意的话足以鼓舞她们，也足以伤害她们。

有些家长在教育实践中没有做到很好的父母角色转换，特别是在与女孩的关系处理上，给女孩灌输的思想要么过于成人化，要么对女孩的要求过高等等，这会导致在教育女孩的过程中存在一些问题，同时使女孩在亲子沟通方面出现障碍。

女孩的家长不管从事何种行业，在女孩面前永远只担当一种角色：爸爸或是妈妈。

爸爸要明确自己的角色

一般说来，爸爸是家庭中的保护伞，也是女孩走向社会的引路人，父亲的示范和启示，将帮助女孩树立远大的志向，拥有完整的精神世界，也必将影响到她今后的人生。但是，现在的爸爸总是扮演着"赞助商"的角色，却很少能够感觉到女孩内心的真实感受。女孩也只能从父亲那里得到金钱，很难感受到来自父亲的爱。

妈妈也要明确好自己的角色

妈妈对女孩的精心照料，能够使女孩感受到家庭的温暖以及爱的美好，在这种环境成长起来的女孩必定心怀善意，能够包容他人，并成为值得信赖的完美女孩。只是，如果妈妈们过于重视生活细节，会很容易让自己的女孩变得不能动手，只知道享受。

父母千万不要在女孩面前吵架

没有一个孩子喜欢整天吵架的家庭环境。所有的孩子都希望自己的爸爸妈妈能够相亲相爱，希望自己的家有一个和睦、友爱、温暖的气氛。但是很多父母却时常忽略女孩的这点心理要求，有的时候，父母脾气一上来，往往就顾不了这么多了：当我们与另一半有分歧的时候，就会毫无顾忌地大吵大闹；吵架的时候忘记了父母应有的榜样作用，说脏话，不顾及家长的形象。

良好的家庭气氛是孩子能够健康成长的重要依托，而家庭气氛又是两种环境关系的产物，它包括家庭物质环境和家庭心理环境。物质条件差没有关系，如果我们可以给孩子足够的快乐，她们依然会生活得非常愉快。

犹太人认为家庭气氛在教育中是具有重要作用的一个因素。尽管世界上大部分的犹太人都在过着颠沛流离的生活，但是他们依然会竭尽全力为女孩营造出和谐、温馨的家庭环境。

曾经有过一位英国学者先后走访了20多个国家，并对1万多名不同肤色、条件各异的学龄儿童进行调查发现，他们对于家庭生活和家庭气氛分外重视，这位学者还总结出了各国儿童对父母的10条要求，其中"父母不要在孩子面前吵架"高居榜首。

中国的一位儿童教育专家也对小学和幼儿园的孩子做了"你最喜欢什么样的家庭"的调查。结果发现，孩子们对父母和家庭的要求放在首位的并非是经济、物质条件，他们对吃的、穿的、用的和玩的东西似乎都不大在意，相反，却很关注自己家庭的精神生活。最喜欢的家有5种，而排在第一位的是和睦、团结、友爱的家。孩子们最喜欢爸爸妈妈和和气气，不吵架、不斗嘴，全家老小和睦相处，让家里始终充满爱。

父母之间能够彼此恩爱，和睦的家庭气氛能够为女孩的身心成长注入生机与活力，增加女孩对于生活的信心与勇气。如果一个女孩长久以来是在一

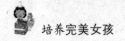

个紧张压抑的氛围中成长，就会逐渐变得性格内向，严重的还会形成心理障碍。

在和孩子说话的时候，要注意用语

有些父母在和女孩说话的时候，常常会使用命令式的口气，像"你为什么不……""你赶快给我……"难免让女孩产生逆反心理。每当父母发现女孩缺点的时候，可以给女孩一些委婉的建议，像"如果""不妨""或者"等等，但是注意不要说伤害女孩感情的话。

利用一切可能的机会和孩子交谈

吃饭、散步、临睡前、旅行都是很好的交谈机会，这时候女孩的情绪比较放松，常常会表达出自己最想说的东西。女孩在越小的时候越愿意诉说，教师与父母应该以充满耐心与兴趣的姿态来倾听，因为这个时候才是沟通的黄金时期。如果将这种沟通坚持下去，即使是女孩长大了，也会习惯与教师、父母交流。

在孩子面前，别轻易说出"离婚"

在离婚这一事件中，受伤最深的并不是离婚的当事人，而是下一代——无辜的孩子。父母离婚对于一个孩子所产生的影响是深远的，孩子内心深处的那道伤疤也许永远无法抚平，将影响其一生的人生观和价值观。所以，为了我们的孩子，在对待离婚这件事情上，需慎之又慎。

下面介绍一位母亲，她在离婚之后发现自己的孩子变得很难管教，性格上出现了严重的扭曲。

我和前夫离异之后，女儿一直是由我们两个人轮流来照顾。我们离异一年之后，我发现女儿在处世上出现了很多异常，也不像从前那样善良了，对这个世界、对周围的人好像充满了恨。

有一次，女儿一个人独自在阳台上用橡皮泥捏了两个小人，然后在小人身上扎很多的孔洞，我问她这两个人是谁，女儿说是爸爸和他的那个女朋友。

女儿的性格逐渐变得越来越偏激、自私和多疑，她经常有事没事地问我："妈妈，你还爱我吗？你是不是不想要我了？"然后她就举出"铁证"来说明我不喜欢她的原因，比如某天给邻居家的小朋友东西吃了，让表弟玩她的玩具了，姥姥批评她的时候我没有帮她说好话等等。还经常又哭又闹的，怎么讲道理都说不通。

女儿唯一的伙伴就是家里的那只大花猫，但是她总喜欢把绳子系在猫的脖子上，再把猫吊起来，我上前阻止的话她就会说这只猫太调皮了。哎，这个女儿已经狠毒得让我感到害怕了，我要怎样才能纠正她呢？

很显然，父母的离婚已经在女孩的心理上留下了严重的阴影。我们看到的是一个冷漠自私的小女孩，但是"可恨之人必有可怜之处"，因为女孩从小就是在一个缺少爱的环境中成长起来的，你能说她小时候不苦吗？一个从来都没有得到过爱的女孩，她又怎么会有能力去爱别人呢？

具体说来，父母离婚会对女孩造成哪些伤害呢？美国有一些心理学家就离婚对女孩的影响进行过调查，在面临父母离婚时，不同年龄段的女孩的反应是不同的：

2 岁半～3 岁半的女孩所表现出的是倒退行为；

3 岁 8 个月～4 岁 8 个月的女孩所表现出来的是偏激、易怒的行为；

5～6 岁的女孩所表现出来的是强烈的攻击性行为；

7～8 岁的女孩表现出来的是悲哀、害怕的情绪；

9～10 岁的女孩会产生强烈的失落感和孤独感；

11 岁以上的女孩会有强烈的厌世情绪，对未来没有信心。

不仅仅是离婚，即便是父母没有离婚，如果他们之间的关系比较紧张，不能和睦地生活在一起，这样的话也会对女孩造成不良的心理影响。

父母离婚之后，小孩可能会变得更加好斗，更加不爱与人合作，或者是更加的不合群。如果经常对女孩施加"你要站在哪一方"这样的压力，对女孩的伤害尤其大，会使婚姻给女孩带来的伤害增加。

很多父母在离婚之后自己本身就已经很脆弱了，期望女孩会变得懂事一些，希望女孩能够给自己一些帮助。但是实际上，女孩毕竟比我们要脆弱，所以不可以给女孩太多的压力，并且要允许她有正常的感情宣泄。在女孩情绪平稳的时候与她耐心交流。

为女儿建立一个"民主家庭"

在家里，如果家长们从来都不考虑女孩的感受，那么女孩就会感到在家庭中没有了话语权，而且无处发泄心中的不满。久而久之，女孩要么就会成为窝囊废，要么会成为沉默寡言的"闷葫芦"，要么会成为一心只知读书的"书呆子"。

如果定期在家庭中举办一个"家庭会议"，则能够为女孩找到一个说话的窗口。在家庭会议中，女孩可以倾听爸爸妈妈说一些家庭中的事情，了解家庭中的一些实际状况，并且可以参加到交流甚至是解决问题的环节中来。尤其值得提出的是，这一切的活动都是在民主平等的氛围中进行的，并且在无形中可以使女孩思考问题、组织语言、参与活动的能力得到锻炼，并且会使女孩树立让自己慢慢走向独立的意识。

家庭会议是女孩成长的一个小渠道，女孩可以通过家庭会议上讨论的问题而逐渐熟悉自己的家庭情况。女孩会通过爸爸妈妈的谈话了解到原来一个家庭需要考虑的事情是那样复杂，而这些体验，更有利于女孩为以后适应社会生活打下基础。

每到月末，木木就会拿出家庭会议记录本，和爸爸妈妈一起坐在沙发上，开始每个月一次的家庭会议。这天晚上，全家人又都坐在了一起。

"爸爸，您对我这个月的表现满意吗？"木木一脸真诚地问爸爸。

"嗯，没有问题，很好。"爸爸高兴地说道。

"这一段时间，心里总是有一股莫名的躁动，不知道是为什么。"妈妈在一旁说道。

"或许是你平时做的家务太多了，而且前一段时间工作太费心了。"爸爸帮助妈妈分析："我们可以找一个放松心情的好方法。"

"爸爸妈妈，那我们一起去郊游好不好？"木木开心地提建议。

"嗯，好啊。"接下来，一家人又都聚集在灯光下开始讨论旅行线路。

在召开家庭会议的时候应该尽量注意些什么呢？

为了保证家庭会议能够长久有效地进行，应遵循哪些原则呢？可以注意以下几个方面：

1. 爸爸或者妈妈负责主持会议。
2. 尽量每位成员都不要缺席。
3. 每个成员都有表达自己意见的权力。
4. 不得在会议进程中大呼小叫，或者是说话打岔。
5. 每位成员都要相互尊重，不可以有贬损的语言。
6. 开会的过程中，应该将电视、电脑、收音机等关掉。
7. 在会议中提出问题，希望每位成员都能够提出解决方法。

把孩子看成独立的个体

在父母的意识中，习惯上把女孩当成是自己的附庸，却忽略了女孩是一个独立的人。其实，在日常的生活中，父母就应该有意识培养女孩的独立意识，让她明白自己是家庭中的一个成员，和家里的其他成员一样都是平等的。当家里来了客人的时候，父母一定不要忘记向客人介绍自己的孩子，这个时候父母应该鼓励孩子和客人们在一起谈话交流，这正是培养女孩人际关系的最佳时机，同时也会增强女孩的自尊心。

对孩子所说的话要表现得感兴趣

当女孩在和家长说话的时候，如果家长能够表现出十分认真的样子，这就会使女孩对父母产生亲近感。大人还可以一边听女孩说话，一边深深地点头："是吗？"这样故意打打帮腔，表示"你说的我都明白"的意思，这很重要。女孩一旦发现自己的想法很被父母认同，就会对说话产生信心。

隔代教养不容忽视的弊端

"爷爷奶奶最好"——如何理性地认识"隔代亲"

随着生活压力的不断增大，很多忙碌的爸爸妈妈纷纷走出家庭外出工作，以至于没有时间和精力照顾自己的孩子，正是因为如此，照顾孩子的重任就落在了我们的父母辈——爷爷奶奶、外公外婆的头上了。

这种现象的普遍似乎已经见多不怪了，如果在放学的时候你在学校门口观望一下即可得知：接送小朋友的大多都是他们的爷爷奶奶，而不是爸爸妈妈。这些老人慈祥地搀扶着孩子，或者是抱着孩子，更有甚者还要背着孩子，任由这些孩子在他们面前撒娇撒泼。而老人们的脸上一般都洋溢着幸福、安详的笑容，对孙辈们的疼爱溢于言表，一切尽在不言中。

在这种美满生活的表面之下，掩藏着深重的教育危机，又有多少人能够意识到呢？

我国自古就有"子不教父之过"的古训，强调的就是：爸爸妈妈才是家庭教育的主要负责人，他们是孩子的主要监护人。现在的家庭已经越来越重视科学教养的作用了，对于养育孩子而言，无论是从教育理念、教育方法，还是知识掌握等各个方面来讲，父母无疑是教育下一代的最佳人选。但是目前的实际情况却非常令人感到担忧：幼儿的教育存在着严重的角色错位问题，也就是说，原本应该由父母担当的家庭教育已经完全由爷爷奶奶或者是外公外婆来担任了。隔代教育已经成为目前教育形式下一个躲不开的话题。

除去父母的工作压力大之外，祖辈们主动地大包大揽也是造成这种现象的主要原因。这些新"上任"的爷爷奶奶中，很多也不过只有五六十岁，他们也正处在精力旺盛、经验丰富的大好时候，有足够的精力和体力来照顾孩子的生活所需。同时，生活的历练也使他们看不惯这些爸爸妈妈带孩子时笨手笨脚的样子。他们不忍心，也不放心自己的子女来带孩子，干脆亲自出马，对孩子的照料实行"一条龙式服务"，绝对服务到家。相反，如果年轻的父母不希望他们带孩子，他们还会感到失落。

正是由于这些原因，使隔代教育已经成为我国家庭教育的主要模式，但是这样的教养方式很容易形成一些不好的流弊。比如说"隔代疼"会使老人们出现放纵、溺爱孩子的现象，缺乏科学育儿的观念、态度和系统知识，由老人们带大的孩子会在身体、心理及人格方面存在诸多的缺陷，大体说来，主要有以下几种。

1. 过分的疼爱容易让孩子"以自我为中心"。平时女孩在家里，爷爷奶奶都哄惯了，凡事都是呼风唤雨，会觉得别人为自己做一切都是理所应当。

2. 被娇惯长大的孩子不能吃苦。

3. 隔代教养长大的女孩容易形成不健全的人格。因为这些孩子大多数时间都是和老人们待在一起的，所以接触的小朋友少，在个性上就会有点孤独，会显得比较难相处。

4. 家庭的教育观念不一致，影响女孩的身心健康。有的时候，我们的父母在教育观念上与我们有所不同，这使得在教育过程中会产生一些分歧，无法形成"统一战线"，这对于孩子来说是极为不好的。

父母尽量不要双方一同外出

做父母的最好不要双方一同外出，而是至少要留一个人在家中工作，做好养育女孩的工作。即便是双方都要外出工作，也要经常回家同女孩进行各方面的交流，给予女孩正确的引导和鼓励，以弥补老人教育上的不足。

提醒自己的父母教育思想要"大换血"

我们可以建议老年人多看看教育方面的书籍，改变自己的观念，为了培养下一代，想方设法填平与女孩的"代沟"，多和女孩进行感情交流，用言行来引导女孩，加强对女孩的思想品德教育。

女孩不在身边——如何实现"遥控式"的亲子教育

"留守儿童"是如今的一个热门话题，根据不完全的估计，我国现在至少有大约 5000 万的留守儿童，他们的父母为了让自己的家庭过上更好的生活，趁自己身强力壮的时候，纷纷走出了家，来到大城市打拼。在这些忙碌的年轻父母中，有的确实没有经济实力将留在家中的老人和孩子接到大城市里来一起生活，他们大多数只有在春节的时候才能与家中的亲人团圆。屈指算算，家长们能够与孩子守在一起的时间少之又少，甚至可以用天来计算，其他的时候，孩子就只好让老人来带了。

即便是家在城市中的年轻人，由于工作的忙碌和生活节奏的加快，他们也没有足够的时间与孩子相处得更长一点，只有利用双休日的时间与孩子们在一起进行互动，以加强亲情。这些小孩子大多从小被爷爷奶奶或者是姥爷姥姥带大，那么用什么样的方法才能尽最大的可能来防止老人溺爱自己的孩子，纵容孩子养成不良的习性呢？这些问题是很多父母感到挠头的。

曾经有一位妈妈抱怨自己的女孩："她实在是太疯了，整天与门口的小孩子在一起玩不知道回家，还经常往家里乱带人。我和她爸爸整天上班，没有更多的时间看护她。尽管我们都有手机，但是为了这个孩子，我们还是特意在家中安了一部座机，为的就是能够时时监督孩子在做什么。"哎，这位妈妈坦言，这样做家长，实在是太累了。要知道，女孩是自己长腿会跑的，家长要步步紧跟到什么时候呢？

当今社会科技发达，通信网络已经遍布全球，距离早就已经不是阻隔亲子关系的障碍了，态度的冷漠才是使亲子关系变淡的罪魁祸首。所以，如果爸爸妈妈没有时间与女孩共处，也不要减少投入教育的精力，至少要让女孩感觉到你是对她很用心的，她才会感受到亲情。所以，这些无法对女孩亲自施教的父母，他们教育孩子的难度要大得多，所付出的精力和心思也更多。

孩子不能经常在身边，这样的一个客观事实已经决定了亲子之间无法长时间地相处，那么，父母努力地保持与女孩适度的联系则是维持亲子关系最好的方法，也是能够及时了解女孩成长动态的最好方法。保持联系的方法有很多，可以是传统意义的写信、打电话，还可以包括网络聊天、语音视频等等一些新颖的通信方式。只要家长足够尽心，总会挖掘出更多的方式带给女孩快乐。

总之，父母应对女孩进行"遥控式"的教育，只要经常保持联系，距离将不再是教育的最大障碍，父母们依然可以肩负起教育女孩的主要责任，依然可以培养出女孩优秀的人格品质。

善于和孩子沟通，但一定是感情上的

英国著名的教育家斯宾塞曾经说过，如果在与孩子交流的过程中再多一些拥抱或者是抚摸的话，会更加促进亲子之间的情感交流。只是在传统的家庭教育中，父母一般只会与女孩进行语言表达，这种交流的方式并不利于交

互感情。著名的语言学家艾伯特·美瑞宾经过研究表明：人与人之间的沟通中有高达 93％的部分都是通过非语言完成的，他还提出了一个著名的沟通公式：沟通的总效果＝7％的语言＋38％的音调＋55％的面部表情。能让女孩感受到父母感情的沟通才是成功的，如果父母对女孩多一些拥抱、抚摸，甚至是亲昵地拍打几下，会使女孩在智力、情感等方面更加健康。

像对待朋友一样对待孩子

在朋友的面前，人们一般都会尽量克制自己，轻易不会用命令或是告诫之类的口气，因为人们习惯把朋友看成与自己一样具有足够的智慧和成熟的心态。所以，如果父母可以像对待朋友一样对待自己的女孩，那样教育的气氛就会更加平等。比如，你和 4 岁的女孩一起在客厅看电视，当女孩看到高兴处时把穿着鞋子的双脚放到了新买的沙发上，父母可能会说："马上把脚从沙发上拿下来！"这时不如用与朋友般说话的语气告诉她："那张沙发才买不久，挺贵的，我很爱惜它。"

再忙也要抽出时间进行"亲子教育"

爱女孩是父母的本能，但是这个"爱"不能只藏在心里，因为对于女孩来讲，她需要感受到爱，爱在她的眼中是实际的，既要能够感觉到，而且还要能够摸到。

父母对于女孩的每一次谈话，每一次拥抱都能够拉近彼此间的距离。对于女孩来说，父母所给她的爱就如同地球上的生命离不开太阳和水那样重要，所以，让女孩感受到父母的爱是非常重要的。而作为父母，所能够给予女孩最好的礼物也就是"爱"了——无论我们有没有时间，无论我们有多忙，因为这种大爱是无条件的，没有商量的余地。

父母们每天都各自有一堆事情要忙，看到女孩犯了错误往往会使原本就杂乱的心情更加烦躁，于是乎难免会用到一些莽撞的词语，诸如"你滚开，我再也不想见你""要是再不听话，我就不要你了""你要是写不完作业，就别想睡觉了"之类的话，无疑是将亲子的关系推上了不和谐的路。这些恶狠狠的话，往往在我们忙昏了头的时候说，但是却会使女孩对父母的爱逐渐麻木，同时我们早晚会失去引导教育女孩的机会。

有很多父母特别宠爱孩子，他们一辈子甘愿为儿女付出，从孩子上幼儿园、上小学、上中学、上大学，到找工作、结婚、生孩子，父母无时不在操心，"为孩子把心都操碎了"，是许多家长都有的感受。然而许多孩子却体会不到这些，他们喜爱和崇拜的人可以是歌星、影星或政界商界的巨头，唯独很少有父母。在一些调查中，孩子们对于为他们"操碎了心"的父母，不但不领情，还有颇多抱怨，惹得很多家长感叹"好心没好报"。

总有一些父母，他们宁可自己省吃俭用，也要让自己的女孩在物质上应有尽有，但是父母们却常常在精神上忽略女孩的需求，对女孩的感情和人格缺乏应有的尊重，这样也很难让女孩感受到父母无私的爱。

父母应该尽可能多的和女孩在一起，每个女孩都需要从父母那里得到足够的重视。

多创造一些与女孩相处的机会

在每天的工作之余，父母应尽量腾出一些时间参与到女孩的游戏当中，和女孩一起读书，或者是为女孩提供一些接触各种东西的机会，并在相处的过程中倾听女孩的心声。通过听女孩说话来了解她们的感受，也是非常有价值的一种方式。与女孩谈话，也为父母提供了一次了解和教育女孩的机会。

在和孩子说话时，注意用语

有些父母与女孩说话的时候，常常使用命令的语气，难免让女孩产生逆反心理。每当父母发现女孩有所欠缺的时候，可以给出一些委婉的建议，像"如果""不妨""试一试""或者"等。还要注意不要说伤害女孩感情的话。

婆媳不和给女孩带来的坏影响

俗话说"家家有本难念的经"，而婆媳不和的情况在家庭生活中实在是太常见了。媳妇和婆婆之间，总会有一些观念相左，以至于无法取得一致的认同。而女孩是家庭教育的中心，怎样来教育女孩又是婆媳不和的一个重要因素，尤其是围绕孩子教育问题而产生的婆媳矛盾尤其让爸爸感到棘手和不知所措。

对于父亲而言，要劝解婆媳矛盾非常困难，手心手背都是肉，帮谁都不好。对于女孩而言，妈妈和奶奶的观点不一致，又应该听谁的才对呢？有的妈妈会挑拨女孩与老人之间的关系，而有的老人会挑拨女孩与妈妈之间的关系，两面要挟之下，女孩的内心该有多痛苦和为难可想而知。女孩的内心当然希望两位亲人能够和和气气，给自己带来欢乐。在这个时候，如果爸爸不能很好地平衡好婆媳关系，那么遭殃的将是女孩了。

女孩的这种愿望，谁能够给予满足呢？当然是父亲。在婆媳矛盾中，只有父亲能够把这件事情完美地解决。因为婆媳不和的导火线往往就是父亲。婆婆经常觉得自己的儿子"娶了媳妇忘了娘"，而媳妇却又觉得自己要永远顺从于婆婆未免不甘心。父亲是婆媳不和的起因，而女孩将会导致婆媳不和升级。解铃还须系铃人，能够缓解婆媳关系的，主要还是靠父亲。因此，如果爸爸在家里能够扮演一个"和面团"的角色，利用婆媳都是为了孩子这个中心，让女孩成为联结家庭关系的纽带，这样不仅可以缓和婆媳关系，同时还可以消除隔代教育的危害。

这种婆媳不和所引起的矛盾中，尤其以性别歧视最为严重。很多年轻开通的父母早已经达成共识，其实生男生女都是一样的，但是观念保守的老人们还会固执地认为生男孩好。所以，有的时候，妈妈生的是女孩，婆婆有可能会脸色不太好，或者是对这个女孩相对轻视，这样的家庭就免不了会出现不和谐了，而这样的隔代教育也注定是要失败的，受损失最大的一定是女孩。爸爸要怎样才能将此事顺利解决呢？

成功的隔代教育有一个前提条件，那就是让老人发自内心地喜欢自己的孩子。如果婆婆受重男轻女思想的影响而看不起女孩的话，那也就无从谈及教育了。所以，爸爸最好能够引导老人改变陈旧的思想，多向老人讲一讲当今的社会是公平竞争。

爸爸要多在婆媳矛盾之中周旋

作为女孩的爸爸，要想解决好这个问题，有时要倾向于自己的妈妈，而有的时候要倾向于自己的妻子，总是要在中间做好权衡，力求婆媳之间能够相互理解，和平共处。再有就是可以帮助老人改善居住环境，多创造一些社会活动机会，这样就会使老人从小生活圈中走出去，开阔自己的认识。

努力让自己的女孩变得优秀

如果自己的女孩很优秀，人人喜欢，那婆婆自然也说不出话来。若自己的女孩在成长过程中出现种种问题，那么最容易引起婆媳之间的争吵。所以只要女孩健康快乐地成长，婆媳的矛盾就会少很多。

让女孩在优越的幸福感中长大

告诉女孩"我爱你"

恋爱中的女孩会比男孩更希望听到"我爱你"三个字。曾经有人说，女孩是水做的骨肉，而"我爱你"的呢喃，就好像是丝丝的甘露，沁人心脾。女孩这种与生俱来的秉性注定了她们需要沐浴在"爱"的氛围之中，她们从小就喜欢被爸爸妈妈娇宠，在她们的眼中整个世界都是粉色的，在她们心目中，整个世界都是甜蜜的。

而有些父母抱怨自己的女孩不能和自己沟通融洽，甚至会出现尴尬的局面，其实父母也有一定的责任，因为作为女孩，她们本身也希望得到爱，也渴望父母对她说"我爱你"，从她们来到这个世界的第一天，她们这样的渴望从来没有停止过。当然，这些爱的养料是否充足，也影响到了她们今后的一生。

小丽今年8岁，很内向，不喜欢和别人玩，同时也很排斥自己的爸爸妈妈，她总是习惯以敌对的情绪来面对周围的一切，口里时不时就会冒出一句"你是坏蛋，快滚开！"弄得周围的邻居和小朋友一头雾水。

等到妈妈发现问题严重时，小丽已孤僻到极点，她整天一副心事重重的样子，妈妈很担心，但怎么问她，她就是不张口说一句话。

有一天，妈妈在给小丽整理书包时，无意中发现小楷本上歪歪斜斜写满了这样一些字：

"爸爸妈妈都不爱我，他们不爱我，他们只知道做他们自己的事！"

"这个家里，有谁能爱我啊？"

"妮妮的妈妈就经常和她说'我爱你'，我想做妮妮妈的孩子！"

看到这张纸条，妈妈马上放下手上的事，和女儿坐在一起聊了许久。

从此每天只要有机会，她就一定会对小丽说"我爱你"，并且随时都关注着小丽，现在她明白了，简简单单的三个字对孩子意味着什么，她也要让女儿知道，父母永远是她的朋友，是最爱她的人。

在美国，"爱"字的使用并不像中国那样扭扭捏捏。美国的家长们总是大大方方地对自己的孩子说"我很爱你"，而我们中国的父母则会竭尽全力用行动表达自己对女孩的爱，是那样的朴素、深沉和内敛。其实在适当的时候对女孩说"我爱你"，是对女孩爱的一种最好的表达方式。

学会几种对女孩表达爱的方法

父母可以在女孩睡觉前一边抚摸她的背部，一边用手指在背上写着"我爱你"。或者也可以在临睡觉之前给女孩一个亲切的亲吻，婉转地告诉她："谢谢你，我的孩子，你给我们带来了最大的乐趣。"不论女孩多大，给她一个深情的拥抱总是会令她感到难忘的。

让女孩知道，你的心中永远装着她

当你外出旅行的时候，一定记得为女儿带点小礼物回来，或者在当地寄

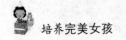

一张明信片回来，告诉女孩"我在外地的时候很想念你"，这是一种很好的表达思念的方法。

和女孩一起分享每一种或大或小的悲喜

当一个人产生了某种喜怒哀乐的情绪时，总是希望能够和他人一同分享。同样，女孩虽然小小年纪，也希望有人能够和她一起分享她生活中的喜怒哀乐。因此，父母们要注意倾听女孩的喜怒哀乐。

倾听并分享女孩的喜怒哀乐，有助于协调父母与女孩之间的关系，并且会让女孩感受到父母在关心她、爱护她，从而取得女孩的信任。在家庭教育中，父母的关心和信任可以使女孩感到她与父母会处在平等的地位，从而使她对自己的父母更加尊敬和亲近，并且乐于向父母倾吐心声。

由于性别的特殊性，女孩的心理有其特点，父母能够认真观察女孩的心理活动和心理特点，更有助于采取更加有针对性的教育措施。

首先，女孩总是希望父母们能够倾听她们的告白。当女孩找父母聊天的时候，她们更希望爸爸妈妈们能够专注地倾听，分享她沮丧的感觉或者是宣泄她遇到的问题。她们所需要的是支持而不是解决问题的途径，因为在女孩的思维中，只要发泄完了，问题也就解决了。

其次，女孩喜欢被人珍视的感觉，所以家长要尽其所能地表达对女孩的爱。如果女孩可以从爸爸妈妈那里得到更多的关切和体贴，那么这样的女孩会更加有安全感。父母要给女孩更多的爱，但是千万不要把女孩看成"弱者"，只有在父母理性的爱和呵护下，女孩才能够独立，才能够更快地成长。

最后，女孩更加注重人际关系。女孩们喜欢根据各自的个性差异，组成一个个趣味相投的小圈子，如果女孩感到自己被孤立，就会产生自卑、怯懦等不良情绪。女孩喜欢与同龄人交往，并且习惯两两组成"最好的朋友"。

总之，父母与女孩一起分享生活中的喜怒哀乐，不但有利于家庭之间的协调和睦，更有利于培养女孩健全的人格。

分享女孩的沮丧与无助

当女孩面对压力和危难的时候，就会变得越来越不知所措以及变得情绪化。她们希望能有个人在这个时候了解并且帮助她。而父母在这个时候最应该做的就是和她一起讨论问题的细节，然后和她一起分享那种沮丧、迷惑和无助的感觉。这样女孩就不会感到孤单，而且会产生舒服和快乐的感觉。

女孩通过类似的话来表达她的烦恼、失望和挫折。如果倾听者关心她的挫折与失望，她会感到受支持，当然，她并不需要你的解决方案，她需要的只是发泄，如果有人听她抱怨，不用太长时间，她自己的情绪就会慢慢好转，不再觉得这些是压力。

不可以在女孩伤心的时候骂她

当一个人遭受挫折的时候，十分需要人们的同情。若女孩考试成绩不好，有的家长会一味责备："真是个木头脑袋，没出息！我看你根本就不是读书的料。"这样的态度只会使女孩加倍痛苦。如果家长能够同情安慰，积极开导女孩："这次是题目不对路是吧？没有关系，爸爸年轻的时候考试也曾经失利过，争取下次考出好成绩。"相信这样的态度会使女孩的信心增加百倍。

请给爱美的女孩一块钱

爱美是女孩的天性，所以她们从小就喜欢偷偷地穿妈妈鞋架上的高跟皮鞋，喜欢一个人在房间里用妈妈的化妆品，尽管再疼也要哭闹着让妈妈带她去穿耳洞。

当女孩找父母伸手要钱买那些与学习无关紧要的东西时，有些爸爸妈妈就会咬牙切齿地说："小小年纪，不好好读书，尽忙着收拾打扮，这样长大了还得了，谁能管得了你。"

但是，女孩的天性使然，她们天生喜欢小饰品，喜欢首饰和洋娃娃。再小的女孩也爱美，也喜欢打扮。父母的这种反应也可以理解，他们并非舍不得花钱，只是不想让女孩为这些琐事分心，但是女孩的这种与生俱来的爱美之心被扼杀的话，对将来培养成一个完美的女孩不知要造成多少伤害。

只有在富足的情感和关爱下长成的女孩，长大之后才会变得温柔贤惠、善解人意且心地善良。有一位家境并不富裕的妈妈说过自己的育女经验：

家里的经济条件一直不好，看着自己可爱聪慧的女儿不能拥有漂亮的衣服、更多的玩具，我也曾经暗自垂泪。但是我在内心暗自发誓，一定要把女儿培养成一个真正的小淑女，让她具有其他女孩都不具备的品质与气质。

穿着上，虽然不能给女儿买高档时装，但我编织的手艺却是一流的。因此，女儿的服装虽不昂贵，却件件博得了众人的羡慕。女儿也很为自己的"时尚而不庸俗"感到自豪。

日常习惯上，我更是严格要求女儿。为了让女儿养成干净整洁、有节制的习惯，我甚至定了这样一条家规——宁可不吃饭也要干净！

为了增强女儿的知识修养，我带领女儿一同去图书馆办理了一张借书卡，每个月我都会陪女儿一同去图书馆一次或两次。在我的严格教育下，女儿不仅在学校是同学眼中的榜样，更成了左邻右舍眼中标准的小淑女。

如果，女孩有一天想让你带着去买饰品，并不意味着她的思想有问题，但是如果你生硬地拒绝肯定是走入了教育的误区。女孩是需要"富着养"的，但是这并不代表金钱的充裕和物质的绝对满足，而是一种教育的投资，一种教育的态度。通过这样的教育，相信你的女儿会变得更加乖巧快乐，优雅温柔，懂得美，懂得爱护自己。

珍惜孩子的请求

女孩渴望父母的关怀和理解，当她在做自己想做的事情的时候，十分希望父母能够给她勇气和支持，也希望父母能够和她一样从中分享到快乐。因此，当女孩向父母提出"小小的请求"的时候，父母最好是尽自己的全力来满足女孩的小愿望，让女孩感受到父母对她的理解和尊重。

用艺术感染孩子的情绪和灵魂

与女孩一起学习名著、排演戏剧、朗读诗文是很好的接触艺术的方式，做女孩的听众，让她在家里演奏乐器，就像开自己的演奏会一样，这是激发女孩学习的最好方式，也是让女孩的心灵得到爱的最好方式。

让女孩在淘气中增长智慧

让女孩在淘气中开发潜能，很多家长把握不好分寸。其实，聪明的家长应该学会试着"纵容"女孩的"破坏"行为，并借机挖掘她的潜能，培养女孩的兴趣，说不定你的女孩就会是下一个"爱迪生"。

一个孩子的母亲，因孩子把她刚买回家的一块金表当新鲜玩具给拆坏了，就狠狠地揍了孩子一顿，并把这件事告诉了孩子的老师。不料，这位老师幽默地说："恐怕一个中国的'爱迪生'被你枪毙了。"这个母亲不解其意，老师就分析说："孩子的这种行为是创造力的一种表现，你不该打孩子，要解放孩子的双手，让他从小就有动手的机会。"

"那我现在该怎么办？"这位母亲听了老师的话，对自己的行为后悔不迭。

"补救的办法是有的"，老师接着说道，"你可以和孩子一起把金表送到钟表铺，让孩子站在一旁看修表匠如何修理。这样修理费就成了学费，你孩子的好奇心也可以得到满足。说不定，他还可以学会修理呢！"

这个故事发生在半个世纪前，故事中的那位老师就是我国著名教育家陶行知先生。

研究人员发现，手指活动灵巧的孩子，她们大脑的思维活动往往非常活跃。在手工活动中，孩子在进行拆装、连接、装配等一系列的动作时，都要通过看、听、触摸等感官刺激系统传入大脑的运动区，大脑的运动区再发出指令，不断地调整手的动作，这样反复循环刺激，能使脑细胞的功能得到加强，从而使思维水平得以提高。因此，孩子在她们感兴趣的手工活动中，能够得到智能的发展。然而，很多父母在不知不觉中，总是以种种理由抑制孩子这一好奇心驱使下的美好天性。

杨振宁教授曾经说过："淘气、好玩的孩子好不好呢？我的回答很简单，我觉得这样是好的。也许淘气的孩子会做一些破坏性的事情，但是从长远来看这些破坏无关紧要，反而使孩子的好奇心得到了很好的开发。至少，'乖乖很听话'这样的现象在美国不会被认为是一种好的现象。正是因为他们不是好孩子，所以他们的胆子比较大，他们念中学、念大学，念了两年之后就不再念了。这在中国是不允许的，但是在美国人的眼中他们可以容忍，而且确实也产生了一些非常成功的人，比如比尔·盖茨。"

家长千万不可把培养乖女孩作为目标，不要再对你的女孩说："好孩子，你要听话。如果你不听话，爸爸妈妈都不会喜欢你。"应让女孩那颗被弯曲、被压抑的心灵回归自然。

为女孩提供淘气的道具

父母们不妨为女孩提供专门的衣服和擦手用的抹布。至于女孩使用的剪刀、针等危险工具，父母们可以逐步指导女孩使用，然后再放手让女孩独立使用。这样既可以避免女孩在初次使用时受到伤害，同时也能达到训练女孩心、眼、手的协调性和灵活性的目的。实际上，在一些"破坏活动"中，只要是注意培养女孩的一些好习惯，许多问题都可以解决好。父母们千万不可因小失大，使女孩失去锻炼自己的机会。

培养好学、好问、好动儿童的"六大主张"

著名教育家陶行知先生提出过"六大主张"，即"解放儿童的头脑，使其从道德、成见、幻想中解放出来；解放儿童的双手，使其从'这也不许动，那也不许动'的束缚中解放出来；解放儿童的嘴巴，使其有提问的自由，从'不许多说话'中解放出来；解放儿童的空间，使其接触大自然、大社会，从鸟笼似的学校解放出来；解放儿童的时间，不过紧安排，从过分的考试制度下解放出来；给予民主生活和自觉纪律，因材施教"。

陪女孩参加各种活动

陪伴女孩的过程就是教育女孩的过程，因此家长们要抓住每一次与女孩共同参与活动的机会，教会女孩更多的一些技能与本领。

曾经有一位母亲，她在写给女儿的信中说过：

你是一个铁杆的球迷，为了看球甚至可以不吃饭、不睡觉。说句实话，这些原本是我不能理解的，但是对于我来说，足球只是一堆人争夺一个球的无聊游戏。那次你深更半夜起来看英超、意甲转播，虽然你把音量放到了最低，但是你那压抑激动的声响，和偶尔控制不住的大声喝彩，还是会惊醒到我。那时我总是免不了对你一阵训斥。可是有一天，一个念头突然冒出来：为何足球会让你这样一个女孩如此着迷？我是否也能够体会到你看球的快乐呢？如果有机会的话我要自己亲自尝试一下。

后来，这位女儿的日记中出现了这样的记载：

奇迹果然出现了！不但是塞内加尔的奇迹，也是我妈妈的奇迹——她竟然从此迷上了足球，每天抢着看报纸，准时看球赛，关心贝克汉姆，询问罗纳尔多。当我们同时情不自禁地站起来，面红耳赤地给中国队加油的时候，我感到我们的心灵第一次如此相通。我心里只想说："能跟妈妈分享我的快乐，我真高兴！"

作为父母一定要知道，能够与女孩共同参与活动，对于亲子关系非常重要。那么，你能够与女孩换位思考，走进女孩的精神世界中吗？

女孩对于某一种业余爱好有所狂热，你能够给予理解与支持？

孩子在学校中有比赛，或者邀请你去观看，你会尽力抽时间吗？

一个女孩通常会有自己的社会活动，比如学校中组织的风筝大赛、校际篮球比赛、乒乓球赛等。一些家长可能会认为，这只是一个毛孩子的游戏，关我什么事呢？其实这样的想法是完全错误的。教育学家们建议家长，要积极参与女孩的这类活动，因为你的参与就是对她们的肯定。

腾出时间与女孩一起做她所热衷的事情，是无比重要的。如果你希望自己的孩子能够养成持之以恒的品质，掌握其他与工作、生活相关的技能，你就要参与到女孩的活动中来，用你自己的兴趣以及独特的指导为女孩树立榜样，只有这样才是明智的。

培养孩子的兴趣爱好

用心发现女孩最感兴趣的是什么，然后再着力来培养，这是培养女孩爱好的最好方法。家长可以先用心观察女孩对哪一方面比较敏锐，然后再慢慢有意识地来培养。比如家长发现女孩对色彩比较敏感，那就可以为女孩买一些填图游戏给她玩，以后再给她买更高级的绘画用具。需要注意的是，兴趣的培养不要走入功利的误区，否则的话女孩将很难感受到生活中的快乐和美。家长更不能单纯为了培养女孩而强迫她学这学那，甚至以分数来衡量价值，这样对女孩的成长极为不利。

不要怕孩子"搞破坏"

手指活动灵巧的女孩，大脑的思维活动往往非常活跃，并且能使脑细胞的功能得到强化，思维水平得以提高。所以，父母千万不要因为怕麻烦而抑制女孩的这一美好天性，不仅要"纵容"女孩"搞破坏"，还要鼓励女孩把破坏掉的东西复原，这样才能使女孩动手的信心得到加强，有利于女孩创造能力的发展。

父母别做女孩的反面教材

在生活中，我们不难看到这样的一幕：

在争抢公交座位的时候，有的家长竟利用孩子来抢占座位。车子刚停稳就有人紧挨着车子的窗口，先把孩子从窗口塞进车内，也有的让孩子先拼命往车里钻。其他上车的人怕挤伤了孩子，看见孩子往里面挤，都会自觉地退一步让他们先进去。等到大家上了车才发现，先上车的孩子已经连人带物占了两三个座位了。

父母是女孩心目中最值得信赖的人，通过与父母的朝夕相处，父母的一言一行、一举一动都会在女孩的心灵深处埋下相应的种子，父母的反面行为，对女孩的未来会产生深远的影响。而一个女孩，她的思想观念、政治信仰、行为习惯、兴趣爱好等等多少都会带上家庭的烙印。父母就是女孩的影子。

也许，父母的许多行为是无意的，但是在无形中我们会形成女孩错误行为的"始作俑者"。

一个叫花花的小女孩，本来非常诚实可爱，但到 4 岁左右就变成了一个好说谎话的孩子。原因何在呢？原来是受她母亲的影响。花花的母亲平时爱占小便宜。

一次，她带花花去买水果，趁卖主没看见，便拿了几个梨放在自己提兜里。这情景被花花看在眼里、记在心上，慢慢地也开始变得爱说谎起来。

美国著名的教育家杜威曾经说过，当一个社会对现实的道德状况不满意的时候，它首先应当求助于教育。陶行知先生是我国伟大的教育家，他每天都会反省自己"今天的道德有没有进步"？道德是做人的根本，没有道德的人，权力越大，作恶的能力也就越大。当前社会中的非诚信教育行为对女孩

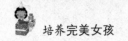

的污染已经相当严重。由此我们提醒各位家长，千万要注意以身作则，不要当女孩的反面教材。

接纳并正确引导孩子的天性

教育并不是违背人的天性，而是要利用女孩的需要，对女孩加以正确的指导，最重要的是让她明白走向自己的目标从来都没有捷径，唯有努力地付出。如果女孩想要得到什么，比如说她想要得到最红最大的苹果，父母就应该告诉她："那你的表现一定是要最出色的，才能够获得。"同时还要告诉女孩，竞争是公平的竞争，不能总想歪点子。

拒绝焦躁，教育者需要先打开心门

女孩在成长的过程中，难免会有一些发脾气的时候，譬如激烈地反驳家长。面对女孩的激进做法，做父母的一定要在这个时候保持清醒的头脑，千万不能勃然大怒。这个时候不妨先静下心来想一想：女孩做事情欠考虑，大人要和孩子一般见识吗？然后再接下来考虑：女孩情绪激烈的原因是什么？女孩自以为是的判断是否正确？家长应该在保证自己威严的前提下和女孩一起讨论，分析女孩考虑不周到的地方，帮助女孩打开心结，能够让女孩心服口服，我们不仅帮助了她，同时也保持住了做家长的威信。

延长女孩的"童真时代"

闷闷不乐的样子真难看

很多家长认为，如今的女孩不愁衣食，她们会受到无微不至的照顾，怎么会出现抑郁呢？其实，当一个女孩在得到铺天盖地的爱的同时，她也失去了随心所欲的玩的自由，失去了与父母拥抱、游戏和谈话的机会……这些都会使女孩产生压力，引发她们的抑郁。

有的女孩会在小小年纪遭遇感情上的重大打击，比如说亲人的故去、父母关系的紧张或者离异、考试失利等等，往往会出现情绪上的剧烈反应。此外，还有的女孩总是抱怨自己学习成绩不好，长相不够出众，总是认为自己处处比不过别人，不受老师的重视，不引人注目等等，这些想法都会使女孩产生失落感。

当成人遭遇到抑郁的时候，可以向人诉说、排泄，而当女孩感到有压力的时候，由于语言表达能力的有限，往往无法清楚地表达自己的情绪，因此，她们有时无法得到成人及时的帮助，而且由于他们自身的知识以及处世经验缺乏，处理问题的能力差，自己往往不能够很好地排解压力。所以，当压力过大或者是持续的时间过长的时候，女孩就会产生很多的生理或者心理问题，这些将严重损害女孩的身心健康，这时，女孩就可能出现精神抑郁。

抑郁使女孩感到孤立、恐惧和不快乐。抑郁的女孩不知道自己哪里不对，只知道自己的感觉糟糕透了，不像以前的自己。当她感觉到自己越来越糟糕的时候，会感到自己越来越没有力量，不能控制自己的心情和生活，好像有一种神奇的东西在控制自己。有一些小学生还通过饮酒、上网聊天等方式来排解抑郁带来的痛苦，但是这样的结果往往会使他们的抑郁加重，甚至更有一些人试图自杀。

尽管并不是每个孩子都有患抑郁症的可能，但是父母们也要引起特别的警惕，如果父母对自己的女孩有这方面的担忧，就应该及时带着女孩去咨询或者是看心理医生。

帮助女孩把脸上的笑容找回来，建立良好的家庭氛围

对于女孩子来说，家是她最为温馨的港湾。所以，一个温馨的家就可以培养一个快乐的孩子。尽管父母的工作很重要，但是抽出时间对女孩进行教育也是个不可忽视的问题。作为父母，平时应尽量多抽出时间来陪女孩，比如陪着孩子看一些喜剧、小品、动画片，跟着女孩一起做游戏，带着女孩到外面的世界去走走看看，领略美好的自然风光，让笑声驱散抑郁的情绪。父母的关心和爱，以及温馨的家庭氛围都会使女孩变得快乐起来。

家长要学会真诚地鼓励女孩

对于女孩来说，没有什么能够比父母真诚地鼓励更能激励她们去热爱生活和追求成功了。对女孩在成长过程中不可避免的错误和观点，要能够给予她充分的理解和宽容。对于女孩的特长以及获得的成功，要及时给予肯定和鼓励。不论在什么时候，都不能太苛刻女孩的言行举止。

不要扼杀女孩的好奇心

在女孩的眼中，世界充满着未知的领域，她们总会用好奇的眼睛打量着这个生长的环境，她们在千奇百怪的想象中成长着。作为父母，应该注意保护好女孩的好奇心，不可以扼杀女孩的好奇心。

琪琪 1 岁两个月时，有一次全家去酒店吃饭，酒店地上铺的是一种渗花瓷质砖。

琪琪指着一块地砖问："妈妈，这是什么？"

妈妈耐心地解释说："这是一块地砖，它用来铺在地上，又好看又容易搞卫生。"

女儿似懂非懂地点点头，又指着一块地砖问："这是什么？"

妈妈依旧耐心地说："这也是一块地砖。"可是女儿并不罢休，兴味盎然地指着一块又一块的地砖不停地问："这是什么？这是什么？这是什么……"直到把所有的地砖指了一个遍，才心满意足地说："我知道了，这些都是地砖，都是用来铺在地上的。"

这时妈妈才惊异地发现，女儿并不是在简单地重复同一个问题，而是进行从无数单个事物中发现其普遍规律的抽象思维的活动。

琪琪发现每一块地砖的花纹虽然不同，但有一个共同的特征：都是铺在地上的。

这是一个多么伟大的发现：从具体到抽象；从特殊到一般。人类认识世界、改造世界，就是这样开始和起步的。

总之，女孩对于新鲜事物永远是充满好奇的。对于我们大人来说，铺地的瓷砖并没有什么出奇的地方，但是在女孩看来，却很有可能是一个无头绪、不可思议的东西。她摆弄来摆弄去，认为是一个好玩的且有趣的东西。

一般说来，周围的一切事物对于女孩来说都是新鲜的、令人激动的东西。在日常的生活中，女孩逐渐熟悉了这些东西，知道了它在生活中应有的状态，因而也就不再是她所感兴趣的东西了。

随着女孩年龄的增长，她好奇心的范围在不断扩大。家长们如果过于在意安全问题，有意让女孩躲开危险的东西，就等于掐掉了好奇心的幼芽，压制了女孩能力的增长。

如果你的女孩喜欢拆玩具，那说明她有求知的欲望，能够自己去看待问题、研究问题。当家长的不可以一味地批评她，更不可以扼杀女孩的好奇心，否则的话，你扼杀的很有可能是一个天才。

所有的父母无一不希望自己的女儿能够长成有用之才。为了给女孩创造努力的方向，他们不惜花钱让女孩上各种各样的培训班，向女孩讲述成功人士的成长经历，希望能够借此找到女孩的成才之路。但是他们或许不知道，可能仅仅是对女孩兴趣和好奇心的点点不耐烦和批评，就可能会断送女孩一生的命运。

家长要能耐心地回答女孩的问题

女孩在好奇心地驱使下，有时难免会提出各种各样的问题，这个时候家长要能够不厌其烦地向女孩耐心解答，不要阻止女孩这些探索性的行为，比如拆卸玩具和物品。对于女孩感兴趣的小制作或者小发明要加以引导和启发。

给孩子一个展示自己的机会

任何一个女孩都有自己独特的才能，展示她们的所长能给她们带来喜悦和自信。"妈妈，我给你出个脑筋急转弯好不好？"这时即使你已经忙得团团转了，也要接受女孩的建议，并且要配合她说："这个题目出得真好，你当时能想出结果来吗？"想必这个时候，女孩的心情一定是灿烂无比的。女孩的热情能通过你的分享和肯定，转化成良好的自尊、自信，而这些品质对她们一生的快乐都是最宝贵的。

莫让学艺成为女孩的负担

让女孩学习一门艺术，对于开发女孩的智力、陶冶女孩的情操以及活跃生活都大有裨益，或许还能造就出一个"小天才"，但是当学艺已经成为女孩不堪承受的重负时，家长就必须重新思量了。

女孩对于外界的事物，尤其是某些艺术类的事物感到好奇，这些都是女孩的天性，如果在这个基础上加以正确的引导，发展女孩的兴趣是正确的。但是如果不顾女孩的心理想法，不由分说地强制女孩学艺，剥夺她们爱玩爱自由的天性，往往会导致相反的结果。

在教育受到空前重视的今天，家长们煞费苦心在学校教育、家庭教育之外又给女孩加了一个才艺教育，这样做的目的无非是为女孩将来参与社会竞争早做准备。

很多家长都有这样的表示，现在的社会竞争很激烈，女孩从小就要面临很重的学习压力，让女孩学一门才艺是对她紧张学习生活的一种调剂，学习艺术也可以陶冶女孩的情操，为女孩的综合素质加分。也许，就是一项可以展示才艺的特长会帮助女孩走向更高的平台。

当然，也有一部分的家长为自己的女孩表现出来的艺术方面的天赋而乐于竭尽全力地培养，也许自己的女孩很可能会像那些"神童"一样，在将来成为名家。

并不是说每个学习艺术的女孩都需要通过考级来展示自己，更不能要求她在学艺的时候很专业，这要视个人的天赋和兴趣而定。在素质教育中，我们更应该提倡以人文精神为主旨，以知识技能为手段，让女孩参与到渗透着人文关怀的艺术熏陶中，成为全面发展的合格公民。

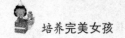

把孩子的特点变成特长

女孩的潜质没有高下之分，每个女孩都有自己的独特之处。随着女孩的慢慢长大，家长可能会在无意识中发现女孩对于某些事物有着特殊的爱好，这个时候如果想培养其特长的话，一定要先征求女孩的意见，再给孩子报一些兴趣学习班。需要注意的是千万不要剥夺女孩玩耍的时间，这样会湮灭个性，毕竟，让孩子拥有一个快乐的童年才是最重要的。

尊重孩子的兴趣

父母都希望自己的女孩能够多才多艺，但是同时也要注意尊重女孩的兴趣，仔细观察女孩究竟喜欢什么。如果你的女孩突然跟你说"妈妈，你看我弹钢琴的手是不是特别的美"时，这个时候家长就应该有所警觉，女孩在这方面有着很高的情商，也许女孩会因为学习钢琴而增加自信。这个时候，父母可以在尊重女孩兴趣的前提下为孩子做出选择。

多给女孩一点积极的心理暗示

有的女孩在演讲的时候，总会出现这样的情况：一切都已经准备好了，她刚要上台的时候，看到台下是一片的人，于是乱了阵脚，小手捏得紧紧的，同时完全忘记自己要说什么。

而这个时候，如果母亲可以对她轻轻地点点头，或者是近距离地走进她，拍拍她的肩，这样的暗示无疑在告诉女孩"你可以的，你能行"，这样的暗示可以使原本不敢迈出步伐的女孩可以勇敢地向前迈进了。这是一种多么美妙与伟大的心理暗示。

心理学家说过："父母如果总是以正面的信念期待着女孩能够成为什么，那么将来女孩就会成为什么。"这听上去好像很玄，实际上确实如此。

父母对于女孩的期待与评价经常会在言语及日常生活中有意无意地显现出来，积极正面的期待会使女孩感受到爱和支持，从而充满自信和生气；相反的，负面消极的评价会使女孩失去信心和发展的机会。

萧伯纳在他90岁寿辰的时候说过："要记住的是，我的行为并不会受到经验的影响，而是受到了期待的影响。"这种期待的心理，浅显地理解便是"心理暗示"，特别是女孩对自己失去信心，常常怀疑自己的能力时，如果她可以得到积极的心理暗示，她就会增强自信心，反之就会更加自卑。

曾经有这样一则小故事：

公园里，两位年轻的妈妈分别带着自己的孩子玩耍。当看到美丽的蝴蝶

在草地上翩翩起舞时，两个孩子都奔跑着去追赶，却一不小心摔倒了。

其中一位妈妈赶紧跑过去，抱住孩子心疼地说："乖乖，摔疼了吧?"

随后，孩子"哇"的一声大哭起来："我好疼啊。"

而另一位妈妈则站在一旁，淡淡地说："没关系，自己爬起来。"这个孩子若无其事地爬了起来，又继续奔跑着玩去了。

在这则故事中，两个孩子同样是摔跤了，为什么有的孩子显得比较脆弱娇气，而有的孩子却表现得坚强勇敢呢?

其实，这与两位妈妈的不同表现有关。前一位妈妈紧张不安的态度在暗示女孩，摔跤其实是很痛的，从而在心理上增加了女孩疼痛的感觉，让女孩变得更加娇嫩，这是消极的暗示。但是另一位妈妈却用淡然平静的态度暗示着自己的孩子，摔跤没有什么大不了的，这是积极的暗示。

家长不可将负面语言根植在女孩心中

有的家长经常骂自己的女孩"弱智"，那么当这个女孩在学习上和生活上遇到困难的时候，她就会想起这样的话，从而怀疑自己，甚至干脆破罐子破摔算了。而如果女孩听到的是鼓励和表扬的语言，她自己就会相信自己能行，也就能够不断克服困难，最终取得胜利。

家长要以上进的精神感染女孩

法国有句有名的谚语："自以为是鼠辈的人定会被他人轻视，欺负。"这从一个侧面反映了"心理暗示"带给人的影响。如果家长能够以身作则，以自己的精神感染女孩，或者是建立一个学习型的家庭，激励女孩自强、自立、积极向上，鼓励女孩多参加社会公益活动，在集体生活中得到锻炼和成长。这样，女孩定会沐浴在自信的光晕之中，产生无比巨大的推动力，为一步步攀向人生的高峰奠定坚实的基础。

第三章　穷爸爸 OR 富爸爸——会爱的爸爸才是好爸爸

教育的责任感高于一切

父亲是世界上最重要的岗位

在中国传统的观念中，爸爸就是一家之主，不仅是家庭的主要经济来源，而且还是很多家庭重大事件的决策者。所以，在女儿的眼中，往往爸爸就是一个"超人"角色，似乎无所不能。很多女孩在成年之后，经常会向同伴炫耀自己的爸爸，引以为骄傲。

教育是父母双方的共同担当，而"父亲"这个词在教育中的分量又是几许重呢？这个岗位的特殊性在哪里呢？父亲又应该怎样来履行自己的教育义务呢？女孩都希望爸爸能够为自己做些什么呢？

这些问题，并不是每一个爸爸都能说出个一二三来。并不是每一个爸爸，都思考过自己在教育的过程中，应该做的究竟是什么。在女孩的面前，爸爸应该扮演成一个什么角色比较好呢？

首先，爸爸应该是女孩最好的伙伴，能够抽出时间陪女孩一同玩游戏。

即便是没有玩具，女孩也愿意和爸爸在一起玩，哪怕是下河去摸石子。如果爸爸们能够从百忙之中组织一次野餐，能够带上女孩来到空气清新的郊外，大家一起上山采摘野果，下河摸鱼，那将是多有趣的一件事情。相信任何一个女孩都希望能够和爸爸来一次"冒险之旅"，她们坚信伟岸的爸爸能够保护她们。如果爸爸实在是忙，抽不出整天的时间陪女儿，也可以利用平时的闲暇空隙，陪女孩做一些简单的游戏，玩那些最简单的游戏，都能使女孩开心。如果家境不好，没有玩具怎么办？爸爸可以把女孩举到肩上，或者是将她旋转，女孩一定会快乐地"咯咯"大笑。

其次，爸爸应该是女孩的好榜样，爸爸的乐观品行最容易传染给女孩，同时可以培养女孩的正面情绪。

独立、自主、自强、自信、果断、刚正、合作、进取……这种很职业化、很社会化的性格因子，父亲往往比母亲拥有的更多，所以说，爸爸是保证女孩形成积极健康个性的关键因素。父亲的热情开朗、宽厚勇敢的性格，在女儿看来这个世界上没有谁能够比自己的父亲更值得瞻仰了，因此小女孩更喜欢效仿爸爸，在与爸爸的互动中，女孩也总是在不知不觉中接受影响并进行学习模仿。曾经有统计学家表明，如果女孩在 5 岁之前就失去父亲的话，那将对她的个性发展极为不利。一个女孩如果从小不经常与父亲互动，那么她可能会比其他的女孩有更多的依赖性，并且容易缺乏自信心。

再次，爸爸能够帮助女儿提高社交技能，使女孩的社会协作性更好。

父亲与母亲在家庭中各自的位置不同，正由于传统上的"男主外，女主内"，这使得父亲成为保持家庭与外部联系的"外交官"，正是由于父亲所带的社会属性更加丰富，所以对女孩社交技能的提高具有极其重要的作用。女孩随着年龄的增长，她所接触的事物会越来越多，她会认识越来越多的小伙伴，所以，爸爸在与女孩游戏的过程中，就可以按照社会规则来制定游戏规则，这样的做法扩大了孩子的社交内容，帮助女孩掌握更多的社交经验和更加成熟的社交技能。当一个女孩在与父亲的互动中能够表现活跃，那么她在同龄的伙伴中也会比较受欢迎。这很大程度上得力于父亲的影响，使女孩喜欢与人交往，并且可以在交往过程中更加积极、自信、活跃。

总之，女孩在将来社会生活中所需要的很多知识和技巧，都在很大程度上受到父亲的影响。如果一个女孩从小缺少与父亲的交流，那么当她融入于伙伴们在一起的圈子之后会常常感到不安、自卑，也不太喜欢与他人交流。正是爸爸这样一个伟大的职业，给女孩的成长支起了一片天空，使她在成长的过程中得以养精蓄锐。这是女孩迈向成功的第一步。

父亲要尽可能地完善自身

注重与女孩沟通的质量和效果，用亲和的方式在深层次潜移默化地来影响女孩，要尽可能地去完善自身，以提高自身修养和个人魅力。爸爸还要更多地注意自己的仪表风范，给女孩做个模范，因为孩子往往是在生活中向父亲学习的。父亲首先要做到信守承诺、富有责任心、宽容孩子的过错、注意生活的细节、勇于向孩子妥协等等。

爸爸要想办法避开没有必要的应酬

因为工作需要，应酬一事在所难免，这会和工作有着直接的关系，但是那些不必要的应酬，能躲则尽量躲，酒肉朋友整天在一起吃吃喝喝没有什么意义，尤其是那些具有不良嗜好的爸爸，喜欢和人一起在酒桌上高谈阔论以

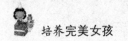

致喝得酩酊大醉，喜欢和别人一起搓麻将直至凌晨，若这些宝贵的时间拿来陪伴家人孩子，该有多好。

孩子就像财富——你不理她，她不理你

每个上班族都在"朝九晚五"的工作中不断循环，但是这对一个父亲而言，就意味着每天早上在孩子起床之前就要离开家庭，而当晚上回到家之后，忙碌了一天的爸爸又早已是疲惫不堪，拖着沉重的身躯回家。一周5天，基本上都是这样过来的，好不容易到了周六日，又免不了加班、会客户、与人攒饭局。现代生活的快节奏，已经让爸爸们失去了很多与孩子们相处的时光。对于女孩们来说，能和爸爸在一起相处，是多么难得而宝贵的美好时光啊。

小青青终于盼来了周末，这一天她希望能够和爸爸妈妈一起度过，记得两个月前爸爸已经带着她去过植物园了，这个周末，她自然想去动物园。青青的爸爸是一家材料公司的销售经理，曾经在公司的底层工作过很多年，终于得到了领导的肯定和认可。而现在公司正处在不断上升的状态，又迎来了良好的发展机遇，正是大胆用人的好时机，只要工作努力，业绩突出，就很有可能会得到领导的器重和提拔。

小青青的爸爸有为难的地方，因为他从内心上来讲也很想好好陪陪孩子，总觉得自己亏欠孩子的太多。但是恰好这个周末有客户约他到郊外一起钓鱼。这是个绝好的机会，如果谈话很投机的话就会谈成一笔生意，自然不可以拒绝客户的要求。

但是，爸爸也暗自忖度，如果这个周末再不能陪伴家人，那女儿的内心该有多么沮丧。在这个时候，爸爸实在是左右为难。

孩子在成长的过程中最需要的是什么？自己作为一家之主，有挑家的责任，最需要做的是给孩子一个优越的生活环境，能够让她衣食无忧，能够帮她积攒一笔可观的教育积蓄，可以保障她将来能受到最好的教育。爸爸想了一下，嗯，陪孩子玩这件事情，还是由妈妈帮助解决吧。

现代生活压力大，爸爸们如此一心扑在工作上也是人之常情。不过，爸爸们千万不要以为有这样的理由就可以心安理得，就可以不与女儿互动了。因为每一个女孩在成长的过程中，都不能缺少父亲的爱和关怀。

如果女孩所需要的仅仅是一次去了解动物的机会，那么让谁带她去都没有问题，甚至说找一个保姆都可以。但是对于孩子来说，她内心最需要的，其实是一种爱的感觉——能够和爸爸妈妈多一些时间在一起，能在相互交流、在亲密接触中感受到爱和温暖。有了这种被爱的感觉，孩子也就有了乐观、

积极、自信的动力，也能够让孩子体会到安全感和归属感。

女孩对父母的感情需求是有规律的，从寸步不离到不胜其烦，有着自然的变化。而作为父亲，一旦错过这个规律，希望将来再来弥补，那就永远不会达到现在的效果了。相比之下，女孩的物质需求反倒是次要的。

其实一家人真正能够在一起的时间并不多，如果爸爸总是抽不出时间来陪女孩，恐怕将来她长大了也不会有时间来陪你。这之间的关系非常微妙，彼此的失望也是相似的。不管怎样，都要从彼此相互关注和陪伴开始。

关注孩子不在时间长短

做父亲的首先要有责任意识。当有了这种意识以后，你就可以见缝插针教育女孩了。比如，利用把女孩送到学校的机会给孩子讲一讲马路上的见闻；看电视的时候和孩子讨论一些国家大事，让孩子发表自己的看法；每天下班后有半个小时到一个小时与孩子一起活动，或者，每周安排3～4个小时与孩子一起进行户外活动。

"陪孩子和老人"是躲开应酬的最佳借口

爸爸在社会上难免会有三五个好哥们，有时接到饭局的邀请又觉得推脱不开，找什么样的借口最合理呢？实际上，只要和朋友们说"我家的老人需要我来陪，我上个周末已经答应他们了"，或者是说"昨天和孩子说好了今天晚上陪她玩拼图，不能对她食言啊"。相信这样的借口一定让周围的人不好意思再留你，而且还会在朋友圈中留下"好儿子""好爸爸"的评价。

爸爸的功能有哪些

《男人来自火星，女人来自金星》，这是美国著名畅销书作家约翰·格雷的经典命题。从教育孩子的角度来讲，爸爸妈妈自身的性格特质本身就是教育女孩的一种独特优势，爸爸身上所具有的阳刚之气，那果敢、坚强的个性都是女性难以展现出来的，因为这是天生的。所以，爸爸本身就是资源——利用男性的优势来影响女孩。

能发挥自己的性别特质来教养孩子，这无论对于爸爸还是对于女孩来说都是一件具有重大意义的事。在女孩的眼中，爸爸往往就是在扮演"超人"的角色，是女孩心目中一棵高大的树，所以实施教育本来是不费吹灰之力的事情。而作为爸爸，可以发挥的功能又有哪些呢？

做表率，潜移默化地影响女孩

和母亲相比，父亲具有更多的社会属性，也是女孩最为直接的效仿榜样，孩子总是用她最稚嫩的眼光来观察父亲，而爸爸的一言一行都会对女孩产生影响。所以，爸爸不仅仅应在物质生活方面给女孩以保障，而且更为重要的是，他还应给予女孩宝贵的精神财富。

正因为如此，作为爸爸应该用更多的时间来与女孩在一起多沟通、多交流，和女孩成为朋友，并且用自己的行为举止来循序渐进地影响女孩。

爸爸在教育，妈妈在休息

生活与教育，这是夫妻双方的事情，爸爸在这个过程中参与得越多，那么就可以帮助妈妈缓解更多的压力。这样，在无形中增加了夫妻之间的感情，也会促进家庭的幸福与稳定，具有调试平衡家庭关系、增进家庭感情的作用。

除此之外，爸爸在配合母亲教育的过程中还可以起到一种平衡作用，那就是和母亲的情绪"唱反调"。比如说，妈妈过于关注女孩的成绩，当女孩考试成绩不理想的时候，回到家肯定免不了一通"狂风骤雨"，这个时候，爸爸能够给女孩一个微笑，一句鼓励的话，相信女孩的自信心可以恢复不少，这样能够使女孩迅速地从与母亲对立的情绪中解脱出来。

爸爸的权威性体现在原则

一般来讲，在一个家庭中，爸爸的权威作用总是比妈妈要更大一些。父亲所具有的良好的教养态度和教养方式，有助于加强父亲在教育中的权威作用，从而会形成一种良性循环，使家庭教育朝着更加健康向上的方向发展。

所以，在家庭中，爸爸可以利用自己的权威性来为女孩制定原则，这样更能够使女孩"听之任之"。

和妈妈相比，爸爸具有另一种传授作用

在日常爸爸与女儿的交谈及游戏过程中，爸爸总是会有意无意间向孩子传递或者是渗透某些社会秩序、准则、规范，这其实就是一个对女孩实施社会教育的好时机。

在自然生物界中，动物们总是习惯于在实践中向下一代传授捕食经验和生存技能，在人类中也往往如此。

当女孩和爸爸们在一起游戏的时候，父亲更容易做一些大幅度的运动动作，这就培养了女孩的探索能力和勇敢意识。可以想见，当母亲在抱孩子的时候总是给孩子一种安抚的感觉，而爸爸在抱女孩的时候总是习惯用力晃，女孩会感受到和母亲不一样的感觉，大脑获得一种恐惧和兴奋的刺激，从而使女孩的家庭感觉和本体感觉得到良好的发展。

而爸爸所传授知识的内容也与妈妈的有所不同。妈妈讲给女孩的故事一

般都是比较温馨柔弱的，比如小花猫啦、小布娃娃之类的。然而爸爸讲给女孩听的故事一般都是比较具有攻击性的，这就有助于塑造女孩奋发图强的个性。

综上所述，爸爸有很多社会化教育的独特功能，他往往可以给予孩子一种格局更高的竞争意识。

把自己当作孩子

爸爸不要仅仅把自己看成是大人，有的时候还应该把自己也看成是个孩子。在与孩子的沟通交流中，作为爸爸才能自然而然地扯下"父母"这样一个看似神圣不可侵犯的外衣。当爸爸真的能够放下自己，以一种简单自然的心来面对女儿，真的走入孩子的心灵，成为孩子的朋友，赢得孩子的信任，这样的爸爸才会成为女孩心目中真正的好爸爸。

建立良好的夫妻关系

爸爸在生活中能够和妻子互相体谅帮助，这样做才能够给女孩树立楷模，她所看到的总是爸爸妈妈在一起快快乐乐。这种影响会渗透到女孩的内心，对她以后的生活、为人处世都有很大帮助。

不论贫富，每个爸爸都能成功

世界上并没有一种人天生就可以当爸爸，也并不是说必须具备了什么硬条件才可以当爸爸，都不是的。只要用心，所有的爸爸都会成为好爸爸。

如果你觉得无法赚到很多的钱就不是一个称职爸爸的话，那么，看看一位工薪阶层的成功爸爸——球王贝利的爸爸。

如果你觉得自己个性太过强硬，无法与孩子沟通的话，那么，看看一位强势的爸爸——撒切尔的爸爸，强势的爸爸绝对不会教育出懦弱的女儿。

如果你觉得自己虽然勤勤恳恳，但是付出与得到的总是不成比例，甚至觉得自己做的工作不是特别体面，担心孩子会在别人面前抬不起头的话，那么，看看一位实干型的爸爸——俞敏洪的爸爸。

如果你觉得自己过于古板，过于严肃，一点都没有幽默的细胞，不能以风趣的语言来面对女儿的话，那么，看看一位正统的爸爸——华盛顿的爸爸。

……

对了，还有一种，如果你觉得自己的家境实在是过于富有，担心孩子会变得玩物丧志、不知进取，没关系，那就认识一下李嘉诚和比尔·盖茨吧！

总之，不管哪类人群中都会出现好爸爸，无论他是身价过亿还是穷苦不

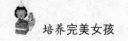

堪，也不论他是才高八斗或者一字不识，总之，无论你身处在何种情景中，都不会影响你做个好爸爸。

傍晚，我和美兮在小区玩儿，还有王粤粤、阳光、灿烂。阳光和灿烂是姐妹，一个9岁，一个4岁。

我们玩"三个字"：大家手心手背，确定一个人做追逐者，另外的人不能被他摸到，否则就要替换下那个追逐者。快被追上的时候，只要你喊出三个字，比如"周美兮""猪八戒""喔喔喔"……只要是三个字就可以，等于开启了自我保护，对方就不能再摸你了。不过，你也不能动了，变成木头人立在那里，等同伙来摸一下才能继续跑……

后来，我为了训练美兮算术，把游戏规则改了：追逐者在即将追上一个人的时候，大喊一声："8+13等于几？"或者"15－9等于几？"

对方必须在紧急时刻迅速给出正确答案，才算开启了自我保护。

玩累之后，大家坐在滑梯上聊天，王粤粤说了一句："美兮，我真羡慕你……"

王粤粤的家庭很优越，像个骄傲的小公主，她轻易不会说这样的话。

话题被阳光打断了，然后，美兮追问了一句："粤粤，你羡慕我什么？"

王粤粤说："因为你有这样一个爸爸呀。"

我的心一下装满了蜜。

这是作家周德东讲述女儿美兮成长的书《美兮美兮》中的一个情节，这个故事中王粤粤的爸爸很富有，但是在王粤粤的心目中，谁都比不过美兮，因为能够拥有像美兮那样的爸爸实在是一件令人觉得幸福的事情。

美兮的爸爸并非是腰缠万贯的富豪，也不是才高八斗的文化人，他所能给予女儿的，只是一个相对小康的生活。但是，难得的是这位爸爸最舍得为女儿花心思，只要是女儿开心，他愿意尝试一切。爸爸的点点用心让小美兮感到生活中处处充满着快乐。只要有爸爸在，平淡的生活就会变得有滋有味。

懂得爱，就是爸爸最大的优势。

对女孩说"我要当最好的爸爸"

女孩是否觉得爸爸不爱她呢？爸爸天生不敏感，可能意识不到这些。所以，可以利用晚上临睡前的10分钟，来到女孩的小床旁边，像平常一样讲故事给她听，在女孩临睡前可以告诉女儿："我要当最好的爸爸，你来当最好的女孩，好不好？"相信女孩一定会觉得爸爸很爱自己，也会下定决心，一定要当好女孩。

经常鼓励夸奖自己的女孩

一个孩子在成长的过程中少不了犯错误，但那是她成长中的必需，不能因此而否定女孩。相反，爸爸应该针对女孩的某一方面而"狠狠"地夸奖她，这样才会使女孩有上进的愿望，同时不会破坏父女的感情。

父爱的影响力就是领袖力

父爱，传递的是一种价值观

伟大的社会学家马克思·韦伯曾经说过，父亲的爱最能使女儿成长为他所期望的样子，这与母爱有着很大的不同。对于女孩的教养，爸爸妈妈的侧重点总是有所不同，做妈妈的总是希望能够给女孩最多的爱，妈妈们总是更多地强调自己的情感。而爸爸则更多的是侧重于价值观念，能够继承父亲志向的孩子，往往会得到爸爸更多的宠爱。父爱的这种条件性，决定了女孩在成长的过程中，父亲会更加主动地传授走进社会的最简单最基本的原则。

如果说母亲代表的是自然界，那么父亲就是人类中的另一级——思想的世界、法律和秩序的世界、阅历和冒险的世界，爸爸们所指给女孩的是通向世界的大道，爸爸们对女孩社交能力的培养起着引导和示范的作用。社交是属于有影响力的人。因此，对于那些不善于表露感情的父亲来说，父爱就是一种价值观的培养和传递。

李嘉诚是香港家喻户晓的人物，他在经济王国中权高位重，在家里却是一个坚持原则的低调父亲。

李嘉诚有两个儿子，很多人认为这两个儿子将来一定要子承父业，因而必定是呼风唤雨的"太子爷"，但李嘉诚一直要求他们生活节俭、注重名誉。当两个儿子以优异的成绩从斯坦福大学毕业以后，他们想到父亲的公司里面去小试牛刀。不料父亲的回答却是："我们公司不需要你们。"李嘉诚说："就是我有 20 个儿子也不会给一个安排工作，你们要自己去打江山，要用事实证明你们自己有实力。"

恍然大悟的儿子离开香港去到加拿大，一个投资银行，一个开设了地产公司。他们从来没有开口向父亲寻求资助，后来都成为加拿大商界的精英人物。

李嘉诚的做法和生活中所常见的那些父亲的做法实在是大相径庭：很多

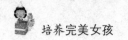

爸爸千般钻营，希望能够打通人脉为自己的孩子谋得一份工作，但是李嘉诚的公司众多，却未给自己的孩子一个职位。他这样做的目的，不外乎要让孩子们懂得独立的道理，只要自己有能力，才算得上是真正有本事的人，才能从容地应对今后的生活。

不仅如此，在日常生活中，李嘉诚要求自己的孩子用度节俭、注重名誉，这种要求对于寻常人家来说不足为奇，但是对于一个商业巨子来说显然是与众不同。但是，能这样严格地要求自己的孩子，也是难能可贵的。

"用事实证明自己的实力"，是李嘉诚对孩子们的期许。一个人，无论生在什么样的家庭，都应该能够独立、坚强，能够自己去解决问题，这就是变幻莫测的商界所必备的意识。李嘉诚白手起家，创立了自己的商业奇迹，但是他并不急于让孩子们分享自己的成功果实，而是希望孩子们先来分享自己的成功经验，因为这些是人生中最宝贵的财富。

李嘉诚在培养孩子的价值观时做到了两点：一是有意识地培养孩子的价值观，二是用行动来影响自己的孩子。

每一个孩子的新知都是从模仿开始的，父亲是孩子认识外面世界最为重要的窗口，父亲怎样对待失败和困难，孩子都会受到潜移默化的影响。如果父亲本身是一个言而有信、正直勇敢的人，那么孩子将很容易接纳一套正面的价值观。当孩子看到父亲为了家人的努力而工作，那么她的心中必然会燃起对未来美好生活的感激，这也会帮助爸爸在孩子青春叛逆时能够渡过难关，相信这样日积月累的信赖不会让女孩走上反抗家庭的极端。

但是，如果一个爸爸从来就是出尔反尔，只说不做，那就难以保证自己与孩子的感情平衡了，当孩子长大以后，就很有可能会叛逆，甚至是伤害父子的感情。因此，爸爸们要时时刻刻留意自己会给孩子带来什么样的影响，让自己能够用正面的行动来解释所有美好的品质，让孩子能够在耳濡目染的环境中成长为一个正直可信的人。

爸爸在与女儿相处的时候应该注意分寸

女儿性别意识的形成，爸爸是其直接影响者。所以，爸爸要随着女儿年龄的增长而调整与女儿的相处方式。在女儿小的时候，爸爸和女儿之间的交往可以比较密切，但是当女孩长大了之后，亲密的程度就应当适当保持距离。通过这样的方式来影响女孩的性别意识。

爸爸心情不好的时候，切忌将不良情绪转移给女儿

现代社会人们的工作压力都很大，爸爸们很容易将工作中产生的一些不

良情绪带回家。如果大人们不由自主地将情绪转嫁到女儿身上，那女孩就是个无辜的受害者。因此，爸爸们要克制自己，尽量不要将不好的情绪带回家，而是为女儿创造一个宽松的家庭氛围，给女孩一个乐观的性格。

充满活力的父亲与积极外向的孩子

珍妮的父亲是德国一个公司小职员。虽说他算不上成功的男士，事业平平，但却一直深刻地影响着珍妮。

父亲非常喜欢历史，他总是在家里大声地谈论历史上一些奇闻轶事，给珍妮狭小的生活空间带来了色彩。父亲经常在珍妮面前发表他的意见，甚至鼓励珍妮和他一起讨论关于世界大战的问题。镇上如果有演讲，他总是带上珍妮去听，而且大多是坐在最前面。珍妮的妈妈总是过于关心珍妮的安全，做任何事情都是谨小慎微，所以，父亲就和珍妮悄悄地商量他们的野营计划，避免母亲的担忧。第二天，当妈妈的唠叨被甩在了耳后时，珍妮高兴极了，觉得是在进行一件很保密、很刺激的事情，因此非常配合父亲的行动。

父亲总是带着珍妮去很远的地方，并且要求珍妮不带午餐，路上饿了自己想办法，而且还必须"孝敬"父亲一份食物。有时，他们在山上野炊，食物的来源都是山上的各种野味。因为有了父亲，珍妮的生活中充满了多彩的经历。

可见，珍妮的爸爸是一个精力充沛的男人，他的兴趣很广泛，并且极力将这一点传染给孩子。珍妮长大之后来到了中国，致力于探索这个神秘国度的伟大文化，她所作出的选择都和儿时父亲的教育密切相关，并且喜欢探索未知的领域。

爸爸们可以反思一下自己与孩子的交流，现在主要是停留在哪些方面：是天文地理无所不包呢？或者仅仅是局限在批评和接受批评上呢？

作为父亲，能在女孩面前做个好榜样是分内之事，这其中就包括了引导女孩热爱生活以及要对人生充满好奇与活力。并不是说天天与孩子们一起运动才算有活力，这里的活力指的是保持一颗热爱生活、积极进取的心。就像刚才故事中提到的珍妮的爸爸，他热爱生活，对周围的很多事物充满兴趣，同时拥有一颗年轻的心。这样不仅可以改变自己的生活，同时更有利于帮助女孩寻找兴趣点，同时会使父女之间建立深厚感情。

然而遗憾的是，在现实生活中，更多的是那些"待在书房"里的父亲，他们习惯忙于自己的那一摊子事。还有一种父爱很淳朴，他们只知道给予，却不知道如何和女孩愉快地相处沟通，爸爸们的这种羞怯有时显得可爱，但是由于长期不愿意主动与孩子互动，这样难免会影响女孩的心理发展。对一个女孩来说，如果她感受不到父亲身上的活力，那么她也就不会主动提出要求和爸爸一起玩，因为她担心冷酷的爸爸会拒绝她。这样长大的女孩在今后的生活中往往不懂得如何与人相处，如何表达自己的意愿，并且缺乏自信，在生活中总会处在不利的位置。

爸爸们一定要注意，工作再忙，也要让自己保持活力，保持热爱生活的心，在女孩面前更要如此。

爸爸们可以培养自己的好奇心

爸爸要有好奇心，好奇心可以让人感到充满活力，也可以让生活变得丰富多彩。爸爸不一定要成为百科全书，但是当他遇到什么问题的时候，正是一个与女孩讨论的好时机，让女孩感到自己是被需要的。生活虽然在日复一日中显得很平凡，但只要用心发现，就可以找到很多孩子们感兴趣的事情来研究。

随时让自己的观念升级，虚心学习

有活力的父亲应该是随时接受新知，能够虚心学习的人。有的爸爸认为，在孩子面前说"不知道"是一件很丢脸的事情，甚至有时会告诉女孩毫无根据的话，这样的做法，只会让女孩对父亲越来越失望。所以爸爸们要记得让自己随时"充电"，丰富自己的知识，才能成为女儿成长过程中的领路人。

让自己和孩子一起爱上运动

适量的运动不仅有助于女孩的骨骼发育，也非常有益于女孩的心灵发育。运动可以让人体验到紧张刺激、痛苦和超越的过程。

爸爸的可信度才是影响力的基础

战国时，秦孝公起用商鞅变法图强。为了让人们相信他变法是真的，商鞅想了一个办法：他在都城南门竖起一根3丈高的木头，要是谁能把它扛到北门去，就赏金10两。但是没有人相信这是真的，自然也就没有人去扛。商鞅把赏金一直追加到50两，终于有一天，一个壮汉把木头扛到了北门，商鞅当场赏了他50两黄金。老百姓纷纷议论："商鞅言而有信，他的命令一定要执行。"于是，商鞅变法成功，奠定了秦国富强的基础。

商鞅很清楚，如果自己说的话没有人会相信，那样变法的难度会成倍增加。父母也要言而有信，才能够赢得女孩的尊重和信赖。家庭是女孩最初的世界，父亲的威信建立，孩子才会愿意听从爸爸的建议。

然而在现实的生活中，爸爸的表现却不容乐观，他们以爱孩子的名义来责问孩子的行踪，翻看孩子的日记，监听孩子的电话，这样的行为不仅仅是伤及女孩的自尊心，同时也让女孩不敢再相信爸爸的承诺。

可以想见，如果一个女孩在她小小的记忆中，深刻着的是因为父亲失信的痛苦，那么相信她也不再愿意相信别人，在将来的人生路上也很容易陷入灰暗之中。在这样的成长环境中，女孩又有什么快乐可言呢？很多女孩在年纪稍微大些之后喜欢上网找陌生人聊天，她们宁可将自己的心事说给不认识的人听，也不愿意讲给自己至亲的爸爸妈妈。或许女孩会觉得，还是网友比较安全吧。

原本至亲至爱的父母竟然比不上陌生的网友，女孩宁愿在外面游荡，也不愿意回家和父母待在一起，这样的现象早已经不是新闻。

信任是相互的，只有爸爸充分相信自己的女孩，女孩才会相信自己的父母，相互之间才能开始真正平等有效的沟通。如果爸爸总是不信任女孩，或者是对女孩言而无信，这样不仅干涉了女孩的健康成长，更会直接导致女孩对父母的不信任，加剧爸爸与女儿之间的不理解，没有互动，教育也将无从谈起。

爸爸们要注意了，为了避免失信于女孩，在日常的生活中一定要言行一致，尤其是不要轻易地许诺女孩，也不要对女孩的建议敷衍表态。另外，千万不要在女孩面前说谎，如果爸爸妈妈们当着孩子的面欺骗别人，那女孩将会开始怀疑爸爸妈妈是否在欺骗自己。

不要在高兴的时候随意向女孩许诺

中国有句古话讲："盛喜中勿许人物，盛怒中勿答人书。"说的就是这个道理。当一个人兴致高涨的时候，往往会信口开河。可是说出去的话就像泼出去的水，没有办法再收回来。等到头脑清醒之后再来后悔就晚了。所以，爸爸们为了确保自己可以万无一失，每当自己很高兴的时候千万不要随便答应女孩的要求，以免事后后悔。

不要让女儿对自己留下坏印象

"喂，他说他不在。"这句小品台词固然搞笑，但揭示的却是一个说谎不眨眼的事实。如果爸爸经常当着女孩的面在电话中撒谎，可以想象我们在女孩心目中的形象还能不能高大起来呢？

超级老爸的教养手腕

不用权威来管制女孩

玲玲今年已经 4 岁了，可以自己料理基本的生活，学会了自己的事情自己做。旁边的邻居阿姨看见她就要夸奖一番："玲玲越长大越乖巧了。"

只有玲玲的爸爸感到无奈：女儿大一岁，脾气也跟着变大了。在家里，玲玲总是喜欢和爸爸对着干。爸爸说吃饭吧，玲玲偏说不饿，要看动画片；爸爸说该睡觉了，玲玲又闹着说自己饿了。哎！不听话的孩子实在是不好对付。

是不是很多家长都有过类似的经历呢？女孩不听话，这是最令家长感到头痛的问题。

有的父亲脾气比较急躁，看到女孩发脾气了，自己的脾气也跟着上来了：我是家长，难道还压不过一个小毛孩子吗？情急之下，束手无策的家长只好用连哄带吓的方法来对付女孩。

"我吃的盐比你吃的米都多，难道我会错？"

"你要是再不听话，我就把你扔出去，不要你了。"

"这个孩子简直太不像话了，我一定要好好揍她一顿，要不以后没法教她了。"

但是很少有爸爸会冷静地想一下：女孩出现这样的现象，原因在哪里？

中国科学院心理研究所的研究员认为：当女孩年纪还小的时候，家长对待她应该像对待朋友一样，她的心中并不会有服从威严这样的概念。等到女孩长大之后，对事物有了自己的认识，同时有了自主的行为意识，有的家长会不许她做这个，不许她做那个，只允许她乖乖的。时间长了，这样的做法起不到任何积极的作用，只会带来更多不好的结果。女孩变得不服气了，"凭什么管我这么多呢"？所以，就喜欢和家长对着干，就不想听爸爸妈妈的话了。

有的家长最喜欢管孩子，因为太专注管孩子，反而忘记了审查自己。

"莎莎，厨房里的碗是不是你打碎的？还是妹妹打碎的？"刚回家的妈妈问道。

"一定是爸爸打碎的。"莎莎不假思索地回答。

"你这么肯定吗？为什么？"妈妈问道。

"因为爸爸没有大喊大叫，也没有罚我和妹妹站墙角，所以是他自己打碎的。"聪明的莎莎帮妈妈分析。

很多父亲在教育女孩的过程中都犯有这样的毛病：他们管孩子管得太多了，太严格了，让孩子受不了。

"威严"和"权威"是两个不同的概念。每一个家长固然有权利来教育孩子，但是如果家长把这看作是自己的权威，不能平等地来看待女孩，认为自己说什么都是对的，孩子有所反驳就是不应该的，这是教育的误区。

家长应该给孩子一定的自由，不要总是动不动就说女孩这个做得不好，那个做得不对。不要总是想着用家长的权威来压住孩子，不能想着用自己的气势来使孩子信服，而是应该给女孩摆清楚道理，让她心服口服。

对于天生就比较胆小的女孩来说，父亲的发怒或许会让她暂时变得乖起来，从表面上看，女孩似乎变得顺从了。但是这种滥用威严的方式多少都会伤害女孩的自尊心，甚至会使女孩的性格变得扭曲。而一个父亲如果能够把握好威严的度，那就会使女孩发自内心地敬畏自己的爸爸。成功的家长，不可以随随便便地把"权威"拿出来对付孩子，而是要善于恰到好处地彰显自己的威严，能够使女孩认可你的威严。

爸爸要如何做，才能让女孩对自己的教育心服口服呢？

家长的身份是教育者，加强修养很关键

有些为人父者自身的素质确实不高，在日常生活中无论对人对事都是一嘴粗话，甚至是大打出手。这样的爸爸，很难在女孩心中留下光辉形象。修养的含义很广，有很多延伸的意义，比如：父亲是不是要言行一致，如果对女孩说"不可以浪费水"，但是在家里很节约，到了公共场所就很浪费，那会在女孩心中留下什么印象呢？父亲说话要不要讲信用，如果总是对女孩说，"等爸爸有钱了，就给你买一件漂亮的连衣裙"，结果这个许诺迟迟不能兑现，女孩也不知道爸爸什么时候才能有钱，那父亲的威信在孩子的心中不就很自然地摇摇欲坠了吗？

坚持学习，提高自己的文化素养

如今的社会处在信息爆炸的时代，如果还没有"活到老，学到老"的观念，那注定是要落伍的。家长应该有意识地让自己多学习，多充电，与女孩一起共同成长进步。如果家长自己不学习，就无法与女孩共同提高，到时候早晚有一天女孩会嫌自己的爸爸"什么都不懂"，造成价值观的严重脱节。如

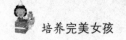

果是一个能力强的爸爸，不仅工作出色，同时能够把家庭布置得井井有条，相信每一个女孩都会因为自己有一个优秀的爸爸而自豪。

提高自己的教育艺术

教育就是一门艺术，一个懂得教育女孩的父亲，才能换来孩子的心悦诚服。一个懂得教育的父亲应该懂得，要想得到孩子的尊敬，先要懂得尊敬孩子；孩子最需要的是和父母的交流，而不是说教；任何一个孩子（尤其是女孩）都需要一定的私密空间，作为家长我们不必了解到无孔不入的境地。总之，对待一个女孩，爸爸在教育的过程中应该遵循爱而不娇惯、威而不严厉的原则。

不要把"忙"当作是忽略孩子的借口

现在有越来越多的爸爸妈妈同时走出家庭外出工作，将女孩一个人留守在家中。不要说平时抽时间相聚在一起，或者是一起娱乐，就连在一起共进晚餐的时间都是那样的屈指可数。有的时候，女孩会抱怨爸爸不陪她，而忙碌的爸爸哪里还有精力来得及想这些呢？只好敷衍女儿说："乖乖，爸爸今天已经很累了。等爸爸有时间再陪你玩吧。"

"你要到什么时候才能有时间？"当听到女儿这样说时，可想而知，她的心中是多么的落寞啊。

而现在的实际状况是：忙的不仅仅是父母，就连女孩们也有一大堆自己要忙的事情。望女成凤的爸爸妈妈帮孩子报了一堆培训班：什么书法班、舞蹈班、英语口语班，等等。如果等以后孩子上学了，一定还要报个学习提高班。这下，女孩们再也没有时间感到落寞了，因为她们自己也有忙不完的事情。

父母和孩子，各忙各的，看上去很和谐，互不干扰。然而，这样好吗？

萌萌的爸爸平时是一个大忙人，几乎没有时间和她在一起。

在萌萌的心中，爸爸就是一个提着公文包忙进忙出的人。她希望周末能够和爸爸一起去动物园或者是植物园，不想再一个人去上口语班了，但是爸爸周五晚上接到一个电话，表情严肃地交谈了几句之后，开始犹豫要不要陪她了。

在爸爸犹豫的时候，萌萌感到担忧：

"他不能马上答应我，一定是在犹豫，这一次还是不行么？"

当听到爸爸说："这一次爸爸有工作要做，……下一次……"的时候，萌萌心中既失望又委屈。

"在爸爸眼中，永远都是工作最重要。"

"他之前也说过'下一次'的，根本就不算数。"

"我再也不会相信他的话了。"

"讨厌爸爸!"

……

这些缺少大人们陪伴的孩子被称为"感情饥渴"的孩子。

每个孩子都希望得到父母的关注，尤其是女孩，她们更希望能够得到父母多一些的陪伴。世界卫生组织曾经发布过一项研究成果显示，平均每天能够与父母共处两个小时以上的孩子，要比其他的孩子智商高。父亲不管多忙，都要抽时间陪陪女孩，这样做的目的是为了满足女孩成长过程中的情感需求，只有这样做才能培养出人格更健全的完美女孩。

在养育女孩的过程中，爸爸不仅仅是个"经济赞助商"，而且还要做女孩的"心理陪护"。父亲的陪伴将对女孩性格的形成以及生活习惯的养成都具有很重要的作用。

女孩对父母的情感需求是有规律可循的，从最开始的寸步不离到后来的不厌其烦，总是会有这样一个过程。而父母一旦错过了女孩最需要陪伴的时期，如果希望将来再弥补，那将会感到事倍功半。

在这一方面，我们不妨向马克思学习。

在马克思的家庭里，父母和女儿的关系真挚融洽，充满了人生的乐趣。在孩子们还很小时，马克思常利用工作的闲暇和孩子们一起做各种游戏。

孩子们兴致勃勃地把椅子摆成"马车"，然后把父亲"套"在车前，孩子们挥舞着"鞭子"，"车"上"车"下一片欢腾。

"爸爸是一匹好马"，这是女儿们对父亲的评价。

在马克思家里，星期日是属于女儿们的。

每逢星期天，即使再忙，马克思也总是放下紧张繁忙的工作，听孩子们"指挥"。他带着孩子们出去尽兴而愉快地游玩，让孩子们接受大自然的熏陶，既增长他们的见识，又锻炼他们的意志和体魄。

一次，恩格斯来到马克思的家里，见他正在聚精会神伏案工作，便赶忙提醒他说："喂，你忘了今天是什么日子吗?"

马克思一听，愣了一下，拍了拍脑门，微笑着说："啊，对了，今天是星期日，星期日应该属于孩子!"

于是，马克思放下工作，和恩格斯一起，有说有笑、高高兴兴地领着孩子出去郊游了。

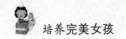

马克思的女儿们永远不会忘记，她们和父亲一起度过的那些愉快的星期日，这些美好的星期日，成为她们记忆中最快乐的日子。

作为父亲，我们可以从马克思的做法中得到一些启示，无论自己平时有多忙，一定要固定抽出一些时间跟女孩在一起，陪伴她成长，让她能够感觉到，自己是多么在意并关注她。

建立家庭"餐桌文化"

早在 20 世纪的 80 年代，美国有一家教育机构中的研究人员发现，一家人如果能够经常聚在一起吃饭，将对孩子的健康和成功有很大的益处。而且，那些经常和父母聚餐的孩子比不经常和父母聚餐的孩子相比，将来更容易走向成功。

父亲如果实在是很忙的话，那最好也要抓住和孩子一起吃饭的机会和孩子进行沟通交流。利用这个时间，询问一下女儿最近生活的状况，并且把自己生活的情况向女儿做个详细的介绍，或者是轻松幽默地聊聊天，谈谈自己小时候的生活。总之，尽量陪女儿快乐地度过这段时光。

和女孩进行"书信沟通"

父亲能够与女儿共处的时间越来越少了，他们一早就要出门上班，晚上披星戴月回到家的时候，女儿早已经沉沉地睡去了。怎么办呢？父亲可以把自己要说的话写在一张纸条上，等到女孩早上醒来看到时，她的内心一定很开心，还可以根据父亲写的信再回一封信。这样，不能经常见面的父女之间可以通过这样的方式保持连贯的沟通，不但可以增强父女之间的情感，还可以在一定程度上丰富女孩的写作水平。这样一种无声的教育或许能够胜过妈妈的唠叨。

重视精神上的"陪"

任何人都代替不了父母与女孩的相处。要培养一个情商完美的女孩，如果没有精神上的"陪"是很难达到的。对于一个女孩来讲，陪她玩比给她买礼物会更加令她感到高兴。我们在陪女孩的时候，更要留心女儿的精神世界，留意她小小的内心都在想些什么，探探她最近都在做些什么，观察她喜欢读什么样的书。看到自己的女孩在一天一天地成长，能不从心里感到高兴吗？

永远不要对女孩进行体罚

不论是有时间的爸爸，抑或是忙碌的爸爸，都会遇到女孩犯错误的情况

——无论这种错误是有心的还是无心的。所有的女孩都喜欢任何方式的奖励，无论是口头表扬还是物质奖励；同样的，女孩不喜欢被惩罚，任何形式的惩罚都不喜欢。但是，有一些气急败坏的爸爸喜欢用一些方式来惩罚女孩，比如说不让女孩吃饭，甚至有的家长会打女孩，为的就是能够让她记住教训。惩罚女孩是有学问的，如果惩罚的方式不恰当，那将会费力不讨好。

在对待孩子的奖惩上，日本教育家多湖辉有自己的看法。他认为，孩子会在被批评的过程中，学会辨别是非，学会区分哪些事情是好的，哪些事情是坏的。因此，家长要学会既能帮助孩子改正缺点，又不伤害孩子的自尊心。

批评教育女孩，应该保持冷静的态度，向她讲道理，以理服人，而且自己的立场也要始终如一。另外，在对女孩进行批评教育的时候也要方法得当，讲究分寸。

多湖辉曾因不满学校的严格管理，做出了伙同他人一起破坏学校部分校舍的荒唐之举。学校的规章制度非常严格，所以他已做好了退学的思想准备。而校长却把他们召到校长室，流着眼泪说了下面的一段话："太令人遗憾了。我现在什么也不说，想必你们也在反省自己吧？希望你们能再一次反思一下自己所做的事情。"校长宽宏大量的批评，深深地刺激了学生们，使他们进行深刻的自我反省。因此，采用什么样的批评方式非常重要，它既能使孩子的才能得到提高，反过来也能使之下降。

多湖辉一直主张："批评时要正襟危坐。"进行重要的谈话时，任何人都要端正姿势，创造一种严肃的气氛。而且，不是单方面地命令别人如何去做，而要采取一种理解对方的立场、倾听对方意见的具有包容性的态度。不论做了多么荒唐的事情，都应该有其原因。问清这些原因并予以理解是能让孩子接受批评的先决条件。

可见，对待女孩的错误，粗暴地进行惩罚是多么的不妥。如果万一惩罚得过于严厉，更有可能在女孩心中留下阴影，她可能会觉得爸爸不是世界上最亲近的人，而是世界上最可怕的人。父亲在惩罚女孩的时候，最需要把握在心中的两个字就是"冷静"。即便女孩犯了多大的错误，最好也要态度柔和地来和女孩说，因为如果父亲的语气太重了，往往女孩的注意力并不是集中在反思自己的错误上，而是为爸爸的严厉而难过。

英国 17 世纪著名的政治家、哲学家和教育家约翰·洛克提出过"绅士教育"，曾得到大部分人的认可。他主张一定要用温存的语言，耐心热情的态度，和颜悦色的劝导，有计划、有步骤地培养儿童的习惯，切记不可声色俱厉、简单粗暴地责备和训斥他们，以免伤害儿童脆弱幼嫩的心灵和正在成长中的自尊心。他提出的这种奖惩方法就是使孩子知道羞耻和光荣。孩子一旦懂得了受尊重与羞辱的区别，尊重和羞辱在他们的心里就成为一种最为强有力的刺激。家长一旦能让儿童爱惜名誉，惧怕羞辱，就等于使他具备了一种真正的做人原则。这个原则会永久性地发挥作用，使他们走上正轨。

但如何才能做到这一点呢？

培养女孩的羞耻心

小女孩对于赞扬是敏感的，她们甚至在幼年的时候就对周围的环境很敏感。她们往往会这样觉得，自己能被别人表扬，是一种莫大的快乐，尤其是被爸爸表扬。所以，当父亲们看到女孩有好的行为，就应该及时地给予赞扬；如果女孩有不好的行为，作为父亲，可以用比较冷淡的态度来对待她，让她能够有所警觉和反思，而并不是用打和骂的方法。这样教育女孩，会使她更加懂得自尊自爱，同时还使她具备一定的羞耻心。

其实，如果频繁地使用威吓或是打骂的方式来对待女孩，那时间久了之后，女孩就对打骂感到习以为常，觉得挨顿批评，或是挨顿打都是家常便饭，这极不利于她们自尊心的培养。所以，如果不是万不得已，千万不要轻易用打的方式来惩罚女孩。

父亲还可以在平时与女儿谈心的时候告诉她，世界上只有优秀的人才能得到可爱的东西。让女孩明白，受到尊敬是值得喜悦的，而经常犯错误是要感到羞辱的。这两种截然不同的心态会有效地在心灵上约束女孩的行为。

避免当众惩罚女孩

如果女孩是在公共场合犯了错误，家长要千万记住不可以在大庭广众之下对女孩进行教训或者是惩罚。因为在公共场合处罚孩子既不符合礼仪规范，更重要的是会严重伤害孩子的自尊心。所以，如果女孩在众人面前做错了什么，也一定要等到回家之后再对女孩进行批评，给她讲清楚错在哪里。

女儿，爸爸永远支持你

"爸爸，今天晚上我要去少年宫比赛，你给我当拉拉队员好不好？"

"爸爸，我想去放风筝，你能帮我把它送上天吗？"

"爸爸，我要去学萨克斯管，那个吹起来有些费力气，不过我肯定能学好。"

在女孩的心目中，爸爸总是默默守护在旁边的那个人，是女孩永远的支持者，就像一盏不会灭掉的阿拉丁神灯。确实，在父亲心中最疼爱的人莫过于自己的女儿，不管孩子在某一件事上做得对还是错，是成功还是失败，父亲总是默默地关注自己的孩子，无条件地认可自己的孩子。父亲对女儿的爱永远都不会改变，他也许会表扬或者是批评某个细节做得还不够好，但却是从心底对女孩关怀备至，这是毋庸置疑的。正是由于父亲这一副宽大的肩膀，使女孩的童年温馨快乐，并且积攒了足够的力量应对未来人生路上的风风雨雨。

但是，如果有一天，家长们发现自己的宝贝女儿说出的愿望与自己想的格格不入，我们还要支持她吗？还要默默地认可吗？

"爸爸，我今天树立了一个伟大的理想。"小淘淘歪着脑袋对沙发上看报纸的爸爸说。

"哦？真不简单，淘淘都有自己的理想了。"爸爸一边说着，实际上眼睛并没有离开报纸。

"嗯，我要当一个现代化的流动小摊贩。"小淘淘一本正经地说道。

爸爸推了推眼镜，将目光从报纸移到了小淘淘这里，问她："你也想当个摊主么？"

"我们同学都喜欢买学校门口小摊上的零食玩具，但是那些东西很脏，而且就一个摊上放不了足够多的品种，今天我去买贴纸，那个阿姨说她明天给我拿来。将来，我就要发明一个小摊贩车，然后满学校转悠，大家都会喜欢我的。"小淘淘兴致勃勃地和爸爸构思她的"现代化小摊"。

"呵呵，也许吧。以后小淘淘会成为全国最大的流动摊连锁商。"爸爸笑呵呵地摸摸她的头。

看到这里，我们应该为这个爸爸感到庆幸，他没有用世俗的眼光破坏一个天真无邪的小女孩美好的梦。即便是在我们看来卑微的社会底层，在小孩子的眼里却是一个值得期待的愿景。这个聪明的爸爸保全了孩子的纯真，并且全力支持孩子的"理想"。

当一个女孩在她还小的时候，由于没有建立起正确的是非观念，她总是习惯于依赖家长和老师的评价来认识自己。等到长大之后逐渐萌发了自我意识，才开始懂得进行自我评价。

所有的孩子都希望自己是令人喜欢的、有价值的人，当一个孩子觉得自己什么都比不过别人的时候，就会丧失自信心，缺乏对生活的热忱和对周围人的积极性。

正因为如此，当一个女孩还小的时候，父亲应该给予她最多的赞美和肯定，帮助她对自己树立信心，永远支持她。

懂得支持孩子的家长，会永远在孩子的身旁加油打气，教孩子勇敢地迎接困难，在挫折中长大，并不是把孩子庇护在家长的羽翼之下。任何一个女孩都有自己美好的愿望，家长需要做的就是，珍惜女孩的美好愿望和追求，鼓励她朝着前方迈进，实现自己的理想。

为女孩树立正确的榜样

女孩最初的理想是从英雄身上得到的。如果这个时候爸爸在家庭中没有为女孩树立强大的正面文化，女孩将很容易受到流行文化的熏染。最近刮了一股"韩潮"，很多女孩将韩国的整容明星奉为自己的偶像。这时，女孩所追求的理想和愿望就会具有较大的盲目性。爸爸如果懂得在平日的生活中给女孩灌输一些好的文化，先入为主，相信女孩不会出现很偏颇的价值观。父亲可以引导女孩阅读英雄模范、先进人物的书籍，观看高雅的影视剧，让女孩明白什么样的人才是值得自己尊敬的。

让女孩的理想符合社会实际

孩童时期的女孩天真烂漫，她们的理想较为简单，而且多变：今天读了些散文就希望自己有朝一日会成为散文家，明天在学校做了个生物实验又希望自己能够成为科学家，后天看了电视的赛况报道又觉得当个运动员也不错。这个时候，爸爸就应该在女儿旁边敲敲她了："孔子说君子立长志，小人长立志。你说你是想做君子呢还是想做小人呢？"

当然了，对于女孩的愿望，家长千万不可以泼冷水，更不要去嘲讽，而是应该不断地启发和引导，让女孩能够明白，只有那些符合个人条件和社会实际的理想才能够实现，异想天开都是空谈。

指定家规，规范女儿的行为

"爸爸妈妈，你们实在是专制。为什么我一定要听你们的呢？你们什么时候能听我一回？"从女儿的抱怨声中，相信聪明的爸爸能听出个所以然来了吧。

女儿争论的重点是，这样是否做到公平合理？

爸爸在这个时候不妨将计就计："好啊，那我们一起制定一个家庭规范吧，大家共同遵守。"

中国历史上，基本上大的家族都有治家规范，代代相传，还有很多流传到了今天。现在流传最广泛的有《朱子治家格言》《颜氏家训》《格言联璧》等等，这些家规中有很多做人的道理，成为人们喜爱的修身读物。

现在的家庭都是小家庭，父母制定家规的目的和古代有所不同。古代的家规对人的要求比较严格，以希望一个繁盛的家族能够长久地绵延下去。而现在的家规，只是个规则，明确各自的角色任务，大人小孩共同遵守。

如果家长打算在家庭中制定一个家规，那么恭喜：你的家庭已经完成了从父母制到民主制的转变。

在父母制的家庭中，家里的一切无论巨细，都是由父母说了算；但是，在民主制的家庭中，治家规范是建立在尊重每个家庭成员的权利和义务的基础上的，在制定家庭规范的时候，每个家庭成员都有权利来表述自己的意见，当然要明确的是，并非每个成员的权利和义务都是一样的。

当女孩在年纪还小的时候，她的自我控制能力比较弱，有很多坏习惯不能在短时间内改正过来。为了纠正女孩的坏习惯，父亲可以考虑制定一些家庭规范，使孩子的行为有所约束。

凌凌有个坏习惯，她每次从卫生间出来之后总是不能做到随手关灯。为了她的这个坏毛病，妈妈不知道说了她多少次，但是凌凌就总是记不住。

"凌凌，你的灯又忘记关了，这次妈妈替你关上啦。"

"凌凌，说了多少次你就是记不住，你自己过来把灯关掉。"

时间一长，妈妈说的话似乎成了耳旁风，一点作用也没有，而凌凌这个坏习惯还是保留着。

爸爸注意到了这个现象，对妈妈说："你说破了嘴皮，她没有动静。这样，她的坏习惯还是改不了啊。不行，要想想办法。"

当天晚上，爸爸对凌凌说："我们准备一起制定一个家庭规范，你觉得爸爸妈妈有哪些缺点需要改，可以写在规范上，我们改；然后，你的缺点我们提出来，你也改。我们一起进步，好不好？"

凌凌一听："妈妈太唠叨了，是要制定一个规范。"

爸爸说："如果你不犯错误的话，妈妈怎么会说你呢？谁叫你总是忘记关灯呢？你觉得自己做得对吗？"

"嗯……不是特别对。"凌凌说道。

"是根本就不对。给你定个规范吧，以后不可以忘记关灯。行不行？"

"好。"凌凌答应了，"以后我随手关上就好了。"

对于女孩常有的那些"不拘小节"的坏习惯，用制定家规的方法最好不过，这种无言的约束一方面让女孩常常有意识去遵守，另一方面也避免了女孩经常挨批评。

在制定家规的时候，还有一些需要注意的地方。

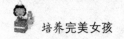

让女孩理解制定家规的目的

爸爸要把制定家规的原因和想法和女孩说清楚，然后说说制定家规能够对女孩有什么样的帮助，然后再讲清楚家规的内容都有哪些，最后征求一下女孩的意见："你觉得这样做有没有必要？"当然了，如果爸爸在前面几个步骤讲述得很清楚的话，多数女孩会表示赞同且愿意尝试的。

实施家规的家庭环境是温暖的

给女孩定家规的目的，就是让她从小明了是非曲直，以免误入歧途。但是在定家规的时候，应该让女孩能够感受到这是缘于父母的爱心，要让孩子们更有安全感，切忌让女孩产生抵触心理，觉得父母不爱她了。

家规要制定得尽量简单

家长制定的家规要尽量简短扼要，一般来讲一段时间内三条左右比较合适，太多了并不利于孩子在短时期内集中精力改正一种错误。所以，只制定三两条，利于女孩把规则都记在心里。

有一个爸爸为女儿制定了"每天只能吃两块蛋糕"和"睡觉之前一定把当天的作业都写完"的规则。这样简单的规则，女孩很容易记住，而且还有利于她养成良好的学习习惯，也使她的饮食更加科学。如果某天女孩没有按时完成作业，这个爸爸就可以惩罚她"明天一块蛋糕都不可以吃了"。

家规教育应该坚持起来，长期不懈

家长在对女孩进行家规教育的时候，不能"三天打鱼，两天晒网"，今天想起来了就对女孩教育一些，明天因为杂事太多就忘记了。还有一些爸爸，当情绪好的时候就纵容女孩，而情绪不好的时候就会找个理由把女孩教育一下，这是教育中的大忌。家规教育具有持久性的特点，教育也是一项事业，贵在坚持。

多一些拥抱会让女孩更快乐

当女孩出生的时候，细心的家长都会发现一个问题：她似乎不太喜欢安分地躺在自己的小床上一个人玩耍。当妈妈把她抱上婴儿床转身离开的时候，她就会哭闹不止，直到妈妈跑过来哄她。难怪有的时候家长们会说自己的女儿：

"她知道欺负人呢，只要看我闲下来，就会哭闹着让我过来哄她。"

"这个小家伙，居然懂得找人陪她说话呢。"

这就是女孩的天性，她对于接触的感觉要比男孩敏感得多，幼小的女孩通常是以感受父母的拥抱来确认自己在他们心中的重要性。所以，多给女孩一些拥抱，她会生活得更加愉快。

小女孩波波在刚生下来的时候似乎不太受到爸爸妈妈的重视，在她很小的时候，妈妈就经常把她放在床上自己干活去了。波波起初经常会大哭大闹，但是妈妈对此不理不睬，任凭波波在床上"哭天抢地"。时间久了之后，波波果然不喜欢哭闹了，而且对周围的事物反应比较迟钝，有的时候爸爸过来逗逗她，她也没有什么反应。波波逐渐大了一些，但是她似乎不喜欢爸爸妈妈，也不喜欢听他们说话，也不喜欢笑，就自己一个人默默地坐在那里玩耍。这个时候波波的爸爸看出问题的严重性了："这个孩子看上去呆呆的，会不会有些智障呢？"

波波被带到了医院，医生根据观察她的病情得出结论，波波所患的是一种"皮肤饥渴症"，因为她从小得不到父母的爱抚与亲昵，导致发育不好，并且妨碍到了智力的发展。

爸爸妈妈万万没有想到抱抱孩子能对孩子的发展有如此大的作用。而事实上，拥抱孩子能比语言更好地传达给父母想要表达的疼爱之情。一个经常接受父母拥抱的女孩，总是会比其他的女孩更加活泼开朗。不要小看拥抱，这种身体的拥抱激活了女孩大脑思维细胞的基因链，让她的每一种生命功能都能发挥到最大限度。

爱自己的女儿，就多给她一些拥抱吧。

小女孩们能够从温暖的拥抱中找到勇气，不再惊恐不安。女孩在成长的过程中同样需要父亲的拥抱。

和女婴保持每天 15 分钟的身体接触

在女孩出生两年之内，每天和女婴保持 15 分钟的身体接触，将会使以后与子女的交流更加融洽。在父亲温暖的怀抱中，女孩体会到的是温馨。

有一位儿童行为研究专家认为：大人的拥抱能使女孩感受到快乐，这有利于她把自己的能量集中在最需要的地方——调整自己的呼吸系统和消化系统，并使之得到清理，对于很多孩子来说这是有一定困难的。正因为如此，经常被拥抱的女孩要比其他的孩子更加健康。

长大了的女孩同样需要拥抱

孩子长大之后，家长可能会忽视和孩子进行拥抱，一方面觉得她已经长大了，不像小时候那样需要哄着。另一方面因为家长总是想要显示自己的权威，爸爸可能会觉得如果和女孩拥抱的话会让自己不再威严。其实这种观点是错误的，大一些的女孩同样需要父母的拥抱。

拥抱会帮助父亲与女儿在进行沟通的时候更加顺畅，不易产生误解，而且在转瞬之间即可完成，比语言更有感染力。

将拥抱的含义延伸

拥抱女孩所起到的作用是让她感受到爱。当领会到这个道理之后，聪明的爸爸就会明白其实很多其他的行为也都能起到和拥抱一样的作用。父亲只要多用点心思，就能挖掘出很多向女孩表示爱意的举动，比如对女儿说一些温和的话，在说话的时候认真地倾听并注意女儿的眼睛等等。

爱的动作是父亲给予女孩最好的礼物，是保证两代人感情维系的最好方式，父亲们千万不要放弃这个简单又具有温情的方法。

为孩子建立良好的成长氛围

为女孩的成长提供一个良好的家庭环境，将会使女孩形成良好的心理素质。父亲是女孩的榜样之一，父亲的教养态度和教育方法将直接影响到女孩的心理和行为。

下面，列举几种不太有益于孩子成长的家庭教育环境。

1. 在传统的中国式家庭教育中，教育强调绝对服从父母的意志，如果不听父母的教诲，那就是不服管教，甚至会受到惩罚。在这种过分严厉的环境中长成的孩子，一般来讲会比其他孩子更没有主见，并且缺乏自信心，严重者会形成蛮横、逆反等不良性格。并且会捉弄人，寻求在报复中得到心理的补偿。

2. 有些家长过于疼爱自己的孩子，一心要为孩子提供无微不至的保护和帮助，以至于过分娇宠，有求必应。无论什么事情，不等孩子动手去做，父母已经都做好了，这样的父母从来不给孩子成长的机会，并助长了孩子很大的依赖性。在这种教育环境下成长起来的孩子，很容易形成自私、任性、好夸口等品性。

3. 有些家长所使用的是放任自流的教养态度，孩子因为得到的关心比较少，所以经常会因得不到父爱母爱而产生孤独感。在这样的成长环境中长大的孩子很容易形成冷漠、情绪不稳、对周围事物不关心等品性。

良好的家庭教养环境在于家长能够表现出以民主、平等的姿态来教育女孩。在家庭教育中互相爱护关心，父母在陪伴女孩成长的过程中能够给她更多的鼓励和引导。当面对女孩的缺点，能够恰如其分地进行批评指正，提高女孩的认识，并改正缺点。长此以往，就能逐渐培养女孩的自尊、自立，并且在这样的环境中长成的女孩总是对别人特别热情友好，能够禁受住别人的批评，有较强的处事能力。

良好的家庭环境是孩子良好心理素质形成的前提，家庭成员之间理应和谐融洽，尽管有时也会在某些问题上意见不一致，不过和谐应是家庭的主旋律。在这样的一种氛围中，孩子很容易学到人与人之间要互助、互爱、合作。相反，如果一个孩子从小就是生长在一个争吵不断的家庭中，那么这样长大的孩子内心往往不是特别健全，甚至是畸形的。所以，就算单单是为了教育孩子父母也要大力提倡家庭美德，并正确处理家庭成员之间的关系。只有彼此和睦相处，孩子才会感受到爱，才能学会爱，才会体会到家庭是她最温暖的港湾。

那么，接下来，如何建立一个良好的家庭环境呢？

在家庭中创建良好的家庭文化

创建家庭文化，是从内在和外在两个方面来说的。家长可以通过布置房间来增加家中的文化氛围，比如说在房间里放地球仪或者是放个艺术品、挂名言等等。同时，家长也要以身作则，来引导孩子喜欢学习。试想，如果一个女孩经常看到自己的爸爸妈妈在读书看报、努力工作，那么她也一定会受此影响，喜欢追求新知识的。

为女孩创建良好的待人接物环境

爸爸平时在家里要注意家庭语言的使用。如果爸爸总是使用不文明的语言，那女孩说话就免不了粗俗；如果爸爸很喜欢用语言攻击他人，估计女孩也多少会受到些影响。外表伟岸的爸爸要当女孩的好榜样，树立好的做人处世态度，这样会更加受到女儿的尊敬。

不可以用金钱奖励孩子

父亲对于女儿的疼爱，还表现在喜欢给女孩各种各样的奖励。女儿今天记住了一页英语单词，那就奖励一罐薯片；女儿今天学会了画海棠花，那就奖励一副球拍；女儿今天好不容易做了点家务活，表现真不错，那就奖励一张她喜欢的光碟。

当然，也有的爸爸会表现得更加简便：干脆给钱算了，看着女儿这样乖，今天给 5 元，明天给 10 元。反正爸爸挣钱，不就是为了孩子嘛，无所谓。

这样的做法时间久了，相信原本对钱没有任何概念的女孩都会喜欢上金

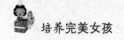

钱和物质。

家长一旦喜欢用金钱来奖励孩子，会导致她花钱大手大脚。然而，"由俭入奢易，由奢入俭难"，当一个孩子习惯了大手大脚之后，定然不喜欢过那种没有钱花的日子，那她一定会想各种方法找家长要奖励。所以如果经常用金钱来奖励孩子，其实最终会危害子女。理性的家长应该懂得，金钱是为孩子的健康成长提供条件的物质保证，而不能沦落成为孩子消磨意志、自毁前程的缘由。

亲子关系并非商业贸易，这种用金钱来教育孩子的方法，最终会导致孩子们只有在想要零花钱的时候才会想到父母，甚至会出现"爸爸，来，我给你捶捶肩"之类的强买强卖行为。平时让女孩做家务劳动，一定要给她讲清楚"这些是你应该做的"，而并非使用"金钱承包责任制"。

此外，有些望女成凤的爸爸喜欢用金钱来奖励女孩努力学习，这样做很容易让女孩混淆价值观，究竟学习是为了什么呢，可能她自己也说不清楚了。还有的小女孩，会因此而觉得为家挣钱的爸爸才是最伟大的，而鄙视终日忙碌于家务的妈妈。

也有的爸爸认为：既然不能给女孩太多的金钱，给她物质奖励吧。然而，物质奖励固然能够起到激励的作用，但是也不能过度。过度的物质奖励无形中会让孩子养成骄奢淫逸、不爱惜物品、不珍惜别人劳动果实的观念，甚至会养成"高消费"的习惯和攀比心理，这些都将成为培养女孩朴素、关心他人等优秀品质的巨大障碍。孩子的成长离不开物质奖励，同时也需要更多的精神奖励，两者要相辅相成，才能保证孩子的身心健康发展。

在目前的家庭教育中，利用物质刺激，忽视精神奖励的情况已经不稀奇了。

每当女孩考试得了高分，或者是考取了重点中学的时候，家长总会不惜花一大笔金钱作为奖励。而这种滥用物质奖励来激励女孩学习的方法，很难收到效果，有时还会适得其反。在奖励的问题上，恰如其分的物质奖励是必要的，但是只有和精神奖励结合起来，才会真正促进孩子向正确的方向发展。物质奖励对孩子只是一种刺激，而精神奖励才是促进孩子努力学习的真正动力。因此千万不要因为女孩一时取得了稍好的成绩，家长脑子一热就进行猛烈的物质刺激。这样很容易导致孩子不再重视学习的精神所得，或者是误导孩子的学习动机。

在女孩的成长过程中，父母的鼓励和认同是不可或缺的。但同时要注意的是，这种奖励必须是纯洁的，有益于心灵的，而不要沾满铜臭味。

那么，爸爸要如何奖励女儿才是科学合理的呢？

在奖励的时候注意对女孩进行精神引导

在奖励女孩的时候一定要注意方向，不要盲目地因为奖励而奖励，而是要让女孩明白，究竟是因为什么原因而奖励她？当女孩考了 100 分，我们对她进行奖励的时候，应该让她明白，我们并不是因为她考了 100 分才奖励她，而是对她认真学习的态度进行肯定和奖励。这样的奖励方式才有助于女孩保持学习的劲头。

奖励作为一种教育的手段，是对女孩的一种肯定性评价，一种积极的反馈。奖励的目的是为了让女孩更努力，强化女孩的正确行为、优点和进步。因此，家长应该更加重视奖励的教育性，并通过奖励使孩子更加有荣誉感，产生幸福的体验。

精神奖励为主，物质奖励为辅

如果家长一味地喜欢用物质来奖励女孩的话，这样做的后果，会很容易使女孩变得越来越重视物质。奖励一定要以精神奖励为主，物质奖励为辅。因为，如果女孩有了"考高分就会给奖励"这样的观念，那如果将来她会偷改成绩单怎么办？所以作为家长，一定要注意防微杜渐，考虑周全。

奖励给女孩需要的东西

奖励女孩的时候要先考虑一下，她在生活中需要什么，最好奖励给她需要的、能够对她的生活有所帮助的东西。

奖励还可以是口头奖励，不过这要因人而异。如果有的女孩喜欢表现自己的话，那家长就不要再当着亲朋好友的面来表扬孩子了，以免她会变得"不知天高地厚"；有的小女孩容易自卑，家长就要多给予表扬和鼓励，以增强女孩的自信心。

像名人一样思考自己的教育方式

周弘：赏识，女孩成功的源泉

他，被人称为"中国第一位觉醒的父亲"；

他，被人称为"当代的陶行知"；

他，曾经影响了上亿含辛茹苦的父母们。

这位伟大的父亲名叫周弘，他也曾是一位普通的父亲，而如今他和他的

"赏识教育"早就已经名满天下了。他和他的女儿周婷婷一同与命运抗争，使天生耳聋的女儿获得了常人难以想象的成功。

周婷婷天生耳聋，到了3岁的时候还不能讲话。但是，在周弘细心的教育与鼓励下，原本已经列为残疾人行列的婷婷在6岁的时候已经认识2000多个汉字，8岁的时候就能够背出圆周率小数点后1000位的数字并打破吉尼斯世界纪录。

不仅如此，周婷婷在上小学的时候连跳两级，10岁那年被评为了"全国十佳少年"，17岁时被评为全国自强模范，20岁赴美留学，如今已经获得硕士学位。

周婷婷和同龄人相比，能够拥有的东西并不多，但是她所取得的成就，非常人能及。

原本全聋的女儿能够取得今天的成就，她的幕后高参——爸爸周弘有什么秘诀吗？

面对自己的孩子，周弘曾说过这样一句话："哪怕是天下所有的人都看不起我的孩子，我都会含着热泪欣赏她、拥抱她、亲吻她、赞美她，我会永远为她自豪。"

如今，周弘的"赏识教育"已经被越来越多的人所熟知，而"赏识"作为一种教育手段也被越来越多的人所认同。

很多爸爸在教育孩子方面并没有周弘这般的耐心，而总是有一种"恨铁不成钢"的心情。他们希望自己的孩子能考满分，于是就批评自己的孩子总也考不了满分；希望孩子进步快，就批评孩子进步慢；希望孩子能再机灵点，就批评孩子反应太慢……爸爸们似乎总有一套自己的"教育经济学"，并自以为是：孩子固有的优点，不表扬还会有，但是孩子的缺点，不批评就改不了。正因为如此，才应多批评，少表扬，不能让孩子对自己的现状满足。这样的教育是周弘最为反对的。

周弘则认为：如果一个孩子在成长的过程中得到的是太多的责备、抱怨和训斥，那么教育则会陷入一个怪圈，父母会发现孩子的优点越来越少，而缺点则越来越多。对于孩子的批评过多，会使他们以失败的心态走向社会。

婷婷小的时候学习数学很吃力，但是爸爸却从来没有责备过她。有一次，周弘给女儿出了10个题目，但是小婷婷只做对了其中的1道题，当时，周弘感到眩晕，他心里十分清楚女儿的数学水平差到什么程度，不过，他依然做出很吃惊的表情，对婷婷说："呀，这么困难的题目，你都能做对1道，真了不起。"爸爸这样的评价使婷婷喜欢上了学习数学，并且日后的成绩越来越好。

也许，有很多女孩都羡慕婷婷有这样一个好爸爸，那么所有为人父者也来做这样一个懂得赞扬女儿的好爸爸吧。

帮助女孩唤醒自信

在一个班上，如果老师只关注考前几名的学生，只关注那些拔尖的学生，那些考得不好的孩子总是灰溜溜的，老师这种无言的否定会使她们被扣上"不认真""成绩不好"的帽子，这样的心理暗示一旦形成，自信心就会受到严重伤害。作为爸爸，我们千万不要再批评自己的女孩了，多鼓励她，相信她一定能够取得好成绩，帮助她恢复自信。

尊重女孩的人格

女孩和家长在人格上是对等的。陶行知先生率先把"小孩子"称作"小朋友"，就是对儿童极大的尊重。在日常生活中，很多小节都可以体现出爸爸对女孩的尊重，比如说蹲下来平视孩子、倾听孩子说话，这样的动作会让孩子感受到被尊重。

薛涌：孩子要宠不要惯

薛涌是当代著名的"草根精英"，他是耶鲁大学的历史学博士，现在萨福克大学历史系教书。薛涌先生有一个可爱的女儿，对于这个女孩的教养，他也算是心得不少。他所著的畅销书《一岁就上常青藤》，介绍了他是如何用美国的教育方式来教育自己的孩子，这本书的问世掀起过一阵关于"常青藤教育法则"的讨论热潮。

薛涌对他的女儿疼爱有加，字里行间渗透着对女儿的喜爱和肯定。但是，薛涌还是坚定地认为：女孩要宠，但是千万不能惯。

每个爸爸都会疼爱自己的女儿，比疼爱更深的程度则是宠爱。宠爱无可厚非，但是如果宠过了头，那就会对女孩的成长带来一系列的不良影响。薛涌则认为：所谓的宠，应该是满足孩子在成长过程中的感情需求，这样宠出的孩子在日后的成长过程中会更加自信。但是，并不是所有的爸爸都了解宠爱孩子的尺度和分寸，如果宠爱无度，那宠爱就会变成溺爱，而溺爱则会给女孩带来一系列不利的影响：受到溺爱的孩子会变得更加任性和爱撒娇；受到溺爱的孩子会弱化与外界交流的能力；受到溺爱的孩子会埋没做任何事情的潜能。

薛涌一直坚持"宠而不惯"的教育思路，他的女儿没有被宠坏，反而比同龄的小女孩懂事。比如全家一起去买东西，她看上一件东西很想买，但是如果家长嫌贵，她二话不说，马上会把东西放回去，而不会像其他的小朋友那样原地耍赖。而且在平时，不论父母叫她做什么，她都会照做。女儿能够如此懂事，完全在于父母满足了她的感情需要，使她能够绝对相信父母，在待人接物的过程中也很有信心。

薛涌的这些教育思路，完全是受到了自主独立的美国式教育的影响。在美国，无论家长是高官还是富豪，从来都不给子女零花钱。而子女的零花钱大多是通过课余或假期的打工中"按劳取酬"获得的。不仅如此，当子女成长到了18岁的时候，他们就再也不会在经济方面依赖自己的父母，而是必须要自食其力。而这些美国孩子也把长大了还向父母伸手要钱视为一种耻辱，他们会自觉地凭劳动和智慧来挣钱料理自己的生活。

反观中国的一些家长，他们从来都不让自己的孩子做任何家务，对女孩的各种要求都是"有求必应"，面对孩子所遇到的困难，爸爸总喜欢替孩子"迎难而上"。父母总是尽自己的全力来创造一个让孩子感受不到苦难的环境。这样被娇惯长大的女孩，我们很难相信她会具备在这个社会生存的适应能力和免疫力。

不要对女孩百依百顺

小女孩天生可爱，娇宠着点也是人之常情。但是，如果爸爸总是没有原则地对女孩"有求必应"，这样做的结果会使女孩不懂得感恩，而且还会觉得爸爸为自己做这一切是理所应当的。所以，疼爱归疼爱，爸爸还要把握好自己的度，更不能为了顺应女儿而模糊了自己的原则。

适当让女孩做做家务

很多爸爸觉得女孩年纪还小，不做家务没有关系，只要学习成绩好就可以了。实际上，根据女孩的年龄，可以适量地安排她们做一些简单的家务劳动，一方面使女孩提高做家务的能力，另一方面可以使她们更加深切地体会到父母养育她们是多么不容易。

周国平：孩子是多么需要欢笑

周国平是中国当代的著名作家，对于教育孩子，他有其独特的见解。在他看来，孩子美好的童年必然在欢笑中度过。然而，一个孩童并非是对谁都笑的，笑也是需要被鼓励的，孩子总是在真正爱自己的人面前笑得很欢畅，而在不喜欢自己的人面前显得冷漠。

周国平有一篇美文《孩子多么需要欢笑》，以优美的文字论证了"笑"对孩子成长的重要作用：

人在孩提时期也许是笑得最频繁的，当然也是最灿烂的。孩子常常会无缘无故地笑，那是新生命蓬勃生长的音乐，是真正的天籁。

然而，笑不是生物性本能，而是上帝赋予人的特殊能力，人是唯一会笑的动物。在婴幼儿身上，有意识的笑是社会性的最早征兆，也是智力发育的伴生现象。笑需要鼓励，最重要的鼓励来自两个因素，一是爱和善意，二是有趣。

孩子对爱和善意有极为准确的直觉，决不会弄错，在爱自己和善待自己的人面前笑得最欢畅，在冷漠者面前则一定会冷淡和显得呆滞。

但是，仅有爱还不够，还必须有趣。我在所有的孩子身上都观察到，孩子最不能忍受的不是生活的清苦，而是生活的单调、刻板、无趣。几乎每个孩子都热衷于在生活中寻找、发现、制造有趣，并报以欢笑，这是生长着的智力的嬉戏和狂欢。

人们往往严重低估孩子对于有趣的需要，以为只要在日常生活上照料好就行了。比如说，有的父母把孩子完全交给保姆或老人带，而保姆和老人带孩子往往趋于保守，但求平安无事，鲜能顾及有趣，给孩子心智发育造成的损失虽然看不见，其实难以估量。所以，依我之见，再忙的父母，也应该安排时间和孩子玩，而且不可敷衍，一定要全身心地投入。不肯这样做的父母，或者是自私的，或者自己就是无趣的，所以压根儿没想到孩子对于有趣的需要。

周国平写作这篇文章，也是呼吁在家庭中能够建立欢快的友善氛围，这是最利于女孩成长的。那么，想要营造一个快乐的氛围，要从哪几方面下手呢？

首先，爸爸要让自己的快乐情绪感染到孩子，这样就可以为女孩创设一个良好的心理环境。需要注意的是，在这个过程中自己要尽量做到乐观豁达，不要把自己的坏情绪传递给女孩。

其次，让孩子自己选择，自己决策。大人也要尊重和理解孩子，应该给孩子建造一个想说、敢说、有机会说的语言环境，并且设法给孩子提供机会，让孩子从小懂得如何来使用自己的决策权。

最后就是，爸爸应该主动帮助女儿调整心态，当看到女儿心情不好的时候，可以带她出去活动活动，将不好的情绪转移开。或者引导女孩用一种其他的方式将情绪发泄出来，比如唱歌、打球之类。

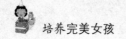

了解女孩，帮助女孩制定适当的期望值

总有一些家长对女孩的期望值过高，希望女孩样样都比别人强。爸爸们这样的做法会使女孩更加的自卑和压抑，并且会表现出越来越沮丧的心情。爸爸们应该鼓励自己的女儿：自己只和自己比。对待孩子，我们应多一些纵向比较，少一些横向比较，就会让孩子得到适当的发展。

让孩子在玩中学

家长的传统观念总是认为"玩物丧志"，不支持女孩玩。而实际上，在玩的过程中，女孩的整个身心都会得到发展。大人们千万不要压抑女孩自然的生长规律，而是要放心地让孩子玩，并且鼓励女孩手脑并用地玩。当一个女孩的全部身心都投入到游戏中之后，想象力和创造力都会得到充分的发挥。

何怀宏：孩子，我们来谈谈生命

何怀宏是北京大学哲学系的教授，他不仅是一位学富五车的学者，更是一位有着拳拳爱心的父亲。他的女儿经常向他提问关于生命的问题，比如说"爸爸，我想永远活着，不想死，可以吗"这类让大人们很难回答的问题。而何怀宏总是很巧妙地帮助女儿圆满地回答问题。

后来，何怀宏根据女儿的提问以及自己的人生经验，写下著作《孩子，我们来谈谈生命》，曾经获得全国青少年读物一等奖。

现实的生命中有很多女孩容易轻视自己的生命，为了同学之间的义气，或者是和父母赌气，或者是为了追求所谓的"自由"……在她们看来什么都是可贵的，似乎只有生命和自身的安全是无足轻重的。

某小学四位女生因为看了电视中特殊的自杀方式，便商议一起尝试，最终二人死亡。

某市第九中学一位名叫文婷婷的女生因为喜爱的偶像去世而自杀。

一名13岁的小学生文文从家里偷出300元钱偷偷去见网上认识的男友，最终被骗失身。

河南信阳一名高中女生，半夜把一杯硫酸泼到同学的脸上，原因让众人大吃一惊——她比我学习好。

……

女孩的心理健康非常重要，相信每个爸爸都希望能够拥有一个活泼健康的女儿。但年轻的女孩青春飞扬，同时也是情绪最不稳定的时候。所以，如果真的爱自己的女儿，那就为女儿上一节生命教育课吧。

生命教育，就是教会女孩学会尊重与珍惜生命的价值，热爱和发展每个人的生命，并将个人的生命融入社会之中，让女孩树立起积极、健康、正确的生命观。对女孩进行生命教育的最终目的就在于，通过教育让女孩学会必要的生存技能，同时能够增强抗挫折的能力，培养其坚定的理想信念，学会关心自我、关心他人、关心社会，并树立积极的人生观、尊重他人的生命以及自我生命的意识，以博大的胸怀和坚韧的毅力实现个体的生命价值，为社会做出贡献。

现在的学生升学压力大，女孩从上小学开始就一直为升学压力所困扰，无论是在学校还是在家庭，"生命教育"都是教育的一个盲点，而正是由于这种教育的缺席，使孩子们不知道生命的宝贵，也不懂得爱惜自己的生命。

对女孩进行生命的自我保护课程是不容忽视的环节。泰戈尔说过："青少年学生应该有教育的目的，应当是向人传递生命的气息。"生命的价值首先是基于生命的存在，在此基础之上才能得到发展和提升。作为女孩成长的保护者，爸爸不仅仅要关心女孩知识的获得与精神的成长，还要教会女孩如何认识自己的生命，如何保护自己，防止任何可能伤害生命的行为发生。

爸爸最好能在轻松的环境中讲述死亡

现在很多父母都在有意无意间回避"死亡"这个话题，但实际上，对于死亡，再小的孩子都会有自己独特的体验，如果家长总是刻意回避死亡的话题，反而会压抑孩子对自然生命的体验和感受的认识。所以，爸爸们最好能轻松愉快地为女孩讲述死亡。生死学大师伯勒·罗斯在《关于儿童与死亡》的书里提到：家长最好是能够通过绘画、游戏的过程来帮助儿童理解和面对死亡。因此，当家长们向女孩讲述死亡这个话题的时候，应该尽自己所能把这个话题放在一种很轻松的环境中，让女孩既能够认识死亡，同时又不会感到恐惧。

教会女孩尊重和欣赏生命

生命教育的一个重要方面就是尊敬生命、欣赏生命。人们不仅要珍惜自己的生命，同时还要珍惜他人的生命。爸爸要帮助女孩正确地认识世界，帮助女儿勾画美好的蓝图。要做到这一点，就应该让女孩明白，生命的意义和价值所在。同时要告诉女孩，虽然生命中会有坎坷和挫折，但是生命的本质是光明的，是积极向上的。

第四章 好妈妈胜过好老师——
妈妈是最好的老师

妈妈的亲和力影响女孩的一生

母爱，是一种上帝的温度

女性的亲和力，似乎是与生俱来的。世间的文学常常会用"温柔""体贴"来赞美女性，而社会的传统道德也期待女性能够扮演一种知书达理、优雅安静的角色。

传统上来讲，女性最终的归宿是要走进家庭，担当起相夫教子的责任。这样的社会规范不仅仅是为了能够更好地维持社会秩序，同时更是由于女性的天性适合这样的安排。女性天生就是美的诠释者，她的一颦一笑都可以成为诗人笔下的精灵，有着书写不完的情思。而当女性成为一个母亲之后，她的柔美与细腻马上化为母性，身上所散发的魅力更加深刻而丰富，母亲的智慧也就让人更加崇敬。善解人意并不是女性所独有的，然而只有在女性的身上才会表现得如此淋漓尽致，入木三分。

当一个婴儿刚刚出生的时候，基本上饮食起居都由母亲一人料理，而母子之间的感情也是越来越深厚，相互信赖熟悉，几乎是密不可分。在孩子的眼中，妈妈就是最美丽的。这时在女孩的眼中，妈妈就是上帝。

母爱，就是一种上帝的温度，有着母亲怀抱的温暖，有着母亲饭菜的温暖，有着母亲针线的温暖，让人永远不会厌倦，也不会忘记。

梁启超回忆小时候母亲对他的一次极为深刻的教育。那是 6 岁的时候，他因某事说谎，平日里和蔼可亲、终日含笑的母亲，第一次动怒。她令梁启超跪下，力鞭十数，鞭打之后，她教梁启超说："你若再说谎，将来就会成为盗贼，成为乞丐。人为什么说谎？或者是因为不应该做的事情，而自己做了，害怕别人责备不应该做，便谎言自己没有做；或者有必须做、应该做的事，而自己不愿做，但又害怕别人责备自己应做而不做，便谎言自己已经做了。这对说谎的人来说，明知它的过错而故意犯之，不仅是明知故犯，而且自欺欺人，以为有什么好处。"

基本上所有伟大的人在回顾自己的童年时，总会想起母亲悉心的劝导。任何一个有所成就的人，母亲的教导对他的人生观都有着举足轻重的作用。

循循善诱是妈妈的优势

妈妈们每天在琐碎的家务中脱不开身，但想要帮助孩子提高学习的积极性，就需要拿出时间来阅读，做给孩子看。阅读并不一定要从四大名著、三言二拍这些古典小说开始，读报纸、看杂志也是一种阅读。如果孩子每天看报纸，那说明她还有读书的欲望，妈妈可以带孩子去书店，给自己和孩子都买几本书来读；如果孩子喜欢集邮，可以买一些邮票历史、常识方面的书；如果孩子喜欢玩三国游戏，可以买一本三国历史书，如此来开发孩子的阅读潜能。

妈妈有时需要扮演一个冷酷的"看客"角色

妈妈有时适当"放权"，更有利于孩子安排自己的生活。当孩子忘记做作业的时候，先不要提醒他，假装自己也忘记了这回事。等孩子自己想起来的时候，妈妈再出来"救场"，孩子才会教训深刻。如果孩子决定不做作业，那也不要紧张，第二天孩子就会为自己的这个决定承受代价了。这是一种成长的经历，妈妈们就做一个冷酷的"看客"好了。

母爱的缺失，让孩子的心灵成为荒芜

母爱是孩子心中的大地，世界上的各种生灵都离不开大地。大地哺育生命，滋养万物，给整个世界以真爱。而孩子的成长是由母亲的滋养得来，孩子心中那颗爱的种子是由母亲播撒的。妈妈们用甘甜的乳汁哺育孩子，同时又用爱心呵护着孩子的成长。

在一个电视节目中，主角是个小女孩，她在 9 岁时候离家出走，在外面流浪了 3 年。

主持人问她："你在外面流浪时最想谁？"

女孩说："最想我妈妈。"

"你怎么想的？"

"我想如果我有了钱，一定买辆汽车，把我妈接出来看看。"

女孩为什么那么想她的妈妈呢？无意中她讲起小时候发生的一件事。

有一年，家里喂养的母猫难产。孩子的手小，于是妈妈让她帮助母猫把小猫拽出来。"当时那只母猫叫得很悲惨"，女孩说，"有一只小猫身子已经拽出来了，但头还留在身体里。就在母猫惨叫的时候，我妈说了一句话：'生你的时候也这么难！'我这才知道，我妈真不容易！"说到这儿，女孩大声地哭了，女孩的妈妈也哭了。

当那个女孩亲眼看到母猫生产时的艰难，才真切地体会到当年妈妈生养她的时候情景有多不易。女孩从母猫的生产联想到了自己的妈妈，看到了妈妈当年的痛苦，才懂得了怜悯和感恩。

随着女孩的长大，当她也成为一名母亲的时候，才会体会到当年母亲的不易。

"母亲刚刚离开我了，我没有办法打起精神上班，但是我不想让家人和同事担心，有什么方法可以让我振作起来吗？"

"我从小没有母亲都长大了，你都这么大了才失去母亲，有什么好难过的，真是没有出息。人就是要靠自己，没有谁值得依靠和眷恋！"

这是一对网友的问答，回答问题的人可能从小就没有母亲，所以他体会不到母爱的滋味，也就不能够体会别人的痛苦。这种无所谓的态度引起了很多网友的愤怒，很多人会指责他没有人性。

不过，这样一个从小失去母爱的人，难道不值得同情吗？一个从来都没有感受到温暖的人，是可怜的人，因为他心灵上的那些美好的感情，还没有来得及被呵护，时间就匆匆地将其洗刷，不能责怪他的心肠冷漠，因为属于他的那份温柔被时光无情地抛弃了。当一个人从小失去了爱，他就会变得感受不到爱，也没有能力去爱。他的心灵成为荒芜，沉寂一片。

相比这一类人群，有妈妈疼爱的人无疑是幸运的。但是，又有很多妈妈只是片面地重视孩子的饮食起居，却忽视了孩子的心灵需要。

很多女性，由于工作和家庭的压力，她们在成家以后会变得脾气暴躁，容易发火。最常见的景象就是妈妈一个人在旁边絮絮叨叨，而父女两个人却是躲在一旁"惺惺相惜"。由于工作及家务的忙碌，妈妈在教育女孩的时候显得越来越没有耐心，动不动就会大动肝火，让孩子感到深深的内疚和负担。如果一个女孩长期生活在不安和被否定的环境中，那么她的一切潜能都会因之而损耗。女孩所需要的不仅仅是母亲，更是母爱，是温柔地对待，是耐心地倾听，积极地赞扬，默默地陪伴。

缺少母爱的女孩容易性格多疑，不相信别人，对于生活也没有眷恋和感激。母亲是世界上最无私的人，她的爱原本是没有条件的。母亲是世界上唯一可以对孩子毫无保留的人。所以，如果一个女孩从小就缺少这种被器重、被全心全意保护的感觉，那就很难建立起对他人的信任。心肠冷漠的人或许是可以成就大事的，但是她又能够从生活中体会到多少快乐呢？这样的女孩将来组建一个家庭之后，对于下一代的爱又会怎样？母爱的缺失，会影响孩子一生的悲喜。

在女孩最需要母爱的时候，一旦母亲缺席，就会造成女孩心灵的永久伤痛，这样的痛苦会给女孩的整个心灵蒙上阴影，永远也都无法抹去。

用语言来表达母爱

对于女孩来讲，夸奖和爱的语言，是永远都听不腻的。而作为妈妈，除了要给女孩以实际的关怀之外，同时也需要给她们一些爱语。温暖的话语滋润孩子的心田，远比吃补药更加有效。

引导女孩关心别人

妈妈的细心可以给女孩充足的爱，但同时也要引导女孩懂得爱别人。当和女孩走在路上遇到受伤的小鸟时，妈妈们就可以抓住这个机遇和女儿一起将小鸟带回家，包扎好并放了它。妈妈将善的小种子点点植入女孩的内心，女孩才会懂得爱。

与人相处的自如心态，多来自母亲

在日常生活中，我们遇见过人见人爱的女孩，也见到过惹人生气的女孩。有的孩子在你开口之前，就已经领会了你的用意，这样的女孩被认定是冰雪聪明的。而有的女孩却很被动，有问才有答，虽然有点羞怯，但是并不缺乏令人怜爱的气质。但是也有一种小女孩就完全不能或者是不愿意配合他人，就像是封闭在自己的小世界中，总是处处提防，充满了攻击性。很多人将这样的区别归结为天性，就像双胞胎中的孩子虽然长相一样，但是性格完全不同——有的静如处子，有的动如脱兔。实际上，这些不同的反应都在一个框架里，反映的是孩子的同一种能力，即人际交往能力。

人际交往是每个女孩将来都要面对的。哈佛大学发展心理学家霍华德·加德纳指出，在社会活动中，人际交往智能使人能够了解他人，更好地与他人一起工作。这些属于非智力因素，取决于后天的培养和开发。儿童从一出生，就开始了与他人的交往，随着年龄的增加，人与人交往的意识不断加强，交往策略也不断的丰富和恰当。

父母在女孩成长的早期过程中所进行的精心培养，将促进女孩在人际交往方面有良好的发展，对儿童将来走向社会、进行工作和学习打下坚实的基础。母亲在培养女孩与人相处的能力方面，发挥的影响尤为重大。

女孩从出生开始，母亲与她有着最为直接的接触。女孩在最初的触摸记忆和声音记忆都来自母亲，母亲是与女孩身体和心灵靠得最近的人。等到女孩长大之后，其他的女孩是否接纳她，关键在于她怎样去接纳别人，适应社会。而这种接纳他人的能力就是从模仿母亲开始的。一般说来，一个热情的女孩，她的母亲往往对别人也很热情；一个性格古怪的女孩，她的母亲往往性格也比较古怪。而没有母亲的女孩，则更容易走人生的极端。

当女孩做错事情的时候，往往是妈妈来给她安慰和鼓励；当学校里发生了不愉快的事情，妈妈也会耐心地倾听并关注女孩的感情。所有的这些无论是对于妈妈还是对于女孩来说，似乎都是理所当然的事情。如果一位妈妈可以做到善意地倾听，让女孩能够体会到被尊重和被珍视的快乐，女孩也就会模仿母亲的口气和神态，去分享他人的喜悲，这样的女孩一定是大家都会看中的朋友。

另外，当女孩与人相处的时候能否心态自如，也与她和母亲相处时候的心态有很大关系。如果一个女孩从小就能够与母亲随时随地进行有效沟通、交流感情，从小就会在表达和感情上比较明确、稳定，这也是决定她能否与人自如交流的关键。

莉斯的妈妈是一个慈善活动家，她关照社区的孩子和老人的生活，并且常常带着莉斯参加各种活动。妈妈常常给莉斯讲教义，告诫她要做一个诚实、勇敢、富有同情心的人。虽然妈妈的要求都非常正确，但是妈妈因为繁忙的事务，常常以命令的语气与莉斯交流，她不能容忍孩子有一点点异议，否则就会歇斯底里的痛哭，在孩子面前表现出受伤者的样子。

妈妈的反应让莉斯不敢有一点反抗意识，她也不愿意和父亲交流。父女两人形同陌路。而莉斯的同学们常常取笑她是一个古板的基督徒，毫无生趣。

很明显，由于受到母亲不当的影响，莉斯已经在人际交往上出现些障碍，这些不得不归咎于母亲的过于敏感。女孩与别人和睦相处，交结朋友是她人生中的重要内容，妈妈们要经常告诫女孩反省自己能否做到耐心、倾听、及时回馈、赞美等等。具体来说，首先是让女孩在家庭中学会沟通，在沟通中学会理解；其次是要尽量支持女孩多与同龄人交往，如果女孩有成年朋友的话，也不要过于担心，不妨看成是证明女孩社交能力的最好征兆。

妈妈要训练女孩学会倾听

善于倾听的人，才能真正地理解语言并正确地运用语言。有些妈妈会发现自己的女孩在成长的某一段时期内会变得特别不听话，并且喜欢自言自语，不太会耐心听别人讲。因此，妈妈就应该有针对性地训练女孩。比如，在日常生活中引导女孩辨认声音、区别声音，是提高女孩倾听能力的重要途径。在和女孩说话的时候要尽量表现得语言简单明了、富有童趣，词汇生动形象，声调抑扬顿挫，表情动作夸张、传意，这样的话女孩就会听得认真并且听得开心。

不要打断女孩讲话

让女孩能够自如地讲话是提高她交往能力的第一步。很多妈妈习惯在女孩说话的时候在旁边纠正，这样的做法会使女孩在表达自己意见的时候有所顾虑。比如一个女孩指着一个漂亮的小汽车说："妈妈，你看。"这个时候妈妈就立刻接话："你说的是那辆黄颜色的车子吗？它很漂亮，对不对？"女孩要说的话都被妈妈说完了，她只好"嗯"一声，就不再说话了。妈妈这样的做法既不利于女孩自信心的建立，同时也不利于养成良好的说话习惯。

塑造女孩之前，妈妈先塑造自己

注重身教，做女孩的好榜样

想一想，这些自相矛盾的事情有没有发生在很多妈妈的身上呢？

妈妈对自己的孩子会说："你要好好学习，倾家荡产妈妈也愿意。"转过身来又对邻居说："这才刚开学就交了400多元的书本费，足够我做个不错的头发了。"

妈妈对自己的孩子会说："你要好好学习，将来才会有出息。"但是却和亲戚们谈论："现在的社会，没有关系寸步难行啊。"

几米有一本漫画，叫作《我的错都是大人的错》，其中有很多"金玉良言"，一针见血地说出了现代家教的矛盾：

有些父母喜欢教训孩子：吃得苦中苦，方为人上人。
但他们自己吃尽了苦头，也没有变成人上人……
大人喜欢吹牛，却要求小孩诚实。
所有的孩子都爱吹牛，说他们的爸爸从来不吹牛。
大人喜欢对小孩说：永远永远不要放弃梦想。
但为什么放弃梦想的都是大人？

这些既简单又直白的语言，把大人问得哑口无言了。为什么家长总是在

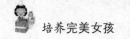

做自相矛盾的事情，一边说着这样的话，一边又做着那样的事。每个母亲都喜欢自己能有一个称心如意的孩子，但是很抱歉几米又说出了一个真相：

我知道我不是一个完美的小孩，但你们从来也不是完美的父母，所以我们必须互相容忍，辛苦坚强地活下去。

很多女孩的不完美，实际上都是从大人的身上映射过来的。比如我们常说孩子没有什么自尊心，不知道害羞，脸皮太厚。是不是因为她的自尊心被父母伤害得太严重了，产生了"抗体"，或者是她们没有从父母的身上找到自尊的感觉，从来不知道自尊是一种怎样的东西？现在孩子身上反映出来的种种问题，都是大人教育思想或者教育行为的后果。

有的妈妈说孩子不爱学习，但是她自己也从来没有在家中翻阅过一本正经的读物。

有一位老师曾说，他请了专门的家长培训老师去学校培训，结果有几个家长却趁机带着孩子去澡堂。"那些人的脑子才需要洗一洗呢！"

家长会上，如果是家长自由选择座位，常常可以见到大家都往后面坐，哪怕讲台前面的位置空了很多。有很多家长迟到，或者听到一半的时候就离开了教室，或者在听课的过程中从来没想过要记笔记，或者是突然接听电话，大声说话打断主讲人……

我们能责怪孩子听课不积极、不记笔记、不用心、不守时么？

"妈妈，今天你们都听了些什么？"一般孩子都会好奇，看老师有没有批评自己，或者有没有表扬自己的进步。

这时候，如果妈妈能拿出来一个笔记本，一条一条说今天的学习内容，孩子马上就能知道，做好笔记很重要。但很少有家长能做到这样，甚至连讲了些什么都忘记了。

更有这样的妈妈，回家之后向孩子抱怨："今天听课真是白搞了，啥也没记住，往后再也不去听了。"这不是在告诉孩子听课没意思吗？

其实，好妈妈可以这样做：

回去之后，兴奋地对孩子说："妈妈今天听课，感觉收获特别大。"然后亮出自己的笔记本："下次有专家来讲课，你一定要告诉妈妈。我好早点去坐到第一排，听清楚些。"

学习是多么令人愉快的事情！这一点不会因为你是妈妈就变得无趣，也不会因为她是孩子就变得更有趣。学习带来的快乐是相通的，如果你能表达出这种快乐，孩子也就能去努力体会这种快乐。

除了学习，生活中也有很多大人影响孩子的现象。

世界著名的西班牙"吉他家族"罗梅罗，一个家庭中诞生了4个世界顶级的吉他手。老罗梅罗与他的3个儿子赛林、佩佩和安吉尔，组成了一个四重奏。那时孩子还是十几岁的少年，但他们的影响力与日俱增。塞林的儿子塞林诺以及安吉尔的儿子利托野在十几岁的时候加入到了这个团队，罗梅罗吉他家族又扩展到了祖孙三代。一个家族出现多位艺术家并不罕见，但是出现了多位演奏同一种乐器的艺术家则是极为少见。谁能说这不是家长影响的结果呢？也许，父亲的手指正好拨动了孩子的心弦，让他们感受到了吉他的美好，才愿意投身于此！

美国历史不过两百多年，在这块土地上有两个家族都已繁衍了8代子孙。

一个是爱德华家族，始祖曾是康涅狄格州德高望重的哲学家嘉纳塞·爱德华。他重视子女教育，把严格的家法代代相传，在他的8代子孙中，出了1位副总统、1位外交官、13位大学院长、103位大学教授、60位医生、20多个议员……至今没有一个"爱德华"被关、被捕、被判刑。

另一个是莱克家族，始祖是纽约州臭名昭著的赌棍加酒鬼马克斯·莱克，他以开赌场为生。这个家族有7个杀人犯、65个盗窃犯、324个乞丐，夭亡或成为残废的多达400人。

家庭是孩子的第一所学校，好的或者坏的教育，都将在孩子的心中留下烙印，代代相传。

妈妈要在女儿面前以身作则

在女儿的心中，妈妈不仅仅是一种权威，更是为女儿的言行举止提供标准的人，妈妈的表现在很多情况下会成为女儿的参照。所以，如果妈妈希望女儿能够言行一致，一定先保证自己不要言行相悖。古人说"以教人者教己"，就是讲如果你希望孩子具备什么样的品质，你自己要先做到才行。妈妈的榜样作为一种具体的形象具有强烈的感染力量。

妈妈要先做到表里如一

无论何时何地，妈妈要先保证自己言行一致，表里如一，不可以做一套说一套，在外一套家里一套，否则的话女儿会觉得自己的妈妈是个"当面一套，背后一套"的伪君子。所以，明智的妈妈一定要三缄其口，不该说的话不乱说，才能给女儿留下好印象。

女孩对人生的正确理解从妈妈开始

母亲教育研究所所长王东华教授在他的《发现母亲》中说："对母亲的依

恋是人的精神赖以存在而不致崩溃的基础，也是人不断扩大自己生存疆域的依据，人所有的信仰，都是对母亲的信仰的一种替代形式。"这话一点也不夸张，母亲能够带给孩子的动力，是难以估计的。

妈妈们可以观察一下自己身边那些和自己孩子年龄相仿的小朋友，通过观察可以发现：那些总是充满着自信和乐观情绪的女孩，基本上无一例外地都拥有一位极其疼爱她们的妈妈。和那种深沉的父爱相比，母亲那种炽热的爱，正好将这种力量激发出来，使之发挥出最大的价值。

女人天生注重表达情感和想法，这种特质使妈妈们更容易夸奖女孩，更容易关注女孩的情绪变化，更容易察觉到女孩是否心情愉快等等。如果说爸爸让女孩学会了勇敢和进取，那么妈妈则是女孩生活中形影不离的守护神。

妈妈的鼓励可以帮助女孩在任何困境中克服恐惧，而妈妈自身对于美好的追求，也能够感染女孩走上同样的道路，居里夫人就是这样一位好妈妈。

居里夫人的丈夫很早就去世了，政府提出帮忙抚养她的两个女儿。年轻的居里夫人谢绝了，她说："我不要抚恤金。我还年轻，能挣钱维持我和我女儿们的生活。"

在养育女儿的过程中，居里夫人没有把小孩子扔在家里让她和姐姐玩耍，以科学之名推脱自己身为母亲的责任。在她的笔记本上，居里夫人像做实验一样每天记载着女儿的体重、吃的食物和乳齿的生长情况。"伊蕾娜长了第七颗牙，在下面左边。不用人扶，她可以站立半分钟。三天以来，我们给她在河里洗澡，她哭，但是今天她不哭了，并且在水里拍手玩水……"

在一本食谱的空白处她写道："我用8磅果子和等量的冰糖，煮沸10分钟，然后用细筛过滤。这样得到4罐很好的果冻，不透明，可是凝结得很好。"

居里夫人第二次获得诺贝尔奖时，特地带上了女儿伊蕾娜，让她与自己分享这份荣耀。一战爆发以后，居里夫人征求孩子们的意见，是否同意将保障她们生活的财产捐给国家，两个女儿都欣然同意了。随后，她们又加入战地救护的队伍当中。

作为一个年轻的母亲，居里夫人并没有比别人更多的优势，她有繁重的科研项目，而且还是一个寡妇。但是她那坚强的意志和乐观勇敢的生活态度，使得一切都不能将她击倒。而居里夫人的这种品格，也影响着她的女儿们。最终，伊蕾娜也成为诺贝尔化学奖的获得者。

很多妈妈都会担心不知道如何去教育女孩积极进取。实际上，如果你本身就是一个积极进取的妈妈，那么孩子就自然能够养成阳光的心态和性格。

女孩对于人生的感悟，很多都是从妈妈那里学到的。正因为如此，妈妈们努力地提高自己就变得格外重要。

妈妈要注意管好自己的嘴

如果你不希望孩子养成抱怨的习惯，就要先管好自己的嘴。很多妈妈喜欢在孩子面前唠唠叨叨，一不注意就说了很多抱怨的话，孩子一方面会不胜其烦，另一方面也会养成找借口、爱抱怨的性格。

站在孩子的立场上看问题

每个女孩都有自己独特的想法，有自己喜欢做的事情。而妈妈们却往往忽略这一点。当妈妈强行让孩子做某件事情的时候，女孩的心理一定是不情愿的。妈妈在开始要带女孩做一件事情的时候，最好先想想是否会符合女孩真正的兴趣和需求。要多问问女孩喜欢做什么；对于某件事情她不喜欢，最好问问原因是什么。总而言之，要想真正地了解女孩，一定要用心倾听她们的需求，尊重她们的意愿。

妈妈善待自我，女孩才会懂珍惜

每年至少会有 25 万人死于自杀，200 万人自杀未遂。在这些数据的背后，都是一个个鲜活的生命啊！他们有自己的家庭，有自己的亲人，也就是说，每一天都会有一些人沉浸在亲人自杀的悲痛中。

痛定思痛，为什么会有这么多的人要选择这条路，难道没有其他的解决方法吗？世界这么大，难道就没有一个人的容身之所吗？其实这些自杀的人，困惑他们的并不是外界的一些情况，而是在他们的内心中厌倦了很多的人或者是事情，就是这样不健全的心理，使很多孩子对世界彻底绝望，从而走上了绝路。

为人母者有责任帮助女孩树立生命意识。如果一个人能够在第一时间内把积极的生命意识传达给女孩的话，告诉她在任何时候生命都是很宝贵的，那么在社会上就会少很多由于一时冲动而酿成的悲剧。有的女孩因为他人的一句"小胖子"就跳了楼，如果她能够意识到这句话在生命面前多么不值一提，也就不会这样做了。

让女孩感受到爱

曾经有人研究过自杀者的心理，认为他们是由于内心感受不到爱，感到没有一丝希望才会走上绝路的。如果一个人在困难面前感受不到丝毫温暖的话，那就很难有勇气面对困难了。所以，妈妈一定要给女孩足够的爱，让她感受到生活是美好的，让她感受到即便是遭遇再大的困难，也会有人始终在后面为她加油打气。如果把一颗强大的心比喻为一幢建筑，那么爱心就是建筑之前的地基。

妈妈要让女孩明白轻视生命是不负责任的行为

没有谁的生活是一帆风顺的，当生活中遇到困难的时候，有些人失去克服的勇气，希望以死来求得解脱，希望一死了之，一了百了。也许，孩子觉得这样做最简便易行，但是她却没有想到别人的感受，没有想过自己的爸爸妈妈这些与她生命息息相关的人。所以，妈妈在对女孩进行生命教育的时候，应该将这样的思想灌输给女孩，告诉女孩，生命是宝贵的，即便一无所有，还有最爱她的人，还有机会可以闻到花香，可以看到天上的星星，然而如果生命没有了就什么都没有了，身后还会有人伤心一生。

《窗边的小豆豆》，你要感谢谁

有一本儿童文学畅销书，叫作《窗边的小豆豆》，很多孩子读完之后都说："要是我能在小豆豆读书的学校上学就好啦。"作者黑柳彻子讲述了她上小学时的真实经历，那时她是个淘气的小孩，想法古灵精怪被第一所学校开除。但她长大后，却成了日本"最杰出的女性"，日本著名作家、电视节目主持人、联合国儿童基金会亲善大使，在很多公益组织中身兼数职。

可以说，正是那个成就了黑柳彻子的人，创作了《窗边的小豆豆》这样美好的教育童话。那个人就是作者的母亲，也就是书中小豆豆的妈妈。

班主任把小豆豆的妈妈请到学校，历数小豆豆在课堂上的种种劣迹。就连读者看了都会吃惊和难为情的那些事，却很平静地被妈妈接纳了。妈妈没有为自己的孩子辩护，也没有在老师面前声泪俱下，更没有在听完老师的汇报后痛打小豆豆一顿。她所明白的就是一个事实：孩子在这里不可能很好地发展了。于是，她下定决心再给小豆豆找一所学校。

几经周折，妈妈终于找到一所也许可以欣赏小豆豆的学校——巴学园。她没有和小豆豆说老师建议她退学的事。

"即使和小豆豆说了，她恐怕也不会理解自己哪里做错了吧。而且，小豆豆因为退学这件事，在心里留下自卑的情结，那就不好了。"原本是被开除了，妈妈却对小豆豆说："我们去另一所学校吧，听说那个学校不错呢！"

妈妈最可爱的地方，在于她没有因为爱孩子而变得狭隘，反而是更加懂得为别人着想。

小豆豆能够从一个"问题小孩"成长为一个著名的作家，要感谢巴学园的小林校长，更要感谢自己的妈妈。正是有了这样的妈妈，她才没有被划成"差生"、遭遇各种批评和嘲讽。在任何时候，妈妈都能够从小豆豆的角度去想问题，从来不因为自己的委屈而抱怨、痛哭，也从来不把自己的孩子当成有损自己颜面的累赘。

有多少妈妈在孩子做错事情的时候，首先想到了孩子的心理承受能力了呢？很多人都曾以为"没关系，妈妈相信你下次会更好"的说法是大度的、宽容的，但看了小豆豆的妈妈的表现，才发现自己说的"下一次"一点也不宽容。

是谁改变了一个大家都想放弃的小孩？是谁成就了一个了不起的作家？就是这样一位妈妈。妈妈的爱可以改变孩子对自己的看法，妈妈的爱也能改变一个孩子的命运轨迹，甚至能改变世界。如果一个孩子能遇到一个好妈妈，他的一生都将有好运相随。

妈妈要以宽容之心面对女孩的成绩

妈妈们要有正确的心态来看待女孩的成绩。如果自己的女孩成绩不好，妈妈要帮女孩找出原因，是学习的方法不好，还是学习的习惯不好，等等。当女孩不能取得较好的成绩时，是最需要鼓励的，甚至是激励。如果能够适时加以引导，就会取得意想不到的结果。

以宽容之心面对女孩撒谎

女孩如果是撒谎了的话，一般情况下有两种情况：一是有虚荣心，二是自尊心过强好面子。如果妈妈发现自己的女孩撒谎了，要好言引导她，给她讲清楚撒谎是一个人的品格问题，如果不能得到大家的信任，那就会处在孤独无助的状态中。

赐予她生命，陪伴她成长

信任孩子，这是打通教育脉络的关键

欣欣已经 8 岁了，是爸爸妈妈的掌上明珠。在家里，妈妈视她为珍宝，事事都乐于为她代劳，不管什么事情都不肯让欣欣自己独立去做。妈妈总是说："你太小了，这些你做不好，还是妈妈来弄吧。"欣欣很想到楼下的小花园去玩一玩，妈妈却总是唠叨不止："那个花园离家比较远呢，你自己一个人走过去我总有点不放心，怕你会被车碰到。还有啊，那里有好多遛狗的，你要小心点不要被狗咬到。"欣欣对妈妈的这些嘱咐很是厌烦，对妈妈说："哎呀，怎么会有这么多的事呢，我的小伙伴都在那里玩，不是也很好吗?"

这个妈妈总是对孩子有太多的担心，从来不会相信女孩能够把事情做好。当女孩感受到了妈妈对她总是这样的不信任，她的内心并不会认为这是妈妈有多爱她，而是感到自尊心和自信心受到深深的伤害，而她对于母亲的信赖也势必减弱。这样，家庭教育的效果也不会太好。

在日常的家庭教育中，妈妈对女孩的信任可以让女孩感受到她们是和妈妈处在平等地位的，从而对妈妈更加发自内心地尊敬和敬爱，并且当心里有话的时候更加乐于和妈妈说。这样既增进了妈妈对女儿内心世界的了解，同时又使得妈妈在教育女儿的时候有的放矢，获得最好的教育效果。

家庭的教育在生活中得以实现，妈妈和女儿双方通过语言来进行交流。妈妈对女儿的信任是成功家教的重要因素。后来还有一些教育专家研究发现，女儿对妈妈越是信任，也就越会相信妈妈的教导，她会把妈妈看做是她最赖以信任的朋友，是帮助她解决各种问题的百宝箱，是她生活中的重要参谋，同时更是感情上的挚友。妈妈的信任意味着压力、重视和鼓励，这是真正触动她们心灵的动力。从教育的效果来看，信任可以说是一种最富有鼓舞作用的教育方式。

在教育理论发展的历史中，有一个很为人所熟悉的实验被称为"暗含期待效应"，而这个实验的原理就是信任，并且这种效应被广泛地应用于现代的教育中，所以，妈妈们应该对女孩更多一些信任，并且要培养女孩的积极性，相信女孩会进步得越来越快的。

曾经有一位教育专家说过，教育的奥秘在于能够对孩子的行为产生信心，在每一个孩子的心中，他们总是需要能和成人一样，得到别人的认可与肯定。所以，如果一个妈妈自始至终都从不对自己的孩子丧失希望，从来都不间断给予孩子前进的动力，那么长此以往，相信女孩总会有一天产生质的飞跃。

所以，妈妈们要时常问问自己："我给过女儿多少鼓励和信任?"

和女孩以心换心很重要

如果妈妈能够主动地先和女儿进行真诚的交流，那么必将赢得女孩的信任。当然，在妈妈与女儿的交流过程中免不了会因为谈论到某些问题而引发一些小争执，甚至会因此而产生隔阂。那没有关系，妈妈只要真诚地和女儿沟通，一定能够化解矛盾。

补上体谅他人这一课

平凡的人没有不失误的时候，而作为家长同样如此，正因为如此，才要坦坦荡荡地正视自己的错误，同时也要正视孩子的缺点。最难得的妈妈就是在孩子犯了错误之后还能包容她、原谅她，如此，女孩怎么会不感动呢？

当一个女孩得到了母亲的信任，接受了母亲的原谅的时候，无形中我们也在为孩子上了一节课：教会了她要懂得容忍别人。这样来处理孩子的失误，不但会使孩子更加信任妈妈，而且还为女孩补上了为人处世中所必修的一课，不是很好吗？

母亲本该是个观察者的角色

很多时候，妈妈会觉得女孩在婴幼儿阶段并不具备表情与真正意义上的情绪、思想，于是对女儿的事情唠唠叨叨，指手画脚："你该睡觉了！""你的衣服怎么这么脏，该洗了，记得不要放太多洗衣粉，要把领口袖口洗干净……"然而，随着女孩年龄的增长，她们的感觉能力会越来越强，并且能够以复杂的方式表达出来，具有自己的思想和独特的意识。

小青青一个人正躺在小床上，妈妈利用做饭的空隙时间过来陪她，小青青的脸上马上能绽放出一朵小花，甚至是通过摇摆四肢来表达自己的开心，但是，当妈妈要起身离开小青青去看锅的时候，这时小青青的脸上立即会撅起小嘴以表达自己的不满。

孩子表情表达能力的发展与体力和智力的生长发育是一种互相影响、相互促进的关系。当孩子开始长大，她们的世界也开始向外拓展，而她们的思想表达能力也在随之提高。于是妈妈们就会发现，看着动画片的孩子无缘无故就会夸张地大笑起来，要是爸爸出门不带上她的话，孩子还会大吼大叫甚至乱发脾气。好像一夜之间，孩子就长大了，变得有时候让妈妈难以理解。其实这些，恰好表明了孩子已经有了自己的意愿、有了自己的思想。

生气或是高兴，不管哪种情况，都是孩子良好社交发展的开始，孩子长大后是否快乐、积极、喜社交、喜探索，是否会成为具有良好的适应性和进取心的人，与孩子早期的思想发展有着很大的关系。而妈妈在孩子的成长过程中所要扮演的角色，应该是一个观察者，而不是唠叨者，所以，仔细关注孩子发出的情感信号，并且恰当地回应她们，透过孩子外在的喜怒哀乐探求她们内在的需求，更好地理解她的成长愿望，为成功塑造女孩的未来打下良好的基础，这才是新时代的妈妈应该做的事情。

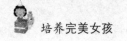

创设"心理宣泄室"

妈妈在平日里要多留意女孩的情感，帮助她表达内心真实的情感体验并宣泄不良情绪。至于宣泄的方式，要根据女孩不同的性格采取相应的方式。对于那些攻击性比较强的女孩，可以让她去打沙袋或者是做其他的运动，对于性格比较内向的女孩，可以和她一起玩角色扮演游戏，让其在感受和体验中调节自己的情绪。

引导女孩多与同伴交流

妈妈应该鼓励女儿多和同伴进行交往，与同伴一起分享游戏的乐趣，学会与人合作。如果女孩在与同伴一起玩耍的过程中出现了矛盾，那么作为家长最好不要直接介入，而是应当启发女孩与其他的小朋友一起协商、交流，争取让她自己找到解决问题的最好方式。平时，妈妈还要积极地帮助女儿设立好的家庭环境，以方便女孩带小朋友到家中来做客，还要有意识地指导女孩如何招待伙伴。

每个女孩都喜欢欣赏她的妈妈

伟大的教育家陶行知先生曾经说过：教育孩子的全部秘密，就在于相信孩子和理解孩子。如果要做到相信孩子和理解孩子，首先就要欣赏孩子，如果没有对孩子的欣赏那教育也就无从谈起。

读到这里，妈妈们可暂且先停下来，给自己设置几个情景：

假如今天，你在公司认认真真地做了一份策划书，获得了一片好评，被同事们大大地赞扬了。这个时候，你会怎么想呢？会不会觉得很欣慰："我的努力终究没有白费。"

假如你在家里烧了一份可口的饭菜，家人吃过之后满足地说："嗯，今天的菜做得真好。"那么，你会不会在内心由衷地感到高兴呢？说不定下次还会兴致勃勃地主动请缨，为大家做一份可口的饭菜呢！

其实，孩子也是一样的，她们需要获得妈妈的欣赏和认同。要知道鼓励可以说是每一个人成长过程中的自然需求，谁能够在受到批评、指责、埋怨之后仍会保持喜气洋洋呢？女孩幼小的心灵就更加需要鼓励了，鼓励能够使女孩的信心高涨，会使她更加上进。托马斯曾经说过："有的时候，及时而有力的鼓励就是对女孩最好的帮助。"

一次鼓励就是给孩子创造了一次机遇。女孩需要鼓励，需要信心，就如同植物需要浇水一样，如果离开了鼓励，那么女孩就不会取得进步了。威廉

·詹姆斯也曾经说过："人性中最深切的禀质，就是被人赏识的渴望。"而事实中也是如此。

在现实生活中，没有一个孩子会在批评中产生学习的兴趣，没有一对情侣会在相互指责中增加彼此的爱意，也没有一对朋友会在嘲笑中增进友谊。

人人都需要鼓励，鼓励是一种心灵的安慰，鼓励是源源不断的力量源泉，鼓励是对女孩真挚的爱，鼓励还是一种执着的肯定。在鼓励的支撑下，女孩会一点一点做到最好。

妈妈们要学会鼓励自己的女孩

学会由衷地鼓励自己的孩子十分重要。不要经常给女孩施加压力，而是要营造一个轻松的成长氛围。当女孩越是自卑或者不如意的时候，就越是需要鼓励和欣赏。过火的指责和粗心的淡忘，只会给女孩的内心造成极为不好的负面影响。

妈妈要鼓励女孩尊重自己

虽说女孩能够生长在这样的大好时代是她们的福分，但是，对女性的贬低这样的历史传统轻易不会消失。女孩应该自豪地成长，千万不要因为自己的性别而感到羞愧。作为妈妈，应该帮助女儿树立诚实正直感，让她能够对自己的判断能力有信心，并鼓励她强化自己的个性，而不是"随大流"的那一种。

告诉女孩：生活不会伤害一颗健康的心

中国有句古话说得好："儿孙自有儿孙福，莫为儿孙做牛马。"但是在现实生活中很少会有妈妈能够如此的开明。相反的是，妈妈们都习惯为孩子考虑很多，并且呈现出越来越细的趋势，总是希望能够给孩子最好的东西，包括父母的关怀，而女孩们也欣然接受妈妈的保护，不论什么事情都要由妈妈一手来操办。就这样，妈妈们总是有操不完的心，永远担心自己的孩子，是不是穿得好，是不是穿得暖，夜里是不是盖好了被子。于是女孩子都成了温室里的花朵，成了在妈妈羽翼下永远长不大的雏鹰。

日本著名企业家松下幸之助曾经说过这样一段话："狮子故意把自己的小狮子推到深谷，让它从危险中挣扎求生，这个气魄太大了。虽然这种作风太严格，然而，在这种严格的考验之下，小狮子在以后的生命过程中才不会泄气。在一次又一次地跌落山涧之后，它拼命地、认真地、一步步地往上爬。它自己从深谷爬起来的时候，才会体会到'不依靠别人，凭自己的力量前进'

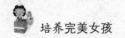

的可贵。狮子的雄壮，便是这样养成的。"我们的母亲们在对待孩子的问题上，要是能够向这头狮子妈妈学习，也许孩子长大后，也会成为一头雄壮而英勇的狮子呢。

天下没有一个妈妈不希望自己的女孩好，但是往往我们未必能教育出来具有坚强上进等优秀品质的女孩。吃得苦中苦，方为人上人，这样的道理又有谁不懂呢？众多的妈妈也明白这一点，可惜怜子之心又让她们非常矛盾。一个女孩，她迟早有一天是要离开妈妈独自去生活的，即便是在成长的道路上多吃一些苦，绝对不是什么坏事。宝剑锋从磨砺出，梅花香自苦寒来。只有经历过苦难的女孩，才有希望成大器。所以，妈妈们应该懂得放手。

一个女孩从小开始，妈妈们就应该为她们创造自我磨炼的机会和条件，让女孩可以体会到"不依靠别人，只能凭借自己的力量前进"。现在的社会竞争是残酷的，如果我们不能将女孩锻炼成为具有自强不息精神的人，那么今后，她又以什么样的精神状态来立足于社会打拼自己的生活呢？

事实证明，越是趁早放开女孩，她就会越早地适应社会找准自己的位置，那些一直依靠妈妈遮风挡雨的女孩，往往会变得特别脆弱，甚至是经不起一点风雨的洗礼，要知道只要是女孩能够拥有一颗健康的心，生活的挫折只会让她们变得更加坚强。

学会做"懒妈妈"，不要给女孩太多的呵护

对于女孩的各种事情，妈妈们不必非要事必躬亲，比如为了锻炼女孩的自理能力，让女孩自己上学、自己洗衣服、自己打扫房间卫生；当家里来了小朋友，就让她自己招待；妈妈不在家的话，就让她们自己做饭。你不可能一辈子都在女孩的身边照顾她，要舍得对女孩放手。

不要把女孩放在自己的手心里

当女孩小的时候，看到地上的树叶很漂亮，就想捡起来，妈妈一看不得了，赶快把孩子抱起来生怕地上会有什么脏东西。如果对女孩的种种行为过度限制，必将会使女孩少走很多童年必经的成长历程。

女孩的成长需要母亲的陪伴

陪伴女孩的过程就是教育女孩的过程，只有当女孩能够感受到你与她同在一起，她才能把你的爱放入心中。与女孩共同参加活动，与女孩一同成长，对于亲子关系来说非常重要。

一个女孩，通常来讲都会有自己的社会活动，比如说学校组织风筝大赛

等。有的妈妈可能会认为：这只是小孩子的游戏，我为什么也要参加呢？其实这样的一种认识是有误区的，对于女孩们来讲，妈妈的参与就是对她活动的支持。

安吉莉从不会忘记参加有孩子参与的每一项活动：运动会、学生音乐会、话剧表演——即使女儿只是演一棵树，安吉莉还是努力抽出时间去为女儿加油。因为她说，希望自己在孩子成长过程中尽量陪着她。

最近一段时间，女儿迷上了制作手绘模型，为此，她甚至办了寄宿，专心地在学校里研究涂料。每天晚上，她都会给安吉莉打电话，报告自己的新进展。一天，女儿打来电话："妈妈，明天下午就开始模型比赛了，来替我加油吧！"

妈妈兴高采烈地回答："太棒了！我明天一定准时去。"

第二天，安吉莉把诊所停业一天，上午跑到书店里找了很多关于手绘方面的书，又给女儿买了一套手绘用的丙烯颜料，下午准时赶到学校。遗憾的是，女儿那天并没有取得好名次，面对专程赶来的妈妈，孩子有点惭愧。安吉莉拿出自己准备好的礼物递给了女儿，然后用玩笑式的威胁口吻说："看到了吗？这么贵的书和礼物都买了，你要是敢因为一次小小的失败就放弃，那我绝对饶不了你！"

女儿大笑着接过礼物："什么放弃呀！等着吧，下次第一名就是我！"这时，她已经完全振作起来了。

妈妈能够腾出时间陪女孩一起做她热衷的事情，这是教育中非常重要的一环。很多妈妈不明白这一点，使得到了孩子成年的时候，两个人竟然会像陌生人一样，无法对话了。

如果你希望自己的孩子能够养成持之以恒的品质，掌握其他与工作、生活相关的技能，你就要积极地去参与孩子的活动。

你可以成为一个整天端坐在书桌旁的妈妈，你可以成为一个整天忙碌在厨房里做菜的妈妈，你可以成为一个一直陪伴女孩的妈妈，这三种妈妈说不好哪一个是最好的，但是毫无疑问那个一直陪伴女孩的妈妈是最受欢迎的。这个时候，妈妈成为了女孩生活中不可缺少的一部分。

每天划出一段时间与孩子分享

关于这一点，我们可以借鉴美国家长们的做法：美国的孩子大部分时间是在自己生活、自己动手、自我服务，但父亲或母亲每天都在固定的时间，如在临睡前，与孩子交谈，听孩子诉说一天来的各种感受。中国的父母虽然与孩子纠缠在一起的时间很多，但他们往往忽略真正用心聆听孩子讲话是对

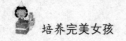
孩子十分重要的事情。

创造合适的机会和孩子沟通

"孩子，来，让我们谈谈。"如果你的谈话是这样开始的，结果往往是说话的只有你一个人。父母可以抓住和孩子一起打球、一起去游园的机会，这个时候往往是孩子滔滔不绝大讲特讲的时候。所以，多创造适合的机会和孩子在一起，能够使孩子打开她的"话匣子"。

爱女心切也会带来伤害

不要随便动用你批评女孩的权利

在《哈佛家训》中，有一段孩子对父母说的话："我需要不断地鼓励，不要经常严肃地批评和威吓我。要知道，你可以批评我做错的事情，但是不可以批评我这个人。"

在听到孩子们如此的感慨之后，家长们千万要注意的是，在教育孩子的过程中，不要随意动用你批评孩子的权利。

人无完人，在现实的生活中，又有哪个人不犯错呢？特别是女孩，如果犯了错的话自己能够好好反省会更好，如果自己认识不到错在哪里，此时只要家长的一句善意提醒，就能够让女孩找出自己错在哪里并且及时改正。

如果妈妈们总是对自己的女孩说："你可真笨，连这么简单的题都做错。"或者和女孩说"笨死了"之类的话，那么时间长了之后女孩就会觉得自己很笨，对自己很没有自信，并且觉得什么事都不如别人。父母的一句话，有时会改变孩子的一生。

在教育孩子方面感到力不从心的妈妈有很多，她们总是责怪孩子这，责怪孩子那，当然有的时候也会责怪自己，没有办法教育好孩子。

而家长们需要明白的是：责怪是没有用的。一个女孩在成长过程中，如果妈妈没有意识到自己为什么要批评她、怎样批评她，就去胡乱地批评自己的女儿，那将会产生什么样的后果呢？

心理咨询中心的专家向父母建议说："不可轻易地批评自己的孩子。"

而在生活中，总有一些妈妈习惯了对女孩使用否定性的语言，诸如"你真没出息""你真不争气""你把我的脸都丢尽了"……有的父母甚至是极尽挖苦讽刺之能，以致到了登峰造极的地步，而孩子在背后只有叫苦不迭。

当女孩犯了错误之后，妈妈要能够简明扼要地抓住要害，严肃认真地指出错误，要更多地给予肯定的语言。批评的目的重在改正，有的妈妈在批评女孩的时候，不能为女孩指明具体的方法，只是单纯地在说女孩这样做不对。更有的妈妈会错误地认为，当着他人的面来数落自己的孩子，这样会给孩子更大的刺激，从而产生更大的"激励"效果，殊不知，这样做的后果只会严重伤害女孩的自尊心，因为这样的妈妈不懂得尊重女孩的人格。

正确的批评是对事不对人，不论是孩子还是大人，不论是批评者还是被批评者，人格都应该是平等的，不仅要尽量避免在众人面前批评自己的孩子，还要尽量用平和的语气来说话，切忌暴跳如雷。即便是发生了再不好的事情，当时也并不是教训女孩的合适时机，应该是先处理好事情，而不是女孩本人。

当8岁的玛丽不小心打翻了她的果汁时，她的妈妈平静地说道："我看到果汁打翻了，我们重拿一杯果汁来吧，还要拿一块海绵。"

她站起来，把果汁和海绵递给女儿。

玛丽抬起头来看着妈妈，既松了口气，又有点怀疑。

玛丽低声说："谢谢你，妈妈。"她把桌子抹干净，妈妈还在一边帮她。妈妈并没有说什么严厉的、批评的话，也没有说一些无用的忠告，玛丽的妈妈后来说："我当时想说'下次小心点'，但是当我看到她善意的沉默，看到她多么感激时，我就什么都没说了。"

有的时候，批评不仅没有什么效果，反而会模糊女孩的是非观念，如果要让女孩自己能够发现错误，那才算是真正"明白了"自己错在哪里。

以启发的方式告诉女孩她错在哪里

当女孩做出不良的行为时，明智的妈妈可以先不马上指出她究竟错在哪里，而是耐心地启发女孩："你这样做，对吗？""你对自己做的事是怎么想的？"通过这样的话来使女孩冷静地反省，明白自己究竟错在哪里，她就会愿意承认自己的错误，并且会下决心改正。有的时候父母可以不正面地指出批评，而是给予鼓励和提醒。

尽量避免直接批评

家长要尽量地避免直接批评，同时在批评中也要有鼓励和鞭策，并且在鼓励中饱含信任和期望，使女孩能够认识到自己的错误而不丧失自尊，批评才能收到最好的效果。

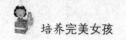

别让荣誉压垮你的孩子

荣誉感是一种能够使人努力上进的思想源泉，是一种积极的心理品质。著名的西班牙作家塞万提斯曾经说过："荣誉和美德是心灵的装饰。要是没有它，肉体虽然很美，但是却不能认为是真正的美。"英国的唯物主义哲学家洛克在《教育漫话》中说过："荣誉虽然不是德行的真正原则和标准，但却是一种指导鼓励儿童的正当方法。"

但是，如果对于荣誉过分执着，那样的荣誉未免味道变了，而成为虚荣——为了炫耀自己的荣耀。

曾经有一位伟大的母亲，她是居里夫人，对于荣誉她有独特的见解，尽管她的一生获得各种奖章共16枚，各种荣誉头衔共117个，但是居里夫人却对此毫不在意。她不觉得这些是她生命中最重要的部分，同时也把这样的一种理解以特殊的方式传递给她的女儿们。

有一天，居里夫人的一位女朋友来访，忽然发现她的小女儿正在玩一枚金质奖章，而那枚金质奖章正是英国皇家学会刚刚颁给她的，朋友不禁大吃一惊，忙问："居里夫人，能够得到一枚英国皇家学会的奖章，是极高的荣誉，你怎么能给孩子玩呢？"

居里夫人笑了笑说："我是想让孩子知道，荣誉就像玩具，只能玩玩而已，绝不能够永远守着它，否则将一事无成。"

居里夫人的做法给了我们极为重要的启示：在培养女孩荣誉感的同时，还要让女孩知道："荣誉是对你的一种肯定，但是如果你总是关注于这个虚名，那就只会感受到它的沉重，还不如将其看作是身外之物。"

媛媛是个可爱的初中小女孩，在学校里真的可以算是一个好学生，在办公室里时常可以听到老师在表扬她。但是，媛媛却因此觉得自己有些"喘不过气来"，因为她总是怕自己由于表现不好而被扣上"没起好作用"的帽子。由于这点小心理的作祟，媛媛觉得上学是件很痛苦的事情，就连考试也会变得格外紧张，害怕自己第一名的地位被别人抢去。

其实这样的事情经常发生，很多女孩都会有这样的心理在作祟。荣誉其实只是以"善意"之虚，行"伤害"之实。这不仅仅是女孩的悲哀，同时也是社会的悲哀。

如果妈妈们在教育女孩的同时动不动就以荣誉相压，那就等于把荣誉神化了。如果一个女孩产生了这样的"荣誉"意识，那她一旦得不到自己想要的荣誉，就会感到无法承受，甚至是产生心理障碍。事实上，荣誉不可以永远同时光顾一个人。培养一个女孩正确的荣誉感，激励女孩的进步且不让这样的荣誉压垮女孩，才是家长最应该考虑的问题。

妈妈要注意培养女孩对快乐的体验

在平日与女孩的交谈过程中，妈妈都可以随口询问孩子的感受，问一问最近心情如何，有没有遇到什么困难。如果妈妈在周末的时候很空闲，想带着女孩出去玩，也要先问问孩子："这个周末你想不想出来玩呢？"不仅如此，妈妈还可以向女孩坦白自己的想法，比如："你能帮妈妈擦桌子，真是个好孩子，妈妈很高兴。"

以平和的心态看待女孩的失利

女孩失利之后，妈妈应该具有的最好心态是平和，要理解女孩的委屈、苦闷和绝望情绪。这个时候女孩最需要的就是理解。细心观察孩子，及时疏导，防止出现意想不到的情况。在必要的时候，也可以去找心理医生咨询，让孩子平稳度过这段"灰色时期"。

防止女孩因过度保护而导致无能

被喂养惯了的动物，突然有一天将它们放养，结果它们已经不能依靠自己的能力独立捕食了。对于动物而言，捕食是它生存的基本技能，否则就要饿死。生存法则告诉我们：太过安逸，就会在危机到来的那一刻不堪一击。

同样的道理，在父母庇护下长大的女孩通常没有在社会中独自生存的能力。一旦父母因为某些原因无法顾及她们，那样的话她们迟早会被社会淘汰。

在现今的社会中，独生子女居多，一个家庭可能会将几代人的关心与爱护都集中在一个孩子身上，尤其是女孩往往会得到更多的疼爱。妈妈们会在生活的各个方面照顾得无微不至：帮女儿穿衣系鞋带，陪着女儿复习准备考试，替女儿找人安排工作……正是由于家人过分的爱护使得女孩过分地依赖家庭，凡事都不肯自己动手。这样的女孩长大之后明显地依赖心很重，凡事自己不想动脑筋，遇到事情就总想找人帮忙，而且习惯于推卸责任。这样的孩子势必不会为社会所青睐。

日本著名的教育家多湖辉对于儿童的心理和脑力开发有着很深的造诣，他认为家长在教育的过程中注重孩子能力的培养是最好的办法。父母不仅要了解孩子独特的心理状态，同时还要懂得针对不同孩子的不同个性特征，不断地在生活和学习中摸索了解教育孩子的方法。比如说，让孩子在家中做家

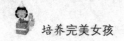

务，实际上这个活动对于孩子来讲是最有收获的教育，远远比在课堂上学习更有效果。

另外，我国著名的教育专家陈鹤琴老先生曾经说过："凡是儿童自己能够做到的，都应该让他自己来做。凡是儿童能够自己想到的，都应该让他自己去想。"这一句话，真的是符合成长规律的至理名言。实际上，想让女孩脱离对他人的依赖而去独立地发展和锻炼自己，走出成长的误区，并不是一件简单的事情。

很多女孩的妈妈大概都会有这样的想法：女孩比较娇嫩纤细，弱不禁风，所以要尽自己的全力来保护她。但是，过度的保护，无疑就是不好的了。

妈妈要将女孩看作是一个独立的人

鲁迅先生曾说："子女是即我非我的人，但既已分立，也便是人类中的人。因为即我，所以更应该尽教育的义务，教给他们自立的能力；因为非我，所以也应同时解放，全部为他们自己所有，成为一个独立的人。"鲁迅先生的话正表达了这样一种现代儿童观——子女，是我的孩子，又不完全等同于我，他从母体出来后，已与母体分开，成了人类中的一个独立的人。因为还是我的孩子，作为父母就有教育他的义务，而这种教育主要是教给他自立的能力，因为他不等同于我，所以要解放孩子，使他们完全成为独立的人。

培养女孩的动手习惯，做力所能及的事情

没有一个妈妈可以永久地照顾自己的女孩，因此要有意识地让女孩从小就做一些力所能及的事情。只有从小事做起，才能逐步培养起女孩独立自主的精神。

给女孩犯错的机会，锻炼她的自理能力

妈妈们要避免对女孩的过度保护，在做任何一件事情之前充分尊重女孩的想法和意愿，放手让女孩自己拿主意。如果我们是因为担心女孩犯错而帮助她做好一切的话，那么，这种事事被领着的女孩永远不可能长大。

记住教育家马卡连柯的警告：爱不能没有条件

妈妈们总是希望为自己女儿的成长提供最好的条件，并且有着充分的理由和依据：

"再苦不能苦教育，再穷不能穷孩子。"

"我们的童年多艰辛啊，不能再让她受苦了。"

"家里条件好，钱不给孩子花给谁花呢？"

......

这些名正言顺的理由，使溺爱成为社会中普遍而又正常的现象。

就是由于这样的心理，造就了眼前的孩子。家长们对女孩一味地迁就，百依百顺，唯恐孩子会不高兴。女孩成了全家的中心，成了全家的小太阳，长辈们都是围绕着孩子在转。在这样的家庭中，恐怕家长会被女孩使唤来使唤去，没有任何威信可言了。而在这样的环境中长大的女孩，恐怕也长成了唯我独尊、任性、为所欲为的人了。

苏联著名的教育学家马卡连柯曾经警告说过："父母对自己的女孩爱得不够，子女就会感到痛苦；过分的溺爱虽然也是一种伟大的感情，却会使女孩遭到毁灭。"如果妈妈们无视这样的警告，固执地认为只要帮女孩把生活的路铺顺了就可以了，那恐怕就是小时了了而大未必佳了。这样的教育方式势必会影响女孩在各方面的发展，让女孩很快失去竞争力，甚至会使女孩养成各种不良的性格。

溺爱是一种常见且错误的家庭教育方式，更要命的是，很多妈妈在溺爱自己的女孩却丝毫没有察觉。特别是在独生子女家庭，女孩就是全家的宝贝。这些娇生惯养的女孩，会形成什么样的性格呢？

溺爱出的女孩不思进取。女孩从小受到了妈妈的溺爱，即便是到了成人的年龄，自立的意识仍然比较差，安于享受，不求进取，缺乏生活的压迫感，内在的精神状态也比较松弛。

溺爱出的女孩脾气暴躁。女孩习惯了周围人对她的百依百顺，想做什么就做什么，想要什么就有什么，稍不顺心就会摔盆打碗，大哭大闹。

溺爱出的女孩不能吃苦。一个女孩从小没有经过磨炼，所以会缺乏坚强的素质，一遇到苦难的时候就会惊慌失措，并且在生活中会表现得很懒散。

不要让女孩在家中当特殊人物

妈妈要让女孩知道，每个家庭成员都要分担家中的事务，不劳动者不得食。要循序渐进地教育女孩做些力所能及的事情，比如说擦桌子、摆放碗筷、摘菜叶、洗手绢等等。如果女孩的年龄稍大，还可以让她帮助分担一些相对重要的家务劳动，既让她获得成就感，同时又可以使女孩从小养成勤劳的好习惯，并从中体会到爱是需要付出的。

爱孩子，但是不能宠溺孩子

独生子女政策使我们国家出现了越来越多的"玻璃小孩"，这些孩子看上去很可爱，但是心理承受能力差。这样的"玻璃小孩"大多数来自于条件较好的家庭，得到了父母与老人的太多宠爱。要改变这些孩子的脆弱，最重要的就是改变家庭教育的方式，家长应该以更科学的教育方式来教育孩子，不能事事都依着孩子的脾气，也不能盲目地夸耀孩子，要更客观、更理性地来看待孩子。不仅如此，家长平时还要多关注孩子的喜怒哀乐，多和孩子谈心，帮助孩子拥有积极的心态。

哈佛校长的关怀：孩子的成长空间，请你还给她

在幼儿园的课上，老师向小朋友们提问："如果现在你面前有一位白胡子老爷爷可以帮助你改变性别，那么你们是想当男孩子呢还是女孩子？"

在场的小女孩们表现尤为活跃，并且大部分的女孩都选择"我要当男生"。老师感到很意外："为什么你们都要做男生呢？"

"因为我是女孩，所以妈妈不让我爬树，不让我下河游泳。"其中一个小女孩如是回答。

可见，在这些幼稚的小女孩心中，她们不喜欢当女孩，其中最重要的一个因素就是当女生的束缚太多，让她们感到没有当男生自由。

"男女有别"，不同的性别就已经决定了不同的属性。男孩子的性格天生就是粗放型，喜欢大大咧咧，而女孩则更多的是细腻和乖巧。在平常的生活中，妈妈对女孩的束缚肯定会比男孩要更多一些，如果一个小女孩到了晚上7点还没有回家，妈妈们肯定不仅担心而且很容易将事情往不好的方向去想，换作男孩则不会这样。妈妈会答应一个男孩和同学一起结伴去郊游，如果换作女孩，免不了要唠叨一通。

性别就犹如一个标签，束缚着女孩自由成长的天性。

妈妈们习惯于对女孩过度的溺爱甚至有点"专制"。一个女孩在妈妈的保护下长大，一方面很容易被"娇生惯养"，另一方面很容易被"过度保护"，我们将她束缚了。

这些从小就在妈妈的庇荫下长大的女孩，由于受到了过度的保护，她们会在成长的过程中出现一些性格上的缺陷，比如说对妈妈过分依赖，有时会不太喜欢参加集体活动，性格很内向很封闭，而且不太愿意和别人交流。

即便是这样，女孩依然渴望自由，尤其是随着年龄的增长，女孩子更不喜欢大人们打扰她那片属于自己的小天地，每当夜深人静的时候，她们独自一人在那里回味。

有的时候，正是由于家长的过度管教，反而会扼杀女孩本来美好的天性，令女孩感到窒息，甚至会产生不可预料的严重后果。

妈妈们可以静下心来好好想想，自己是不是也犯过某些错误呢？她们对

女孩所做的一切事情都不放心，只觉得要通过自己的照料心里才安稳。她们认为只要女孩能够"听话"就是好孩子了，并且据此名正言顺地严格管理女孩的饮食起居、学习计划以及社会交往活动等等，并且经常干涉女孩的各种事情，自作主张地为女孩安排一切。

著名的教育工作者孙云晓老师曾经说过："中国的妈妈现在所做的事，就是在辛辛苦苦地酝酿着孩子的悲剧命运，争分夺秒地制造着女孩的成长苦难。实际上，我们是在和自己作战，用自己的奋斗来击毁自己的目标。"妈妈们越是限制女孩的自由，实际上就是在制造自己与女孩的距离，在某些时候会导致"控制"与"反控制"的斗争愈演愈烈。

妈妈在教育的过程中不要刻意约束女孩

妈妈把女孩管得越紧，女孩的压力反而越大。妈妈应该起到帮助女孩、开导女孩、鼓励女孩的作用，过分地施加压力，反而会不利于女孩的健康成长。

妈妈们在平时的教育过程中也要注意克制自己的想法和冲动，只有真正把属于女孩的空间还给她们，让她们从单一的生活中解放出来，女孩才会觉得自己成了自己的主人，才能获得真正的成长。

所以，妈妈们一定要给女孩足够的自由，对一些无关紧要的小事可以不管或者是少管，让她们养成独立生活的习惯。

妈妈们要相信自己的女孩可以独立

妈妈可以适当地让女孩选择伙伴与之交往、控制自己干涉女孩的念头，一定要让自己时刻信任女孩、尊重女孩的独立人格，放开自己的手给女孩自由，让女孩自己说出她最喜欢什么样的生活，鼓励她向着自己不知道的方向前进，鼓励她发现自己的"新大陆"。只有这样，妈妈才能把女儿培养成为生活中的强者，让女孩走自己想走的路，水到渠成地到达自己应该到达的位置。

第五章 富者容易贵者稀——
为什么要富养女孩

女孩"富"养，富在何处

"千金"：自古女孩多富养

在中国古代社会，富贵人家习惯将女孩称为"侯门千金"，女孩何以称为"千金"？这要从我国古代的货币单位说起了。在 2000 年前的秦朝将一镒作为一金（一镒为 24 两），汉朝的时候将一斤金子称为一金。后来的人以"金"来形容贵重，比如说一字千金、一言千金、一笑千金、一刻千金、一物千金等都是在指代其贵重。

用"千金"一词来比喻女孩，目前所见的最早的文字记载是在元代张国宾所写的杂剧《薛仁贵荣归故里》："你乃是官宦人家的千金小姐。"自此以后，明清小说中用"千金"来形容女孩就更为常见了。

自古以来，人们总是习惯以"金""玉"来称谓女孩，女孩的气质也因此而蒙上了一层尊贵与荣耀。

培养女孩是一件意义重大的事情，一个好女孩将有利于国家，有利于社会，其贵重程度当然不亚于千金，用"千金"来代称女孩也许是代表了人们的一种期许吧。如果从这个角度来理解，用"千金"来形容女儿当之无愧。

在人们眼里，女孩就是高雅与尊贵的代言。作为家长也因此有足够的理由来富养女孩，让她生活得更优越、更有品位。

没有一个家长不希望自己的女儿是清丽脱俗、出类拔萃的。然而，一个女孩要想得到健康的成长，必定离不开父母的精心培育，就如同一棵珍奇的小树。富养，是一种新的教育原理，找准女孩的需求在何处，然后我们尽量地来满足她。

鼓励女孩尽量展现女孩的魅力

女孩天生都喜欢玩布娃娃，喜欢漂亮的小连衣裙，希望自己能够和布娃娃一样可爱。作为父母，我们不要小看了她这种源于天性的喜好，那么，就鼓励女孩展现她的魅力吧，希望她将一个女孩应有的魅力发挥到极致。我们可以和她一起做游戏，和她一起选择漂亮的衣服，为女孩梳漂亮的辫子，通过这样的方式可以使女孩更加喜欢自己。

多陪女孩玩"过家家"

女孩大多喜欢安静温柔的游戏，过家家这种传统的游戏则是女孩们的最爱。在这个游戏中女孩的母性温柔得以发挥，她们喜欢自己整理一个小家，有条不紊地安排如何做饭，如何照顾"小宝宝"。而且，女孩永远是这个游戏中的主角，乐在其中且乐此不疲。多陪女孩玩这样的游戏，有助于女孩产生更多的优越感。

没有钱就不能培养好女孩吗

提到"富养"，不免有些家长会有误解：他们会觉得"富"就是生活富足就可以了。于是乎，他们愿意给女孩最华丽的生活，津津乐道于那些高档前端的教育方式，立志于让自己的女孩可以像小公主一样长大，口口声声说要让自己的女孩见更多的世面。但是，这种用金钱堆砌起来的"富"，很有可能让女孩变得更加骄纵和刁蛮。

说到这里，也许有的家长会犯糊涂：既然是富养，没有钱作为基础如何实现富养呢？而实际上，精神上的"富"才是"富养"的更深刻一层的内涵，精神上的富养才会带给女孩一生的幸福。

如今社会的分化越来越严重，不同的阶层，在生活水平方面相差甚远。女孩即便在很小的时候也能感受到这样的一种"阶层差距"。有钱家的孩子或许穿的衣服都是高档名牌，玩的玩具全部都是电动化，居住的环境舒适明亮；而普通人家的孩子就没有这样优越的待遇了，同龄的孩子们平时在一起交流玩耍，却发现彼此原来是生活在两个世界的。面对这样的状况，也许家长难免会多少有些担心：尽管我们再不愿意亏待自己的女孩，但是也担心女孩知道自己穷之后会丧失做人的自信心。

实际上，这样的担心大可不必，因为女孩观察世界的眼光和成人相比有着很大的差别。她们并不太在乎自己是否穷苦，在乎的是满足和情感，在乎生活中是否可以玩得尽兴。

所以，即便是家庭条件不富裕，我们同样可以为女孩创造最好的亲子环境，只要努力地从孩子的眼光来了解世界，给予女儿精神的富足，其他的就显得可有可无了。

要说明的一点是，作为家长，我们没有必要掩饰自己的穷。因为如果女孩观察出来我们在掩饰，反而会暴露出家长的心虚，觉得穷是件丢脸的事情，这才会真正打击女孩的自信心。家庭条件不好固然是个劣势，如果父母懂得善加利用同样也可将其变成优势。比如父母可以让女孩了解到她想要的东西父母要付出多大的努力才能帮她得到，这样的话父母对她的爱会让女孩很满足，觉得自己虽然拥有的物质很少，但是拥有的感情很多，这样她就会自信而不是自卑。

让女孩感受到自己并非是丑小鸭

每个女孩都有自卑的时候，当女孩把自己当作是丑小鸭的时候，家长要及时告诉自己的女孩：你是独一无二的，没有人会像你一样。家长赞美的话语会给女孩增添无穷无尽的战胜自卑的力量，女孩能够自信是非常有魅力的。

家长要帮助女孩断除自卑心理

自卑对女孩的心理发展有很大的负面影响。心理学家阿德勒认为，每个人都有先天的生理或心理欠缺，这就决定了每个人的潜意识中都有自卑感存在。如果一旦发现自己的女孩有自卑感，父母也要让女孩懂得，凡事都应有必胜的信心，自信是消除自卑的最好方法，因为自信会使人获得更多的成功。但在自信的基础上，要有符合自己实际情况的抱负水平。自卑者应打破过去那种"因为我不行——所以我不去做——反正我不行"的消极思维方式，建立起"因为我不行——所以我要努力——最终我一定会行"的积极思维方式。

"富养"女孩，并不是"娇养"

富养，并不是为女孩做好一切

日本杰出的教育家多湖辉对于儿童心理和脑力的开发有着很深的造诣，他认为，增强女孩能力最好的办法，就是父母自己先成为"教育的实践者"。爸爸妈妈们不仅要先了解女孩的心理动态，并且还要针对自己女孩独特的个性特征，不断地在生活和实践中来摸索教育女孩的方法。实际上，要想让女孩能够脱离对别人的依赖，独立地发展和锻炼自己，并非是一件容易的事情。

很多父母对这样的一种说法抱有如下的态度：对于儿子，不应该太过于保护，但是如果是女孩的话，则最好能够尽全力来保护她，因为女孩子是那样的娇嫩和弱不禁风。

在传统的观念中，女孩向来都是处在被保护的位置，多多爱护自己的女孩看上去是那样的天经地义和理所当然。但是，如果把自己的女孩娇宠成一个"玻璃公主"，一天到晚仰着头等待着别人的照顾和呵护，遇到困难就不知所措。相信这样的女孩，无论走到哪里都不会再受人的欢迎了。

富养女孩，并不是把女孩培养成一个娇气十足的小女人。如果你的女孩从小就是在被娇宠的环境中长大，那么她会习惯于对外界的依赖，她会对任何人说 OK，她会缺乏分析和判断的能力。当她遇到困难的时候，她不懂得反思自己，总会认为都是由于别人做得不够好，和同龄人相比显得更加蛮横。

玲玲是家中的独生女儿，平时爸爸妈妈都很宠爱她，事事都要顺她的意才行。所以，玲玲是个脾气不好且很骄傲蛮横的小孩。

每天早上，妈妈一大早就起来给玲玲做早餐，然后帮助她收拾好该带的东西，看看时间差不多去叫玲玲起床，再帮她挤好牙膏，然后帮她叠被子。等玲玲吃过早餐之后送她上学。

这一天，玲玲赖床没有起来睡过了头，等她醒来之后发现已经早上七点半了。"糟了，上学要迟到了！"玲玲大叫一声马上从床上蹦起来，匆匆忙忙地穿衣洗漱。临走前，她狠狠地对妈妈说道："我今天迟到，都是你害的！"妈妈在一旁，感到自己辛苦照料的孩子居然如此不懂事，伤心极了。

相信很多家长会遇到类似让人感到沮丧的事情。根据一份对 1500 名中小学生的调查报告显示，其中有 51.9％的学生需要家长帮助整理生活用品和学习用具，有 4％的学生遇到困难无法独立解决，只有 13.4％的学生偶尔做一下简单的家务，这种情况实在是令人担忧。

现代社会中独生子女居多，所谓的"集三千宠爱在一身"，几代人的关心和爱护都集中在同一个孩子身上，家长们都会精心地为女孩铺路：替她穿衣、替她系鞋带、替她安排工作、替她迎接挑战，替她做这做那，帮助她一次、两次、一百次……所以，女孩在家里凡事都不需要自己动手，她根本就找不到合适的机会。幸福的背后隐藏着危机，这样的女孩在长大之后不能自立，有着强烈的依赖心理，凡事不愿意自己动脑筋，遇到了事情之后第一个就想着找人来帮忙，这样的人很难被别人认可。

相信孩子能把事情做好

我国著名教育家陈鹤琴先生提出过："凡是儿童能自己做的，应当让他自己做。"当女孩三四岁的时候，家长应该锻炼她逐步学会自己吃饭、穿衣服鞋袜、饭前便后洗手、收拾玩具等，到了 5～6 岁时，可以让女孩学着洗小件的

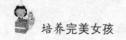
衣服，放手让女孩去做可以做的事，不仅能培养女孩的生活自理能力，还可以培养女孩的自信心。

避免对孩子过度呵护

女孩在成长的路上总是免不了跌跌碰碰。当一个女孩长大，喜欢这儿摸摸，那儿看看的时候，这正是她发现和体验自己能力的时候，如果这个时候作为家长担心宝贝会碰着、伤着而一味地保护，女孩将错过最好的发现自己能力的机会，也无法体验到自己战胜困难的喜悦感受，自信也就无从培养了。

从那一天开始让她一切自己做主

从女孩出生的第一天起，她那可爱的样子惹得爸爸妈妈无比地疼爱，即便是捧在手心里还是怕她会被风吹到，时时处处都给予无微不至的保护。到了女孩两岁以后，她的能力开始逐渐发展起来，她以好奇的眼光来打量这个世界，她会模仿妈妈的样子拿着抹布来擦桌子，她最经常说的话就是"让宝宝干"，她希望自己通过行动来获得快乐。

但是家长总是出于对女孩的过分爱护而拒绝女孩来做事情。"你上一边玩去吧""这样的事你还做不了""你这样会摔倒"等等这些原本充满爱意的话却让女孩感到自己是那样的无能为力。

这样做的后果会让女孩习惯于依赖，让她明白原来自己是不需要做什么的，让她习惯于心安理得地享受别人的劳动。

女孩是一个有别于大人的独立个体，她在幼小的时候也希望自己能够挣脱开大人的控制，希望通过自己的努力来做好每一件事情，除非她真正需要别人的帮助。在这一点上，家长们往往干的是矫枉过正的事情，因为当女孩真正遇到问题的时候，她一定会主动来找爸爸或者妈妈帮忙的，而家长最常做的事情往往是在女孩不需要帮助的时候给予了太多的帮助。让女孩自己解决问题，不仅有助于女孩培养自主意识，同时还可以提高女孩分辨是非的能力。

所以，在日常生活中，当女孩自己办错了事情或者是当她们在自己处理事情的时候，应该尽量让她自己处理或者是参与，让她们自己成为解决问题的主角。

有一位幼儿园的老师，她在课上教小朋友们制作花环，但是她只教了一种制作方法，然后对小朋友们说："你们觉得还有什么更好的方法来制作花环，可以自己动脑筋想一想，不必按照老师的教法来做。"结果孩子们做出了很多种花环，并且对自己的作品非常满意。我们没有理由低估孩子的潜质，她们也许比我们想象的要强千万倍。对女孩的想法给予鼓励，肯定她们，就是最好的教育，她们将会感受到莫大的快乐。

还有一种小女孩总是对自己缺乏信心，这样的小女孩通常表现为胆小、怯懦，说话的声音像蚊子一样小，总是认为自己做得不够好，在群体中不喜欢主动和小朋友玩等等。对于这样的小女孩，家长们要注意了，很有可能是因为你在她身上花费的时间太少所致。所以，如果发现自己的女儿有这样的现象，家长们最好开始多亲近自己的女儿，并且多给女儿一些鼓励，多问她们一些问题，多给她们制造锻炼的机会，让她们能够逐渐在生活实践中增强自信心。

永远保持对孩子的期望和信心

爱一个女孩就要从相信她开始。当一个女孩感到父母对她有十足的信任时，就会发自内心地爱戴、亲近自己的父母，心里的疑惑也更乐于向父母倾吐。父母的信心可以成倍地提高教育的效果。对女孩有信心，不能只挂在嘴上，而要更多地表现在行动中，当女孩遭受挫折的时候，父母要理解女孩的心情，少一些唠叨就是向女孩暗示"我相信你能做好"，这个时候孩子就会安心很多。

给孩子自由发展的空间

在家庭中，父母应该注意为女孩准备一块属于她自己的"领地"，让女孩至少有一个角落可以发泄自己的感情，这一点是培养女孩独立自主的良好方法，也有利于人格的健康发展。在这个角落，只放女孩喜欢的物品，给予她"自我"的感觉，让她自由自在地施展自己的想法。

女孩也要能吃苦

曾经有一个家庭条件比较优越的女生，高中毕业之后直接被父母用 30 万送进了美国的一所大学。这个女孩的英文不成问题，经济上也没有任何困难，但是念了不到 3 个月就闹着要回家。在美国期间，她总是不断地给家里打电话，抱怨生活条件不好，很多事情没有别人可以帮助自己料理等等。她几乎天天把自己锁在家里，一边吃零食一边和同学们聊天，感到周围的生活不尽如人意。就这样，爸爸妈妈也只好召她回国。

中国从 20 世纪开始，就有很多家庭开始注重开阔女孩的视野，鼓励女孩出国留学。现在有很多父母都喜欢将自己的女孩送到国外去。但同时就会有越来越多的家长们发现，女孩们去了国外，非但不能接受到那里最好的文化，反而会暴露出很多问题，出现很多不适应症，比如说无法与人和睦交往或者是生活过于铺张。据说，美国为了照顾很多陪读的中国妈妈们，竟然专门为中国留学生安排了可以和父母同住的宿舍。

讲到这里，家长们可能会有所反思：养育女孩也要让她吃苦，条件太过优越，把她惯坏了。这里说的是"富养女孩"，既然要让女孩富养，难道还要再让她吃苦吗？这样讲岂不是很矛盾？

富养不是惯养，而是要培养能上能下、大气稳重的女孩。所以让她适当吃点苦都是有必要的。其实很多成功的女性，都是从吃苦中练来的一身功夫。

有着"战地玫瑰"之称的间丘露薇在刚刚毕业的时候，身上一文不名，为生活所迫当一名汽水推销员，每天都在炎炎烈日下叫卖汽水，而且每天只吃一顿饭，就靠这样的努力工作赚来了第一笔钱。

女孩在成长的时候太顺有时未必是件好事，因为如果一个女孩不能吃苦，那么她在长大之后面对复杂的社会极容易丧失斗志。家长只有放开保护的羽翼，多让女孩尝尝"苦头"，她才会变得更加坚强。

苦难可以打磨出个性坚强的男子汉，同时也可以培养出坚韧不拔的女孩。从来都没有一帆风顺的人生路，也从来没有哪个女孩可以在父母的怀抱中安安稳稳地生活一辈子。但是在眼下，很多女孩由于缺乏锻炼的机会，很难学会忍受挫折和失败所带来的负面情感，她们会因为一件微不足道的事情而大发脾气，或者是用眼泪来逃避问题。相信没有一个父母愿意富养出这样的女孩。

相信孩子，适当放手

父母在教育女孩的过程中应注意防微杜渐，避免女孩的依赖行为和依赖心理，培养女孩对自己的事情负责的品质。指导女孩在自己的选择中认识自己并发现自己的力量，才是父母应该注意的。父母在与女孩谈话的时候，可以使用一些鼓励性的话，表示出相信女孩的意思，比如"由你自己来决定""你自己看着办吧""完全听你的""你能干好的"。父母的肯定能使女孩产生欣喜和感激，使她相信自己有承担责任的能力。

让孩子学会自己照顾自己

家长们应该让女孩养成凡事靠自己的习惯，自己收拾、打扫自己的房间，摆好自己的衣服，吃完饭收拾和洗碗；学习上遇到了困难要开动脑筋、多思考，不要动不动就去问别人；父母工作忙的时候要学会做饭，等等。生活中的点点滴滴，都可以当成锻炼自理能力的机会，不能事事都依靠家长来解决。

杜绝任性的"大小姐"

如今，已经有越来越多的女孩开始暴露出情绪不好之类的问题，而且平均年龄呈现逐渐下降的趋势。有的女孩以自我为中心，只要有什么事情不合心意，马上就会摆出一副闷闷不乐的样子；有的女孩脾气暴躁，只要是看到让她感到心烦的事情，脾气往往一触即发，就像拉开了炸药包。这些女孩的普遍特点是自制能力较差，而且攻击行为比较多。

小豆豆班上的同学都有恐龙拼图，但是小豆豆没有，她央求妈妈也给她买一套。妈妈对小豆豆说："你有很多套拼图玩具了，为什么还一定要恐龙的呢？我们不买了好不好？"小豆豆听了妈妈的话，感到很委屈，一个下午都不和妈妈说话了。

西西的小伙伴来到她家里玩，抱着妈妈新给她买的绿青虫大抱枕不肯松手，西西不乐意了："把它给我，这是妈妈给我买的。"小伙伴不依不饶："我喜欢这个，你让我多抱一会儿吧。"西西生气了，最后两个人吵了起来。

这就是女孩，她们会因为种种原因而闹情绪，如果妈妈没有给她们买到想要的玩具，她们会不高兴；如果爸爸没有给她讲故事，她会不高兴；如果妈妈做的饭不好吃，她会不高兴；如果和小朋友在一起没有抢到玩具，她会不高兴……面对容易产生不良情绪的女孩，家长的处理方式如果不恰当，则容易使女孩形成不好的性格：一则会变得我行我素，无视周围人的反应；一则会变得愈加的孤僻和封闭。

这个时候，家长那些说教会显得苍白无力，女孩的脾气不会因为你说了一句"不要这样想"而消失。这个时候，我们要尊重女孩的感情，了解女孩的心理，我们应该明白女孩天生就是敏感的。在女孩闹情绪的时候，我们先不要惊慌，也不要急躁，更不要凭主观的意志强行阻止，而是要用柔和的方式来慢慢对女孩进行疏导，宣泄不良情感，安抚她的情绪。还可以用其他的事物来转移女孩的注意力。

关注女孩成长过程中的反抗期

在对待女孩任性的这个问题上，家长应该充分理解女孩的生长发展规律。在女孩的成长过程中，4岁是她的第一个反抗期。这个时候的小女孩不像以前那样乖巧听话，开始出现摆脱大人约束的迹象，看上去好像是故意在和爸爸妈妈作对，而实际上却是一种正常的心理反应。这个时候，如果家长总是不分青红皂白地对女孩横加干涉或者是责骂惩罚，女孩可能表面看上去听话很

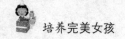

多，但是自尊心和自信心会受到很大伤害，独立性的发展会停滞不前。父母应该在关注女孩反抗心理的同时注意因势利导，对女孩给予充分的鼓励和满足。

对于女孩的任性行为要理智看待

当女孩提出过分以及不合理的要求时，家长们应该注意要采取积极正面的教育方式，在坚持原则的前提下帮女孩摆明道理，让她能够心服口服。而一个孩子的是非观念也正是在学习处理各种具体事情的过程中逐渐形成的。所以，当女孩出现任性的状况时，家长可以采取转移重点、适当惩罚、冷静处理等办法将问题圆满解决。

"富养"女孩的几个关键词

美丽：一个女孩就是一道风景

当代著名作家冰心曾经说过："世界上如果没有女人，那么这个世界上至少会少十分之五的真、十分之六的善和十分之七的美。"虽然这样的说法很感性，但是大家依然公认女性会比男性更能代表"美"这个概念，而女孩更是和"美丽"紧密相联的。

世界上没有两片相同的树叶，也没有两个有着同样风姿的女孩。女孩的美有很多种，有的女孩天生沉静，犹如一潭湖水；有的女孩天性活泼，好似爽朗的春风；有的女孩温柔可人，就像是西湖边上绵绵的细雨；有的女孩聪明隽秀，像天上一颗闪亮的星；有的女孩淡雅大方，犹如高洁的百合……每一个女孩，带着各自的气质与风采，成为城市角落中的独特风景。看看我们眼下的女孩，她也一定有着一种独特的美——即便她不漂亮。

历史上曾经有过数不胜数的美丽女子，她们犹如是人间的精灵，倾国倾城的容貌让人感受到生命中的美是那样的动人心魄。

荧幕上的经典绅士格里高里·派克，毕生都记得第一次见到"天使"赫本的情景。那是1952年的一个清晨，《罗马假日》即将开拍，36岁的他见到了23岁的她，怦然心动……这是一个多么柔美娇羞的女孩啊，白底黑条裙装，宽松的裙子在腰部收紧，黑色的宽腰带紧紧束住她的纤纤细腰，仿古青铜长方形腰带扣飘散一份淡淡的古典情韵，衬托着她的静谧、娴雅、悠然……她轻盈的腰肢与宽阔的裙摆形成巨大的反差，使整体涌动着一种撩人心弦的旷世美丽。

她如人间的仙子，扑闪着深如碧潭的大眼睛，袅袅娜娜地对着众人宛然一笑，身上青春的气息与纤尘不染的高贵立刻迎面扑来，空气中马上飘散出一股百合的芳香，让人的心灵变得好似海潮刚刚退去的沙滩，温暖而柔软。

《罗马假日》的公映，让赫本一夜之间从山野间一朵羞涩的雏菊变成了荧光灯下最耀眼的玫瑰。那个楚楚动人的安妮公主，外貌优美脱俗，体态轻盈苗条，一头黑色短发，在金发性感女郎风行的年代，吸引了世人。"赫本头"表现出的天真无邪一下子成了国际流行的发式，无数少女趋之若鹜地模仿着这位绝世美人的一颦一笑。一时间，赫本成了国际知名人士，全世界都在狂热地播放她的新闻，大量的报纸也欣喜若狂地赞叹她的美貌、活力、妩媚与典雅。

现实生活中的父母可能会说，"我不希望自己的女儿太过于耀眼，就是希望她能够做一个普通的孩子，能够平平安安就很好了"。实际上，抱有这样想法的父母可能还不知道，这是对女儿的一种不负责。有的父母认为女孩子在年龄还小的时候不要去刻意打扮她，甚至有的父母故意不让别人赞扬女孩的美貌。实际上，美丽也是女孩心灵的一剂滋补品，就算是个小姑娘，其实也不例外的。

让女孩整洁利落

中国以前有句谚语说："即便是穷人家的女儿，也要把头发梳理得干干净净。"女孩子打扮自己不一定要多么花哨，衣服以及饰物贵在与自己的身份相称，并不是说越华贵越好。所以，家长要教育自己的女孩，不必追求奇装异服，只要干净整洁、落落大方就是最美的女孩。

嘱咐女孩要做到语言美

可以想象，如果一个女孩从头到脚给人的感觉都很舒服，结果突然从嘴里冒出了一句脏话，那这个女孩的印象分一定会大打折扣。所以，语言是一个女孩的"软外表"，同样是女孩的门面，所以不容忽视。仪态大方、彬彬有礼的女孩才是真正的美丽女孩。

知性：内在的美丽永远比躯壳可贵

如果说，女孩的青春美丽能够让她得到难得的机遇或者是挑战的话，那么知性就是能够留住这种机遇、迎接各类挑战的神奇魔法了。一个女孩一旦拥有了知性力，那么她的能力和魅力都将成倍地增长。

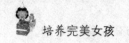

知性的女孩具有一种独特的聪明，大气而不平庸，是灵性与弹性的结合。具有知性魅力的女孩有人格的魅力，同时有着女性的吸引力，更有感知的影响力。

知性的女孩具有以少胜多的智慧，她凭借着一举一动、一言一语的优势，展现出的是至善至美，如百合花一般的高洁。

知性的女孩很少具有那种性感、热烈的美，也不是那种纯粹的清纯、可爱的美，她们的那种美是美丽与气质的综合，或者是从容淡定，或者是优雅大方，或者是低调冷艳，或者是淡定恬然。

能够在眼界开阔的情况下自己来把握人生的命脉，才算得上是知性。

要让女孩的生命中多一点知性，并不容易做到。一个极富知性的女孩，需要的是饱满的见识、可叹的经历和睿智的思考。

尊重孩子的独立人格和自我意识

女孩年龄增大之后，自我意识会逐渐增强，她们会提出"我自己来做"的要求，并跃跃欲试地尝试着做每一件事，这是女孩心理发展到一定阶段的正常现象。可是父母却总是生怕她们做不好，总是包办代替，从而剥夺了女孩学习与锻炼的机会。作为家长，应该支持女孩提出的一些要求，比如她想独立把自己的房屋格局改造一下，给女孩做事的机会，也体现出对女孩的信任。

尊重孩子的个性和选择

女孩的性格是多样的，父母们要尊重女孩独特的个性，而不应该以所谓的"规则"对孩子的个性进行评判。明智的家长应该不反对女孩玩冲锋枪，不抱怨这样的女孩疯疯癫癫。让女孩做自己喜欢的活动，而不要根据父母的兴趣爱好来选择，因为那样极容易使女孩丧失个性。聪明的父母是尊重女孩个性的父母，凡是女孩能做的事情，一律让女孩自己去做。

眼光：让女孩淡定地面对整个世界

一个曾经博览群书、走遍四方的女孩，绝对不会给人"小家子气"的感觉。著名的学者阿基米德曾经说过："多看，多听，多接触，你就会成为智者。"我们父母在教育女孩的过程中，不仅仅要关心女孩是否吃得好、穿得好，还要多多注意女孩的心灵境界，注重女孩的品位和眼光。多给女孩创造一些增加阅历的机会，无疑有助于开阔女孩的眼界，成为一个"站得高，看得远"的优秀女孩。

在女孩小的时候，尽可能制造一些让女孩外出增长见识的机会，其实是挺重要的。在行走的过程中，女孩看到了更高的山，看到了更宽广的河，她的心中也就装下了更大的气魄。也可以带着女孩去乡下体验生活，去看看那里的生活，看看那里的交通工具，看看那里的生活方式。

也许有的家长会觉得：这样的做法大可不必，因为在女孩年龄还小的时候，带着她去也许她什么都记不住呢。而实际上，这是教育观念上的一个误区。

小孩子是敏锐的，无论让她做什么，她都可以记住。

罗罗的爸爸在每次出差的时候都尽可能带上她，让她多接触一些新鲜的环境。回来的时候，家里的叔叔问她："罗罗，你暑假的时候去哪里玩了？"

"爸爸带着我去上海了。"

"上海好玩吗？"

"好玩。"

孩子的回答如此简单，给人的感觉好像她就只知道这么多。但是这样一种无形的积累，使罗罗的优势在不经意间体现出来了。

有一次，叔叔教罗罗和大她1岁的哥哥学习英文单词，在讲到地铁"SUBWAY"的时候，罗罗轻而易举地就记住了，但是哥哥无论如何就是理解不出来。罗罗说："我在北京、在上海都见过地铁，就是那个在地底下走的一长串的车。"

这就是见识宽广无形中带来的优势，和其他同龄的女孩相比，罗罗的思维较为广阔。可是见识并不是临时学的，而是长期积存的结果。

曾经有一位小学老师说过："经常去各地游玩的孩子学习成绩可能并不出色，但是她们的作文会比一般的孩子写得好，因为有东西可写。"还有一位家长提到自己的孩子说："我女儿钢琴弹得很好，作文也很好，她写出的文字就如同琴谱的节奏一般有着动人的韵律。"

帮助你的女孩增长见识吧，她将会收获无形的财富。

开阔眼界，让女孩在玩中增长见识

女孩经常会对新鲜的事物表现出强烈的好奇，会提出很多让家长无法解释的难题。所以，家长可以增加带她去参观科技馆、名胜古迹的机会，鼓励她勤于观察和思考。在游玩的过程中，如果家长发现自己的孩子对某些事物感到有兴趣，就可以针对那些事物恰如其分地对女孩进行讲解，但是要注意准确性。

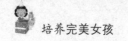

鼓励女孩养成勤于观察的好习惯

父母们要明白，对于女孩的培养，除了带她游玩之外，更重要的是帮助女孩学会观察，帮助她获得一些知识。比如说在带着女孩观察植物的时候，就要提醒女孩对不同的花、不同的树进行区分。观看动物的时候也要如此，这样做的目的是可以培养她们比较与鉴别的能力。

父母要先使自己成为有见识的人

作为父母，我们自己要多学一点知识，然后才能对女孩提出的问题给予正确的回答。父母的回答一方面可以满足女孩的好奇心，另一方面可以使女孩更加愿意去充实自己，感到和父母一同增长见识是一件愉快的事情。

温柔：女孩特有的无敌"杀手锏"

曾经有一位诗人说过："100％的智慧加上100％的漂亮也比不过1％的温柔。"女孩的魅力缘自温柔。在古希腊的神话中，智慧女神雅典娜所扮演的就是一位温柔与智慧集于一身的形象。温柔，是女性不可缺少的基本资质与品性。

当然，千万不要以为温柔就是嗲声嗲气，这是故作姿态，是一种假惺惺。要知道温柔也是有真假之分的，假温柔的女孩装作娇羞的样子会让人不禁退避三舍，而真正的温柔是一种性情，是骨子里的一种真诚善意。

有人将温柔比喻成水：看似绵软柔弱，但是却含力源源，不可切断。老子说过，上善若水，水是世界上最为神奇的物质之一，可以适应任何环境而变换；看似是世界上最柔弱的水，却可以将山崖拍打成为绝壁；水是生命之源，有了水，万物获得了生的可能。而女性温柔的品格正应该是水的品格。

著名的学者朱自清在他的散文《女人》中对女性的温柔做过如下的绝妙描绘："我以为艺术的女人第一是她的温醉空气，使人如听着箫管的悠扬，如嗅着玫瑰的芬芳，如躺在天鹅绒的厚毯上。她是如水的蜜，如烟的轻，笼罩着我们。我们怎能不欢喜赞叹呢？"由此可见，女性的温柔之美，是多么的让人陶醉，让人沉湎其中，是多么的令人神往。

日本女性的温柔世界闻名。她们的温柔体现在谦恭的态度、有礼貌的交流方式以及日常生活的各个细节当中，让人回味无穷，好评有加。温柔的女孩人见人爱。一个女孩，如果缺少了温柔，那将会使魅力减少，令智慧无光。

温柔还体现在性格的宽厚仁慈，一个温柔的女孩断然是不喜欢与人斤斤计较的。现在的社会中，女孩子很多都是毛毛躁躁，很难拥有温柔之气。

妈妈先要温柔，为女孩做榜样

在女孩心中，妈妈是与她最为亲近的女性。当女孩小的时候，她会模仿妈妈的一言一行：她会学着妈妈的样子给自己的布娃娃喂奶，也会学着妈妈的样子涂抹自己的脸。如果妈妈喜欢责骂她，她也会用相同的方式去对待小朋友；如果妈妈经常爱挑剔，她也会长成一位喜欢挑剔的女孩；如果妈妈很乐观，那么她也会乐观地对待周围的一切……所以，妈妈要重视自己的榜样作用，当一个温柔宽厚的妈妈，这样的话女孩就好教多了。

为孩子建立一个"好行为箱"

在传统教育中，一般来讲女孩所受到的表扬肯定总是多于批评的。在日常的生活中，父母要多给她一些鼓励，多给她一些表扬。父母可以找一个箱子，放在一个固定的地方，在箱子外面贴着"好行为箱"的贴纸。当父母看到女孩有了值得表扬的好行为时，就写在纸条上塞进箱子里。过一段时间，和女孩一起打开箱子，分享她的好行为。

理解孩子的善良行为

对于女孩来讲，心灵的发展才是最重要的，这就需要家长的理解。家长应该努力使自己站在女孩的角度，设身处地替她们着想。当一个女孩为她心爱的小鸡死了而悲伤难过的时候，这个时候父母就要表示出理解，因为这是女孩精心饲养的，这是女孩的一种善良的感情和对生命的热爱，应该给予一定的支持，千万不要粗暴地加以斥责。

充足的爱是女孩的"养料"

女孩的世界，需要不断确认被爱

佳佳从小就展现出了惊人的绘画天赋，妈妈帮她报名参加了一个绘画辅导班。佳佳的老师很喜欢她，经常在课上当着全班同学的面来夸奖她，还经常把她画的画贴在墙上展览。佳佳喜欢去上课，而且进步也特别快。

过了一段时间以后，美术班又换了一位新老师。这位新老师在上课之前已经对全班的学生情况有所了解，知道佳佳的绘画很好，不用特别操心。于是这位老师很少在课上去看佳佳画画，基本上都不怎么理会她。

渐渐地，佳佳觉得上课没有了动力，觉得这位新来的老师并不喜欢她，

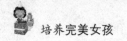

就开始想各种办法逃课。妈妈看出了佳佳的异常，就问她："最近为什么不去上绘画课呢？"

"妈妈，新来的老师不喜欢我。"佳佳委屈地向妈妈抱怨。

"你怎么会有这种感觉呢？"妈妈问道。

"因为以前的老师总是在关注我的作品，还经常表扬我。但是现在的新老师基本上都不理我。"佳佳撅着嘴向妈妈抱怨，看得出来，她十分在意老师对她的看法。

"老师不关心你，不一定是不喜欢你，也许她觉得你画得很好，所以就去照顾更需要帮助的小朋友。"妈妈善意地帮助佳佳分析。

"才不是！"佳佳伤心地大哭起来，"为什么以前我的老师就会很关心我！"

很多育儿专家会经常提醒年轻的父母，不要轻易批评女孩，因为女孩子更加容易不自信。有些时候，女孩会因为一些小事情而和父母大吵一架，看起来是那样斤斤计较，实际上这正是女孩正常的心理反应，和男孩相比她们有更加强烈的不安全感，需要更多的爱护，需要父母不断地对她们表达关心，她们对于爱永远有需求。

父母要多多表达对女孩的爱

在西方国家，父母在晚上临睡之前都会对自己的女孩说"我爱你"，但是在中国，能做到这些的父母很少。但是如果有一天，我们听到女孩对我们说"爸爸我爱你""妈妈我爱你"的时候，心中还是感到像是吃了蜜一样的甜。我们并不是不喜欢这种直白的表达方式，相信女孩也会喜欢。如果有一天我们对女孩大胆地说"我爱你"，女孩一定会很开心。

父母对女孩表达爱的方式还有很多，比如说平时经常给她一个拥抱，在女孩过生日的时候给她写一张贺卡，这样的做法都可以温暖女孩的心。

谨记：有一些话千万不要对女孩说

教育是一个循序渐进的过程，女孩的转变是一个潜移默化的过程，这个过程是在各种各样的生活细节中完成的，所以父母们一定要注意平时与女孩的对话方式。有的时候，父母无心说的一些话，会让女孩心里感到很不舒服。

"别人家的孩子一回到家就先写作业，你看你到了家，除了看电视就是玩游戏。"这种比较的话，会让女孩对父母有抵触情绪。

"你自己一边玩去，别添乱。"这样的话会让女孩在潜意识中将自己划作家庭的"编外人员"，不利于合作意识的形成，同时会打击女孩的积极性。

"你怎么这么淘气啊，看来是投错胎了。"这样的话最容易让女孩朝着男孩的性格方向发展。

"怎么总打扮得跟个妖精似的。"女孩最忌讳别人说自己不好看，父母的话说得太过直白，容易让她产生逆反心理。

父爱如山如海一般宽广

母亲对女孩的照顾更多时候是从生活琐事中体现出来的，而父亲对女儿的照顾则更多地体现在精神引导，很多女孩都是在父亲的影响下改变自己，比如著名主持人王小丫。

王小丫的父亲是当地的宣传部长，女儿的名字就是他给取的。小时候，经常有男同学追着王小丫喊："你是一个树丫丫，你是一个脚丫丫。"多次被弄哭后，她强烈要求改名字，父亲没有答应，只是说："你长大后会明白的。"

在教育孩子方面，王小丫的父亲非常注重言传身教，很少呵斥，而是用实际行动来影响、感染她。上小学三年级时，小丫发现父亲每天晚上都坐在书房里看书写字，有时家人都睡了，可父亲书房的灯还亮着，王小丫很不解，身为部长的父亲，为什么还这么爱学习？父亲在灯下伏案忙碌的身影深深刻在她心里，潜移默化中，王小丫晚上也开始自觉地看书学习，有时甚至暗暗与父亲较劲，看谁学习时间更长。勤奋的父亲是王小丫的榜样，她的学习成绩一天比一天好起来。懂事后，王小丫明白了父亲的良苦用心。

上初中后，父亲成为当地报社的总编辑。受父亲的影响，王小丫立志要做一名新闻工作者，高中毕业时，报考了北京某著名高校的中文系，但因几分之差与其失之交臂，最终被四川大学经济系录取。王小丫想复读一年再考。父亲认真开导她："孩子，学经济一样可以当记者，将来做个财经记者也不错。"

父亲对她的影响不仅仅局限在简单的亲情之中，精神层面的更多。当别的父亲在关心孩子的吃穿时，父亲早已走进她的心灵，因此她也获得比别人更多的东西和感悟。她机智、圆润的主持风格中或许就浸透着父爱的影响。

一个女孩，她将来在社会中所需要的知识和沟通技巧大部分都是会受到父亲的影响，而且这样的影响力是持久而牢固的。父亲不仅是整个家庭的靠山，同时也是女孩的精神支柱。当女孩得到了充足的父爱之后，她更能长成一种刚柔相济的好性格。

有大量的研究资料表明：如果一个女孩在成长的过程中与父亲接触较少，那么她会明显比其他女孩发育得慢，而且不能很好地控制自己的情绪，这种症状，也有的专家称其为"缺少父爱综合征"。这样的女孩在身高、动作、智

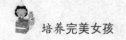

商等方面比其他的女孩发展缓慢，而且普遍存在焦虑的情绪和依赖性过重等特点。

父亲要主动发现与女儿的共同兴趣点

其实，在女孩的内心非常希望能和爸爸有机会一起活动，比如说和爸爸一起去旅行、一起去打球等等。这一点需要爸爸来主动发现，然后主动约女孩共同参与进来。与爸爸能够相处融洽的女孩会在成长的过程中显得更加自信，同时会产生更多的优越感。这些会让女孩感到自己有能力、有自信、有价值。

父亲不要对女孩过分严厉

女孩们从心理上来讲希望得到父亲更多的关注，她们希望父亲能够更多的来体会自己的感受。如果父亲对于女孩过分严厉，或者会经常对女孩表现出不耐烦，那将是对女孩自信心极大的打击。有的爸爸奉行"严父出孝女"的信条，对女孩太过死板，这样做的后果会让女孩对爸爸敬而远之。

母爱如月光一般温和

一般人都认为，父亲与女儿比较亲，而母亲与儿子比较亲。虽说没有什么科学依据，但是在现实生活中还真有这个规律。还有人说女儿就是父亲前世的情人，这样讲的话女儿与母亲就是前世的情敌。家庭中的母女关系，既有妈妈与女儿之间这样浓浓的血脉之情，女儿是妈妈的"贴心小棉袄"，同时母女之间也存在着水火不相容，甚至说出伤感情的话来。这样奇怪而有趣的关系，也许只有在母女之间存在。

现在以独生子女家庭居多，妈妈们不再像过去那样同时照顾好几个孩子，而是将全部精力集中在一个孩子身上。但是有时妈妈会有深深的感受，那就是为女儿做了很多，但未必会得到女儿的感激，更多的时候是"费力不讨好"。这让妈妈们感到无可奈何，很多妈妈想同女儿建立一种积极的母女关系，但是会发现自己的努力实在是徒劳。其实，妈妈们只要把握好同女孩的距离就好，你要努力地成为女儿最好的朋友，而并不是要为女孩去做一切。

至于朋友之间的分寸，那就是相互理解、支持与尊重，妈妈如果能够和女孩保持好这样的距离，相信母女关系会融洽很多。

在一个家庭中，妈妈与女儿相处的时间要远远多于爸爸，所以女孩对爱的需求在很大程度上是从妈妈那里获得的。妈妈们要想和女孩更好地交流，则有必要了解一些关于女孩的心理特点，因为这将大大提高妈妈与女儿的交流效果。对女孩来讲，她也需要一个懂得沟通的妈妈，她理想中的妈妈懂得她的需要在哪里，才会让她感觉舒服，才会成为她心中的"圣母"，才会让她有沐浴清凉的感觉。否则的话，妈妈那费力不讨好的催促和喋喋不休的唠叨一定会让女儿无比的厌烦，甚至会感觉自己是生活在噩梦中的。

举例说来，女孩与妈妈在一起聊天，她更希望得到妈妈的倾听，分享她的沮丧或者是开心，她需要的是妈妈态度上的支持而不是解决问题的途径。因为在女孩的思维里，只要将情绪发泄出来，问题就随之解决了。如果妈妈总是自以为是为女孩提供一连串的解决方案，那么女孩肯定不愿意再和你说了。

一个温和的妈妈，就是女孩最需要的妈妈。女孩最喜欢的就是这种善解人意且有修养的妈妈。

当然，仅仅做到这些还不够。"妈妈"是一门人生的大课，还有更多需要学习和理解的地方。

妈妈要努力让女孩感受到你很珍惜她

女孩更希望自己能够得到周围人的珍视。如果一个女孩发现自己在被人珍视和喜爱，她将有一种莫名的满足感。如果女孩可以从妈妈那里得到更多的体贴，那么她会感到更多的安全感。比如说，当女孩请求你帮她做些事情时，如果你说"我很乐意去做"，她更能感受到你的那份珍爱。

主动和女孩分享她的沮丧与无助

当女孩在面对困境的时候，会变得不知所措以及情绪化，在她的内心也很希望有人可以了解并帮助她。这个时候妈妈就应该过来主动和她一起谈论一些问题的细节，和她一起分享沮丧的情绪，这样女孩就不会觉得自己很孤单，反而会感到快乐和舒服。

第六章　心平气和的慢养——
让女孩的芬芳静静散开

养育女孩切忌急功近利

重读卡尔·威特：教育要远离功利

在早期教育领域，有一个人是不能不提到的，他就是卡尔·威特。这位德国乡村牧师的教子经验，受到过中国图书界的广泛推荐。卡尔·威特的教子经验之所以能够得到大众的热捧，这其中必然有大家都感同身受的道理："非功利教育"的理念就是其中的亮点。

卡尔·威特在他的书中非常强调自己的教育理念，就是将孩子培养成为一个"接近完美的人"。在他看来，那些接受了片面教育的偏才和高分低能的儿童都是"俗物"，一个真正的天才应该是身体和心灵都得到健康发展的人，要让孩子做到全面发展，家长首先就必须抛弃功利性的教育思维，杜绝将孩子培养成"供人观赏的玩物"。他在书中记叙了这样一段耐人寻味的故事。

十多年前，报纸上报道了一个"神童"的事迹。据说一名叫里斯米尔的小男孩在绘画方面有超人的天赋，这件事引起了我的注意，我特意去访问了这个孩子。

在他父亲的引见下，我看到了里斯米尔所获得的各种荣誉证书，但是在我走进房间之后，里斯米尔始终坐在墙角一动不动，似乎没有注意到我，两眼无神而茫然地盯着前面的石膏像。

里斯米尔的父亲赶忙解释道，小里斯米尔正在思考他的作品。"卡尔博士，我为了让儿子成为一名伟大的画家，一直对他要求很严。你也看见了，他无时不在考虑绘画的事。可以这样说，他的那些成绩完全来自于努力和勤奋。"

这件事对卡尔·威特的触动很大，这个孩子在父亲长期的"强行教育"下，已经变成了只会画画的机器。老威特一直相信，孩子需要全面的发展，当他看到那位神情痴呆的"绘画天才"的时候，他断定这个孩子的大脑发育是不健全的，将来未必能有所成就。

"我暂且不说要将孩子培养成完美的人，仅就艺术来说，在那种方式下里斯米尔根本就不可能学到真正的艺术。真正的艺术家，都是些博学、有丰富知识的人。他们不仅多才多艺，而且充满智慧；他们有思想也有生活的乐趣，那些创作手法只是他们表现自己的一种手段罢了。然而，里斯米尔所受到的教育完全是舍本逐末。我能判定，他不可能成为一个真正的艺术家。"

据说后来的事实也应了老威特的结论，几年后里斯米尔的"天才"便不复存在了，人们也没有见到他们所期望的这位"天才"有任何的成就，在平庸的生活中，里斯米尔成了实实在在的一个平庸者。

就因为父亲对绘画天才的向往，一个孩子从健康活泼的儿童变成了对生活毫无感知的木偶，这样的故事听起来让人感到沉重。但是这样的悲剧，也在我们的生活中上演着，父母为了将孩子推上各种荣誉和头衔的位置，不惜大刀阔斧地改造孩子的成长空间，让他们向着自己满意的方向生长，结果养出一盆盆"病梅"，满足了观众的眼睛，却捆绑了孩子的天性。

正如老威特所说，真正有意义的教育，应该着力于对孩子本身的培养，抛弃种种功利性，以合理的方式开发出他们潜在的能力。如果仅仅是为了实现父母的愿望，教育将变成可怕的改造人的手段，孩子的一生都将生活在痛苦当中。

对孩子多一点包容

女孩在幼年的时候，可塑性是很强的，不管怎样的缺点都可以纠正过来。所以，当父母发现女孩的缺点时，不可以一味地嘲讽奚落，而是应该包容孩子、安慰孩子，然后再帮助她分析问题、克服缺点。在帮助女孩指明缺点的时候，最好是先夸夸她的优点，这样把女孩"精神麻醉"一下，再接下来说她的缺点，她就容易接受了。比如女孩粗心，家长就可以先说她做事很果断，是个大优点，只是再细心一点就好了。用这样的方式来包容女孩的缺点，还可以帮助她改正缺点。

对孩子的表现耐心三分

无论任何事物，只有积累到一定量的时候才可能发生质的飞跃。女孩的成才成长也不例外，不可能一蹴而就，需要一定的积累与储备。所以父母不要急于求成，女孩的成长是需要时间的。如果女孩弹琴一遍两遍不成，三遍四遍进展还是不大，请不要急躁地用"笨"来给女孩定性，给她们时间去体

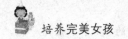

味，去领会。不要总是嫌女孩动作慢，这样不利于女孩的潜能发挥。

"不教"的教育最美妙

叶圣陶有一句脍炙人口的名言："教，是为了不教。"这句话不仅是对为人师表的教师说的，更是对广大家长说的。

易中天也说过："教育的根本目的是实现人的全面自由发展，让人更像人，而不是像工具，或者是机器上的一个部件。"

在女孩的教育中，父母最重要的是营造一个宽松、自由、民主的氛围，让下一代自由成长。"因为每个人只有一个人生，人生道路只有自己选择，别人替代不了。"易中天说，"最好的家教就是不教育"，并不是说要放弃家教。

对家长而言，不教就是什么都不做吗？当然不是。不教，不意味什么都不做。我们要做的就是提供一个良好的家庭环境，注意培养孩子们的各种生活习惯，引导孩子们学会生活和学习。在家庭教育中，易中天自称"一等爸爸"，为达到"不教"的目的，易中天首先从身教开始。

有一次，当他的女儿经过仔细分析后，决定立志成为一名优秀设计师，就委托老爸抽空对有关学校实地考察。易中天花了近一年的时间把女儿考虑范围内的北京、上海、广州、南京等地近百所高校跑了个遍，并实地拍摄了这些学校教室、宿舍、食堂、学生状态等音像资料，还列出了这些学校近年来在福建省招生的排行榜。资料整理好后，他交给了女儿，便不管不问任其选择了。在这里，易中天这个"一等爸爸"对女儿委托的事情做得如此之细，考虑得如此周到，就已经身教到家了。从易中天的行动中可见，他所说的"最好的家教就是不教育"，实质上是表达了"最好的家教是身教"的观点。

相对照易中天的这种"不教"教育，现实中有不少父母和学生处于烦恼之中。有些父母经常抱怨，孩子有时太依赖父母。孩子对别人、对父母存在一定的依赖性是非常正常的现象，甚至是健康的，但存在一个"度"的问题。作为父母，就应当正确地帮助孩子掌握这个度。

总而言之，家长在教育女孩成长的过程中，不教中有教，其高明之处在于顺其自然，因势利导，启发培养女孩的学习兴趣和自觉，让女孩自觉成才，自觉成长，而不是强制、苛求，这样的教育才会结出丰硕的果实。

培养女孩的独立性，从读书学习做起

许多的父母常常会有这样的感慨："现在的孩子读书，大人比孩子还要累。"因为许多父母甘愿赔掉一切去做孩子的"陪写"。而实际上，父母的陪写不仅是一种吃力不讨好的事情，而且对孩子来讲也是有百害而无一利。这

样的做法极容易使女孩产生依赖情绪，懒得动脑筋。

　　家长要时时反省自己的行为，其实在很多时候父母的某些行为纵容了女孩的不良习惯。美国的社会行为研究专家库柏教授曾经说过："学生家庭作业的真正目的，并非使学生很快地提高成绩，而是促使他们养成积极的学习态度和良好的学习习惯。"所以，应该教给女孩学习以及思考的方法，让女孩成为学习的主人。

努力帮助孩子发挥优势

　　很多家长都在犯这样一个错误，就是拼命地把精力放在弥补孩子的短处上，不妨转变一个角度来看待问题，"长相出众爱蹦爱跳嘴巴又甜"，这也许正是孩子的最大优势，为什么不把主要的精力放在发展孩子的优势上呢？努力朝这一方面引导，说不定孩子的艺术天赋就出来了，有几个歌唱家是数学天才呢？所以从现在开始，仔细地观察孩子，看她最感兴趣的是什么？她学得最快的是什么？她最大的优势是什么？找到了并努力地发展，很有可能就为孩子找到一条阳光大道来，并且让孩子重新找回自信：自己还是可以在某一个方面出类拔萃的。

慢养需要包容与支持——女孩的个性发展高于一切

　　"今天妈妈给你报了个辅导班，以后要好好听讲。"

　　"听说画画很能培养人的艺术修养，明天给你请个美术老师。"

　　"隔壁阿姨给他儿子买了架钢琴，妈妈也给你买了把小提琴，好好学，超过他。"

　　在长期的家庭教育中，没有哪位父母不是"望女成凤"，也没有哪位父母不想给自己的女孩创造最好的条件，就算自己再辛苦，也不能让孩子输在起跑线上。

　　诚然，父母对女孩百般的爱我们不可否认，但是当我们一心想把女孩培育成大树的时候，却忘记了女孩是一棵什么样的树，她的成长需要什么样的土壤。并非所有的女孩都是挺拔的杨树，也不全是高昂着头的橡树，也许只是一棵摇曳多姿的柳树。

　　陶行知说过，养育一个孩子同种植花木是一个道理，首先要能够认清花木的特点，区别不同的种类和生长习性，然后再分别给予施肥、浇水栽培，这就是"因材施教"的道理。好比说松树和牡丹花的生长习性不同，所需要的肥料也不同，如果你要是用培养种植松树的肥料来培养牡丹，那么牡丹就会瘦死；反之，如果你用牡丹的肥料来培养松树，那么松树会受不了，会被烧死。培养一个女孩，我们也要具备这种园丁般的眼光，首先是要认识她们，发现她们的特点，然后给予适宜的肥料、水分和阳光，并且除去害虫。只有这样，女孩们才能够欣欣向荣地生长，否则会枯萎。

一个女孩，能够拥有良好的个性是成功人生的开始，所以我们的教育应倡导个性化教育，鼓励女孩学会独立思考、合理想象；提倡"异想天开"，允许"标新立异"；克服女孩思维单一化的倾向，启发女孩用自己的眼光去观察，用自己的脑子去思考，用自己的心灵去感悟，最后用自己的方法去解决，而不是一味以老师和家长的眼光、书本的角度来替代。

要知道，不同的女孩有各自不同的个性。许多家长觉得自己女孩的个性是天生的和无法改变的，其实并不是这样，个性固然是生理基础，但主要还是在于后天的生活实践和环境影响下形成和发展起来的。那么，要怎样培养女孩的良好个性呢？

家长要引导女孩结合自己的特点来选择学习的方式

每个女孩会因为家庭环境的不同以及自身原因，有着不同的学习习惯。她们拥有不同的爱好、能力、素质和性格特点，所以有的女孩喜欢通过做题来强化自己的知识，有的女孩喜欢独立学习，静静思考；有的女孩喜欢通过实际交流来练习英语，而有的则善于通过阅读增加词汇量；有的女孩喜欢课外学习美术，但有的女孩对美术并不感兴趣。因此，家长千万不要有盲从心理，误导女孩。

为女孩改变自己的个性创立好的条件

良好的环境是女孩成长过程中不可缺少的外在因素，还可以改变女孩的个性。如果你发现你的女孩不爱表现，容易被人忽视，就应该考虑到这样会对她的成长不利。这时必须要寻找机会，与她一起聊天、做游戏，并从中发现其兴趣，表扬她、肯定她，你会发现她变得自信起来。所以，要想让女孩有一个良好的个性，就必须创建良好的外部环境，让女孩在和谐愉快的环境中健康成长。

人是早产三年的动物

婴儿刚出生的时候，腿不会走，手不会拿，嘴不会说。因此，我们常认为婴儿的身体是极不完善的。其实，婴儿真正软弱的不是身体，而是大脑。由于大脑发育得不完善才无法协调身体，而其他动物出生后，之所以能在极短的时间内同成年动物一起活动，原因在于它有一个已经成熟到和成年动物差不多的大脑！

婴儿从一出生，就具有觅食反射、吸吮反射、握持反射、拥抱反射、踏步反射和交叉伸腿反射等 100 多种神经系统的反射，婴儿的这些功能同动物相比丝毫不会逊色。而婴儿与其他动物相比，明显不同的就是大脑的发育程度。很多动物在刚刚出生的时候，它的大脑就已经接近成年水平，但是婴儿的大脑在一段时间里，只是胎儿脑发育的继续。例如，人在婴儿期有感受，却对自己的这段时间的经历回忆不起，就像回忆不起胎儿期一样。这个奇特的现象，表明人类的前 3 年仍是环境的胎儿，同胎儿并没有多少区别。

专家们发现，智商测验对年龄大的人来说或许是稳定的，对于越是年龄小的孩子，其准确性越是值得怀疑。例如，一项对 152 个孩子从 1 岁零 9 个月到 18 岁期间的智商进行的多次测试，其中有两位的智商增加了 70 和 79 分。对学龄期的孩子测试也表明这样，对学龄前孩子更是如此，如 2 岁孩子的智商值和他 5 岁时的智商之间，只有很少的联系；而同十几岁时，几乎就没有什么联系了。

这种智商值的变化，正说明孩子实际智力的变化。3 岁前的孩子，智力还没有发展起来，就如去测试胎儿的智商一样，怎么可能得出比较准确的数值？

人的大脑不仅是早产的，而且这种早产还是有时间限制的，那就是 3 年。超过了 3 年，人的大脑基本发育成熟，可塑性大为减少。越是年幼，大脑的可塑性越强，以致能变成兽脑，印度的狼孩就是一个例证。

在人的一生中，出生以后的头几年是形成正常个性和心理机能最重要的时期，此时脑的正常发育，特别是周围环境的影响，决定了他今后心理发展的方向。他事实上仍然处于胎儿期，从子宫中的胎儿变成怀抱中的胎儿，如同试管婴儿一样不过是换了一个环境。人脑犹如更高级的电脑，它有着强大的兼容能力，如果植入狼的环境就成了狼孩，植入了熊的环境就变成了熊孩……

但是，一旦过了这 3 年，人脑就从环境子宫里分娩出来了，这时的大脑就已基本成熟而不再会发生大的变化了。

不要过早地为女孩贴上标签

既然人脑是早产 3 年的，那么在女孩刚出生的时候就为她贴上“聪明”和“普通”的标签都为时过早。如斜视和立体盲者，如果在 3 岁前矫正，其立体感就可恢复，而超过此年龄，婴儿将成为永久性的立体盲者；再如聋儿如果在 1 岁前发现，给他们安上助听器，他们就能正常地学会语言发音，但是过了 3 岁，他们学习发音就会变得十分困难。在这 3 年里，父母完全可以利用有效的教育来为女孩健脑，也就是说，如果大脑在母胎中没有获得良好发育的话，那么是完全可以通过后天获得补救的。

家长要正确看待女孩的前 3 年

父母应该珍惜女孩出生的前 3 年，因为此时正是女孩的大脑可以急速发育的最佳时机，通过早期的教育和引导，完全可以将女孩培养得健康聪明。然而怎样科学合理地对女孩进行早期教育，正是家长们需要学习和探讨的关键。

跟上孩子的脚步

很多家长会觉得，女孩在出生之后犹如一张白纸，需要父母将好的理念和知识传授于她。这样的观点更深一层的含义就是：女孩本身并不具备主观能动性，父母决定了女孩将来的性格和能力。因而当一个家庭里产生出一位杰出人物的时候，父母总能够非常积极地讲述这个孩子成长的过程与经历，然后会一再强调："其实我的孩子很普通，是我们一手将她带大的。"言外之意，孩子的成功无一不是受到父母的熏陶。这实际上是一种变相的自夸，家长将孩子变成了自己炫耀的资本。现在，市场上又有很多畅销书，并且拥有数量不菲的读者。很多在教子方面遇到困难的家长看过之后，常常会产生一种"我要教育出一个天才"的豪情，将自己在教育方面的失败体验都化为一股改造人的豪情，并计划在下一步开始对女孩的全方位"整改"。

女孩的心灵真的只是一张白纸吗？她的本真在哪里？真的就如同我们所说的那样，她从出生就是一无所知，与生俱来的只有空壳吗？

当一粒种子在还没有成熟的时候，它不能发芽抽苗，但是一旦它完全成熟以后，就能够利用空气水分，长成一棵大树。同样，当女孩在母亲体内成长的时候，还是一个不健全的"人"，大脑和器官都在向适应外界环境的方向发展，一旦十月怀胎期满，女孩从母亲体内分娩出来，她其实就具备了学习、思考的条件。她需要的不只是简单的灌输知识，而是父母给他提供"阳光""空气"和"土壤"，让她得以按照自己的规律成长起来。这个道理，在生物界中显得尤为明显。

刚刚出生的幼蝶必须吃到最嫩的叶子才能长大，而蝴蝶是不会给幼蝶喂食的，那蝴蝶怎样保证孩子成活呢？母蝶在合适的季节将卵产在树杈中间，等到幼蝶破茧而出的时候，天生对光线的敏感直觉会引着它朝枝头爬去，那时刚好是植物开始抽芽的时候，而枝头的枝叶一定是最嫩最适合幼蝶食用的。

但是对光线的敏感性并不会永远伴随蝴蝶，一旦它长大可以吃一般的叶子时，那种敏感性也就随之消失了。

刚生下来的婴儿，实际上各种反应能力都不输于正常的大人，这些反应的能力就如同幼蝶对光线的敏感性一样，是一种成长的本能，也是成长的规律。既然我们从来不担心女孩的身体不能长开，从来不担心剪掉的头发不能再生，我们为什么不相信女孩的心灵也有自然舒展、成熟的能力呢？

曾经有心理学家研究过，儿童在 3 岁前掌握的知识量，成人需要 36 年的努力才能完成同等比例的知识量。如果不是儿童自身有成长的规律，哪个父母可以一字一句地教给女孩她所要掌握的知识。如果所有东西都只是父母的教育成果，那人的说话时间可能要往后推到 10 岁甚至更长。

人的成长过程实际上是一个心灵的成长过程，智力只是心灵成长中的一个环节，它依附着心灵的成长。父母需要做的，就是去感觉孩子的成长规律，遵照这个规律来为她及时地提供成长的条件，让她自然地成长起来。一旦孩子的规律遭到破坏，比如完全只关注知识的积累，那么孩子的心灵就会受到影响，她的整个发展都不会正常、健康，就像感情上没有依托的贝多芬那样。因而父母要做孩子心灵上的仆人，而不是主人。

永远别说伤害孩子的话

很多父母在对待女孩的时候，颇有大军阀张作霖"我说你行你就行，不行也行；我说不行就不行，行也不行"的作风，诸如"妈妈说了不准就是不准""爸爸叫你怎样你就怎样"。这样一种粗暴的语言，将会极度地伤害女孩的自尊心。父母可以告诉女孩"那样做不是特别好""这样做会更合理一些"，同时在讲述的过程中配以适度的表情和身体姿势，女孩会从父母的表情中察觉出自己有哪里做得不对。但是，千万不要过度夸张、恐吓孩子。

鼓励就是阳光

任何一个女孩都离不开鼓励，就如同植物离不开阳光一样。当一个女孩被鼓励的时候，也就有了接受挫折和失败的勇气。鼓励女孩的时候，千万要记住的是不可以过分地夸奖她，这样容易使其产生骄傲情绪，鼓励的目的是让女孩坚信自己的努力不白付出，相信自己的能力。父母可以对女孩说"继续下去，你会成功的""妈妈很为你高兴"，这些鼓励性的语言可以使女孩感受到自身的价值，并且体会到努力付出收获的乐趣。

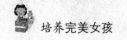

启蒙教育要慢慢来才稳妥

达尔文与《物种起源》：成功不能一蹴而就

抛弃功利性去教育子女，做出一两件事来，可能并不难；但是如果要自始至终地秉承关照女孩心灵的教育思想，对很多家长来说并非易事。因为非功利的教育首先关注的是女孩本身的成长节奏和需求，可能不会让女孩在短期之内有学识上的进步。而社会会给家长诸多压力：特长生潮流、高分名校情结、就业竞争激烈等等，在讲求效率和速度的现实面前，家长未必能够稳住阵脚。

我们相信，心胸的大小决定一个人事业的大小。在决定女孩心胸和视野的宽度和深度的少年时期，她最大的收获关键不在于有多少荣誉证书，而是学会今后做学问、做事情的道理和方式。因而早期教育就需要家长接受一个事实：非功利教育的成果不会立竿见影，但是它是成功的基础。

据统计，1500～1960 年，全世界 1249 名杰出科学家和 1928 项重大科研成果的创始者在年龄上有一个阶段划分：科学创造的最佳年龄区是在 25～45 岁，最佳峰值年龄在 37 岁前后。更为精准的数据是，在诺贝尔奖的大部分获得者中，物理学家的平均年龄为 35 岁，化学家的平均年龄为 39 岁。

当然，科学家只是社会精英中的一类，他们也是最能代表智商的一类人。普通人对科学家总有一种崇拜的情感，因为他们代表人类的思维精英，可以办到我们办不到的事情。上面的统计显示，科学家往往在青壮年才能够有所成就，还有更为典型的"大器晚成"的例子。

1859 年 11 月 24 日，达尔文在伦敦出版《物种起源》时，年已 50。他最早的科学著作，也是在 45 岁以后才开始出版的；易卜生的《玩偶之家》，在他 51 岁时享誉世界；更为晚成的例子是美国遗传学家摩尔根，他的基因学说是在 49～60 岁之间完成的，67 岁才获得诺贝尔奖。

这样的事实让我们看到，人生在青少年时期可能没有什么重大的收获，命运的转机很可能在你已经成年、感到没有希望的时候到来。但是机遇只眷顾有准备的人，达尔文 22 岁就离家登上"贝格尔号"去环球科考，易卜生 21 岁开始自费发表戏剧作品，摩尔根 20 岁时以最优异的成绩获得了动物学学士学位，24 岁就获得了博士学位。他们因为没有放弃早年的努力，才会有后来的成功。

婉转巧妙地纠正孩子的错误

不要说"你总是这样粗心大意"，这样会使女孩认为自己控制不住自己。"你这次看得太快了，如果你肯再看慢些的话，我会非常高兴的。"还有一种情况，当一个女孩除了数学之外，各科的学习成绩都挺好的，女孩有可能会认为自己是个笨学生。这个时候，家长可以这样对女孩讲："你是一个好学生，数学仅仅是几门功课中的一门，只要多花点时间成绩会好的。"

教给孩子激励和暗示自己的方法

父母可以教给女孩一些控制紧张的方法，在女孩开始紧张的时候，可以反复默念一些建立信心、给人以力量的话，或是随身携带座右铭，时时提醒、激励自己，在面临困境或是诱惑的时候，利用绕口令，以组织自身的心理活动，获得精神力量。

像卡尔·威特一样培养女孩的天才

美国哈佛大学的发展心理学家加德纳认为，人的智力是多元的，每个人都在不同程度上拥有八种基本智力。具体包括：言语—语言智力、逻辑—数学智力、视觉—空间智力、音乐—节奏智力、身体—运动智力、人际—交往智力、自我反省智力和自然观察智力。

每个女孩都是一个独特的个体，都有一种或一种以上的特殊本能、技能或特质，有自己的智力强项和弱项领域。女孩的智力强项领域就是她潜在的天赋与才能所在，只是有待我们去发掘。

所以做父母的首先要相信你的女孩是独特的，并以赏识的目光来审视她。不要拿女孩的弱项与其他孩子的强项来比较；不要刻意将她们塑造成你要她变成的样子；不以家长的标准、愿望、喜恶来培养你的女孩。

古罗马诗人卡特鲁斯说："上天赋予每个人素质。"

人的天赋素质虽然不能人为地培养和造就，但可以去发掘。父母在日常生活中，只要用心就能发现女孩的天赋。

卡尔·威特认为：孩子的天赋当然是千差万别的，有的孩子多一点，有的孩子少一点。没有一个孩子生下来就注定会成为天才，也没有一个孩子注定一生庸碌无为。一切都取决于后天的环境，取决于后天的培养和教育，父母则是其中最为直接和关键的因素。事实上，是父母操纵着女孩的前途和命运，决定着女孩的优劣成败。父母的信心和正确得当的教育观念是填平孩子

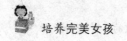

之间天赋差异的关键所在。

对孩子的表扬和激励应该在日常生活中有所体现

不要只在女孩考了 100 分时才说上一句："考得不错。"那么，女孩认为这时受表扬是理所当然的，丝毫不感到意外。如此一来，即使以后总得 100 分，女孩的上进心也会慢慢消失。父母可以换个方法表扬孩子，要抓住要点或者"投其所好"地进行表扬。比如："今天确实不错，你学习了两个半小时。"

教育是慢而坚决的艺术

孩子有了缺点和错误，可以慢慢纠正、慢慢改，但是不允许不改正、不纠正。你可以给孩子制定一个规则，如果孩子违反的话，你可以轻轻惩罚，再犯再惩罚，但不能容许一而再，再而三地纵容。大多数有坏习气的孩子，都是因为一开始出现状况的时候，家长没有及时管教，使她们形成了坏习惯。

从女孩出生那天起开始教育

在中国的教育制度下，常常能听到有的父母这样一本正经地说："我的孩子考得不好，学习成绩又这样差，而人家的孩子却学习得那么好，那是因为人家的孩子的家长都毕业于名牌学校，他们有好的遗传因素，而我只有认命了！"

这便是中国式教育的一个缩影，或许不少父母都把孩子成绩不理想等因素归结为遗传和宿命，却没有意识到早期教育的重要性，如果他们的孩子能够从出生那天起开始教育，那么现在倍感骄傲的肯定是他们。

著名教育专家巴甫洛夫说过："婴儿降生的第三天开始教育，就迟了两天。"

日本当代教育家井深大经过观察研究发现，日本不仅从小学到大学的教育出了问题，更为严重的是，在幼儿教育上，充斥着许多似是而非的观念。如有人认为，幼儿教育只是为了培养优秀人才，对于一般的孩子就不必花那么大的精力；还有的母亲认为，自己的女孩不是那种天才型的孩子，因此，在养育女儿时，只要尽力把女孩的体力培养好就行了；还有一类母亲，她们尽管肯定幼儿所具有的无限潜力，但仍然顽固地坚持已有的观念，认为一个小孩即使在幼儿期的启蒙教育中奠定了良好的潜力开发基础，但是，想在现实的学校教育体制下发展她们的更大潜能也值得怀疑。

这样的教育现状令井深大忧心忡忡，他开始大声呼吁："为了孩子的未来，天下所有的父母亲们，应向现行的育儿观念提出挑战。如果天下父母们仍然抱持传统的观念，对孩子的教育不闻不问，就无法革新孩子的脑力，使他们脱胎换骨。而且，孩子的教育从出生的那一瞬间即已开始，因为对于一个毫无能力的孩子，他的可塑性是最高的。"

关于孩子早期教育的论点，还有一个经典的故事可以作为佐证。

作为生物学家的达尔文，在育儿教子方面也是见解独到，深受人们信服。一天，一位英国少妇希望自己的孩子能成才，可她不知道什么时候开始对孩子教育比较好，于是，她抱着自己的孩子去请教伟大的学者达尔文。

"达尔文先生，您是世界上著名的大科学家，今天特意来向您请教一个问题，我的孩子什么时候开始教育最好呢?"

"亲爱的夫人"，达尔文瞅了少妇一眼，关切地问，"你的孩子已经多大了?"

"她还小着呢，才两岁半。"

达尔文叹了口气，不无惋惜地说道:"唉，夫人，你对孩子的教育已经晚了两年半了!"

这位创立了进化论的著名科学家，非常重视对孩子的早期教育与良好家庭氛围的创造。在他的精心培养下，他的 5 个儿子中有 3 个成为名人:乔治成为天文学家;弗朗西斯继承父业，成为科学家;霍勒斯则成为物理学家，被英国皇家学会封为爵士。

早期教育的力量是伟大的。井深大还指出，婴儿长到两三岁时，已有了他的"自我"，也就是说进入所谓的反抗期了。这一来，就不那么随便地顺从父母，父母愈是责罚，他的反抗心愈强，父母见了也愈生气，从而形成恶性循环。

针对这种情况，作为成功的教子典范的老卡尔同样认为，儿童潜能是递减的，比如说生来具备 100 度潜在能力的儿童，如果从一生下来就给他进行理想的教育，那么就可能成为一个具备 100 度能力的成人。如果从 5 岁开始教育，即便是教育得非常出色，那也只能成为具备 80 度能力的成人。而如果从 10 岁开始教育的话，教育得再好，也只能达到具备 60 度能力的成人。为了不失时机地给孩子以发展其能力的机会，要让孩子尽早发挥其能力。老威特从儿子出生那天就开始了教育。结果证明，他培养了一个成功的儿子。

因此，对家长来说，如果想要培养女孩超常的能力，千万不能错失孩子婴幼儿时期的关键教育。

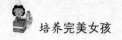

关注孩子的非智力因素

女孩综合素质的培养和提高，真正起关键作用的是非智力因素，而不是智力因素！父母平时更应该关注女孩是否养成了好习惯，是否塑造了好性格，女孩的生活能力、学习能力、自制能力、应变能力等各方面的能力是否达标，女孩的心理素质如何，等等。非智力因素高的女孩，将终身受益。

关注孩子的内心世界

父母与女孩之间的代沟明显表现为双方谈不到一块儿。与跟老年人谈话相比，跟女孩谈话似乎更需要一种类似天赋的才能。在和女孩交谈之前，你必须主动并自然地与女孩接近。开始同女孩接触时，应该有意识地与女孩保持一段距离，只对她们偶尔地注意一下，表示一下好感；等到女孩对你的存在习以为常，感到你并无恶意后，再寻机同女孩接近。要真正与女孩很好地相处，你还必须了解女孩心理、生理上的特点，懂得她们喜欢什么，不喜欢什么。

激励孩子探索新事物

在家庭生活中，细心的家长经常会看到对待不同的新鲜事物，女孩的反应具有一定的差异。有的事物令女孩表现出自信、勇敢、大方的一面，有的事物令女孩感到害怕，表现得非常胆小懦弱。究其原因是女孩的心理与外界客观因素的影响关系密切，并与她幼儿时期的自我评价处于初步形成的阶段有关，年龄越小的孩子自我评价水平越低，她们常常依附于成人对自己的评价来认识自己，并当做评价自己的依据。有些跟不上成人对她的要求，就会产生自卑感，因此家长的评价对女孩的自信心影响很大。

在这方面，家长应以正面鼓励为主，允许女孩尝试错误，允许女孩宣泄情绪，并进一步鼓励她们去探索新事物。

意大利教育家蒙台梭利有一篇文章写道：

有一天，一群孩子玩耍嬉闹，有说有笑。在他们围成的圈子中间放着一个水盆，盆里漂浮着许多有趣的玩具。只有一个刚刚两岁半的小女孩独自一人站在圈外，不难看出，这个小女孩对圈子里的游戏充满了好奇。

我饶有兴趣地在远处观察着她。她开始尝试着慢慢走近其他孩子，靠近一些的时候她想挤进去，但她没有力气，怎么挤也挤不进去。于是她仍然站在圈外着急地看着周围，在她那张小脸上呈现的表情非常有意思。

这时候，她的目光突然落在了不远处的一张小椅子上，显然，小女孩决定把椅子搬到这群孩子的后面，然后爬上这个椅子，再看看里面发生了什么趣事。于是她开始向椅子走去，脸上露出充满希望的神情。

就在这时，她的爸爸突然出现了，走过去一把抓住了她，并轻松地把她举过其他孩子的头顶，让她看水盆，嘴里还说："来，我可怜的小家伙，你也看看吧！"

小女孩虽然看到了那个水盆和漂浮物，但是她脸上原来的那种非常有趣的欢欣、探索和期望的表情，一下子消失得无影无踪，剩下的只是"相信有人会替我做"的孩子的那种呆滞的表情。

从这个小孩的表现来看，她开始的时候对人群中的水盆产生了强烈的探索欲，而且她自己想方设法去满足自己的探索欲望。但是她的爸爸打破了她快乐的探索过程，让她丧失了体验成就感的机会。本来她可以通过自己的努力去克服障碍，体验实现自我价值的快乐，然而这个机会却被父亲在无意中剥夺了。

不要禁止女孩的各种尝试

每一个女孩在成长的道路上，都会遇到许多新鲜的事物。面对这些新事物，她们总会主动地去探索、尝试，因为只有通过自己不断地探索和尝试，她才会获得生活的体验，获得成功的体验。这也是女孩本能的需要，使得女孩们竭尽所能、集中精力地去探索新事物。即使是很小的孩子，都有追求自我实现的需求。遗憾的是，一些父母或禁止孩子做各种尝试，或出于保护她们的目的，剥夺了孩子探索和尝试的权利，那么，女孩就无法获得成功的体验，无法深刻体会自己所要了解的事物，永远无法追求自我实现的价值，变得越来越没有自信。

家长要能够热情地鼓励女孩探索新鲜事物

每一个女孩在探索新事物的时候，都会伴有不同程度的恐惧心理，她们害怕自己做不好。如果父母出于保护女孩的目的，就会对她们说："算了，太危险，不要做了。"女孩想要探索新事物的自信心就会被父母的呵斥吓跑。如果父母鼓励女孩说："没事，去试试吧！"鼓励女孩探索新事物，同时还教给女孩必要的防护方法和知识，就可以在保护女孩不受伤害的情况下，让女孩尽情体验探索的乐趣，增强自信心，并在女孩"自我教育"的过程中逐步完善自己。

有益的玩就是学，有趣的学就是玩

"有益的玩就是学，有趣的学就是玩。"这句话说的是让女孩在乐趣中学习。可是现在生活中的很多女孩，她们的童年是在忙碌中度过的，丝毫没有快乐可言。父母过分在意分数和名次，极大地抑制和扼杀了女孩对学习的兴趣和热情。即便是对于音乐、舞蹈等特长技能的训练，也被许多家长以功利目标代替了兴趣的培养，导致女孩兴趣和学习动力的丧失。读书学习几乎是孩子唯一能做的事。

父母总以为如此这般便能培养出一个天才，然而，他们忽略了一件重要的事，那就是要让女孩能够有兴趣地学习，因为只有这样才能有良好的效果，否则只能使女孩失去学习热情。兴趣是最好的老师，兴趣是推动女孩探求知识、从事学习活动的原动力，兴趣对发展能力十分重要，稳定、浓厚的兴趣，是促进女孩在某一领域能力发展的一种极为重要的因素。当然，培养女孩对学习产生浓厚的兴趣并不是一件很容易的事。

塞德兹在很小的时候也曾和其他年龄相仿的孩子一样对学习没有兴趣，那时候，无论父母怎样引导，都不能把他从贪玩拉到热爱知识、自觉学习的轨道中来。直到有一天，他真正懂得了知识的重要性。

一天，父亲给塞德兹带回了几块眼镜片，有近视镜片，也有老花镜片。塞德兹对新奇的事物一向感兴趣，他把镜片架在自己的眼睛上玩，没过一会儿就大叫眼花，只好把镜片举到离眼睛较远的地方才能看清楚镜片后的东西。父亲任他玩耍，不去管他。当他一只手拿着近视镜片，一只手拿着老花镜片，一前一后地向远处看时，他看到了什么呢？远处的尖塔突然来到了他眼前。

他高兴地大叫："快来看啊，爸爸，礼堂的尖塔就在这里！"

从此，他懂得了望远镜的原理并亲手制作了他的第一架望远镜。就这样，通过不断地游戏和动手玩耍，赛德兹的潜能得到了很好的开发。

与此同时，在开发塞德兹的想象力和创造力上，父亲也设计了各种各样的游戏。例如送给塞德兹一个小玩具，用橡皮筋作动力使玩具飞入空中。塞德兹非常喜欢，马上就联想到它与飞机的相似之处。他照着这个玩具仿制了几个，都能成功地飞起来。塞德兹正是在这个玩具的启发下，明白了飞机飞上天的原理，并开始制作航空模型。

教育女孩，不要胡乱给孩子灌输术语和公式，而要诱导她们自由地发挥出潜能。对于女孩来说，最佳的诱导方式是和她们一起玩乐，一起做游戏。孩子在玩耍中能学到多少知识，发挥出什么样的能力，是怎样想象都不过分的。

所以，不要限制女孩兴趣的发展，也不要以为她喜欢玩耍就是没出息的表现，对于女孩的兴趣应该给予支持和鼓励。让女孩在乐趣中学习，既学得开心，又激起她源源不断的求知欲。这样女孩的学习自然是"不用扬鞭自奋蹄"。

自己先做个爱学习的家长

孩子是家长的影子，这句话在开家长会的时候能够看出一二，有的家长会主动坐到前排，边听边记，保持安静，尊重老师的讲话，回到家中之后还会反思一下老师讲的内容，相信这些家长的孩子肯定是学习中的用心者。而有些孩子不爱听课，总是喜欢往后面躲，生怕被老师点名，不爱记笔记，上课没有纪律，回家也不复习……想想，这不是和家长的习惯一一对应着的吗？

鼓励孩子坚定自己的选择

有的女孩原本对某项课程很感兴趣，但是在学习的时候由于受不了辛苦就产生了逃避心理，在这个时候家长怎么办呢？最好的做法是态度坚决地告诉她："当初是你自己说要学的，既然选择了这条路，那就必须要坚持。"这样的做法对大多数的女孩来讲还是可行的。不过也有一些女孩，她们在选择之初就比较迷糊，不知道自己是否真的喜欢，在试过之后，才发现原来并非自己所爱，如果是这样，那就不能用强硬的方法来逼迫她了。

先观察后培养，不要着急为女孩"塑形"

挖掘闪光点，发现"天才"

俗话说："孩子都是自己的好。"但真的让家长说出自己的孩子到底有哪些过人之处，许多家长却说不出个所以然来。

历史上很多有名的人都很注重对孩子幼年时的培养。

比如居里夫人对两个女儿的教育就是刻意发掘天赋的成功范例。

在孩子刚学说话时，居里夫人就开始对她俩进行了探索性的发掘。女儿刚上小学，居里夫人便让她俩每天放学后在家里进行 1 小时智力活动，以便进一步发掘其天赋。

当两个女儿进入赛维尼埃中学后，居里夫人让女儿每天再补一节"特殊教育课"——在索尔本的实验室里，分别请老师教给她们化学、数学、文学、历史、雕塑、绘画、4门外语和自然科学，而每星期四下午在巴黎市理化学校里，由居里夫人教女儿物理学。

经过2年"特殊教育课"的观察鉴别后，她发现：大女儿伊蕾娜性格文静、朴实、专注和自然，着迷于物理和化学，明确自己的使命是要当科学家并研究镭。小女儿艾芙性格活跃、充满幻想、情绪多变，居里夫人先培养她学医，再引导她研究镭，又激励她从事自然科学，可她对科学不感兴趣，艾芙的天赋是文艺。

多年后，居里夫人的大女儿伊蕾娜·居里因"新放射性元素的合成"荣获诺贝尔化学奖，而小女儿艾芙·居里也成为一位优秀的音乐教育家和人物传记作家。

倘若每一个做父母的都能像居里夫人那样，迅速挖掘女孩的天赋，顺势引导，就能为她成才打开通道。

如何发现女孩的天赋是每个家长都关心的问题。

其实只要注意观察，家长们都能发现女孩在某一方面的优势，世界上从来就没有一无是处的孩子。

同时，比发现女孩天赋更重要的，是挖掘和引导。发现女孩的天赋并将天赋变成实实在在的能力，这才是家长最应该做到的。

从细微处察觉女孩的语言能力

科学家认为，事实上，每个女孩都有自己的特长、天赋，关键在于是否表露出来。家长们平时可以细心观察。比如女孩是否善于背诵较长的诗句篇章。当你第二次给女孩讲述同一个故事时，如果不小心说错某一个地方，女孩是否能立刻察觉？当你带女孩走街串巷时，她是否能指出曾经到过的地方？如果一些类似问题你都答"是"，说明你的孩子记忆力相当不错，在语言方面应该有一定天赋。

从日常生活中发觉女孩的特长在哪里

女孩是否一听到音乐就会跟着翩翩起舞或小声哼唱？女孩的日常举止动作是否优美协调？女孩是否能很快学会骑自行车、滑板车之类？显然，答"是"的家长可以相信，女孩有一定的音乐天分，平衡能力也相当不错，舞蹈也许是发挥她的长处的地方。

当女孩在玩玩具时，你是否发现她会自动按颜色大小分类？当女孩开始涂鸦时，你是否观察到她对色彩有鲜明的喜好，喜欢用鲜艳的色彩涂色？这些都说明她很可能在绘画方面会有所发展……

多彩的童年——歌德成才的启示

在文学艺术领域，曾经有过一位影响力非凡的人物，他的家庭教育不仅有父亲的指导，还有很多其他方面的感染和培养。他就是德国的天才诗人、作家，恩格斯眼中的文艺领域"奥林匹亚神山上的宙斯"——歌德。

1749 年 8 月 28 日，歌德出生于莱茵河畔的法兰克福。他出生时家境殷实，父亲曾为莱比锡大学法学博士，当过地方官。母亲是法兰克福市长的女儿，一位典型的贤妻良母，爱好文学。

歌德 4 岁开始跟随父亲读书识字，并且跟随家庭教师学习多门外语。7 岁编出饶有诗趣的《新帕利斯》童话，8 岁就能阅读德文、法文、英文、意大利文、拉丁文、希腊文等多种文字的书籍，14 岁创作剧本，25 岁发表了一部用时 4 周完成的小说《少年维特之烦恼》，后来风靡全球。歌德早年的成就让世人给他"天才"的称号，但是真正让他卓尔不凡的，还应归功于良好的教育环境带给他的快乐童年。

从歌德出生开始，父亲就有了一套自己的教育方式。当歌德还是婴儿时，父亲就抱着他去郊外散步，有意识地让他接触自然。在路上，父亲总是耐心地给小歌德讲解遇到的各种事物，培养他的观察能力和认识能力，使歌德获得不少自然知识。后来歌德专门研究过自然科学，并撰写有关植物形态学和颜色学的论文。歌德一生都保持着对自然科学的浓厚兴趣。在父子俩休息的间隙，父亲为歌德朗诵歌谣。这些歌谣既好念，又易为儿童接受，每次外出歌德都能背上一两首。随着外出次数的增多，歌德的口语能力也不断提高。歌德稍大一些，父亲带他到各地旅游，每经一处，父亲总是讲讲当地的历史、风土人情。如果旧地重游，要求歌德将所知内容复述一遍，以加深记忆。旅游开阔了歌德的眼界和见识。

母亲平时喜欢给歌德讲故事，但是她的故事并不同于书上的那种来龙去脉清晰的故事，而是每讲到关键处，小歌德正听得津津有味，她就停下来，要孩子自己设想下面发生的事。如果猜得不对，也不说出答案，就让他继续想，直到找出合理的答案为止。

歌德的父母经常鼓励孩子与邻家的同龄人共同学习。他们一起作诗，在星期日聚会品评诗作，歌德的诗总是得到伙伴们的赞扬。他们还举办演讲活动，小歌德站在椅子上，面对家庭的亲朋好友们时，一开始有些紧张，但很快就变得口齿伶俐、声情并茂，极富感染力。

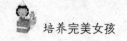

外祖母也是歌德的好伙伴，她请人在家中演木偶戏，还送给歌德一套表演浮士德故事的木偶戏玩具。歌德和其他孩子精心排演这个剧目，分配角色、背诵台词，很快他们又决定自己动手给木偶做衣服、装饰，自己编剧并排演。

歌德在大自然中学习生命科学，在游戏中学习历史、文学以及组织活动的技巧，在表演中尝试各种角色的人物，体会各种感情，这样丰富的经历让他的内心从小就拥有敏锐的感知力，对他日后的艺术创作大有好处。

在歌德的回忆录中，他写道："这种儿童的玩意和劳作从多方面训练和促进了我的创造力、表现力、想象力以及每一种技巧，而且是在那样短的时间，那样狭小的地方，花那样小的代价，恐怕没有别的途径能够有这样的成就了。"可以看到，歌德个人也是非常赞成父亲的教育方式的。

很多家长用心良苦地教育自己的女孩，但是女儿往往不领情，也没有学到多少知识，只是觉得委屈。当女孩也自觉从中获益无穷的时候，家长的教育才算是真正成功的教育方式。歌德的家庭挚爱孩子，也珍惜孩子的童心，让他在成长中感受到快乐，这一点从来不因为任何事情而改变。不仅如此，家庭里每位长辈都积极地创造一种途径来让女孩感受快乐，在快乐中成长，这种精神尤为可贵。

奔波劳碌的父母满身疲惫地回到家，将自己的礼物递给孩子就不再关心，这样的礼物，还不如将快乐的感觉带回家里。无论谁有多么崇高的育人理想，首先要做的，就是让女孩在快乐中成长。

和孩子来一次亲子瑜伽

小女孩活泼好动，经常四处走动，缺乏集中能力和耐性，令不少父母感到头痛不已。这个时候，父母可以带着女孩来一次亲子瑜伽，瑜伽能够有效地锻炼女孩的平衡力、节奏感、空间距离，可以让女孩拥有更加灵活、敏捷的身手，以及神经与肌肉的协调能力。

关注孩子，无论时间长短

作为家长，首先要有责任意识。当这种意识被树立起来之后，就可以见缝插针地教育女孩了。在送女孩到学校的时候可以给她讲一讲马路上的见闻；可以在和女孩一起看电视的时候与她讨论相关的社会问题；让她发表自己的看法等等。每天下班后有半个小时到1个小时与女孩一起活动，或者，每周安排3～4个小时与她一起进行户外活动。

夏洛特·梅森家庭教育：在游戏中感受快乐

全心全意地为女孩健康成长创造条件的父母，先不要急于去为女孩存钱出国，审视一下你的家庭，看看你的家庭是否充满快乐，因为夏洛特·梅森告诉我们，快乐的氛围是孩子成长的重要因素。

夏洛特·梅森是英国著名教育家，她被誉为"家庭教育之母"。梅森认为家庭对于社会而言，最重要的工作就是抚养和指导儿童。为人父母是一件很重要的事情，任何事业上的提升和尊严都不能替代家庭教育的地位。因此，父母要与孩子一起长大，要引导他一点点走向独立和成功，首先要创造健全的家庭环境。快乐的家庭氛围是养育孩子的原则，如果孩子快乐，他在很大程度上就会成为好孩子。

现代教育的不幸莫过于此，家长处心积虑地为女孩安排各种课程，但是女孩们自己并不喜欢；每次上学之前，家长像例行公事一样开始动之以情晓之以理，好说歹说才将女孩送出家门；看到可怜的成绩单，全家老小连吃饭的心情都没有；因为孩子的不良表现，家长开始争论是谁之过……争吵和冲撞将家庭变成了情感战场，这时候最受伤害的，就是心智还没有成熟的孩子。在女孩的眼中，家庭是她生活的主要场景，父母是她世界的全部，当女孩目睹了家庭的不和谐，尤其是发现所有的不愉快的起因都是自己的时候，她的心里将蒙上一层阴影。因此，为女孩创造快乐氛围的第一步，就是千万不要在女孩们面前吵架！

快乐的家庭氛围有助于女孩放松心情，很好地吸收知识、成长身体。除了避免伤害，家长所能做到的另外一件事情就是与女孩积极地互动，有意识地引导女孩去体验亲情、友谊、智慧等。而这就需要父母重视游戏。

游戏是女孩成长中的"工作"，一个不喜欢做游戏的孩子，成长的步伐就会相对较缓。游戏不仅能够启发女孩的观察力、想象力与创造力，让家长借此了解女孩的想法、互动模式是否正确安全，更重要的一点就是，游戏可以让女孩找到适合自己的角色，体验到快乐。

爱玩是每个女孩与生俱来的天性，几乎所有的女孩都曾因为玩耍而闯下大祸、小祸，遭到大人的呵斥与责罚。"我家孩子太爱玩了！真头疼！"当你因为女孩天生俱来的"本事"而大伤脑筋或感到麻烦，甚至担忧她因此而玩物丧志时，家长极有可能弄错方向了。

上天既然赋予每个女孩玩耍的本能，自然有其用意。动物在玩耍中练就捕食、逃生的本领，女孩也会在玩耍中探索世界、学习成长。女孩借由玩耍，碰触对她而言是陌生且充满各种可能的人、事、物；也借由玩耍，反复尝试和练习，对她来说，熟悉世界的运作模式，即使那个游戏的世界在大人看起来毫不起眼，但是对女孩来说，从中却有许多不同的发现和挑战。

家长们要了解家庭教育与学校教育的区别

学校教育的重点是要向学生们传输知识，而家庭教育则不应该把注意力集中在孩子的作业本和考试分数上。在家庭的日常生活中，父母更应该关注的是女孩的性格，而性格的培养应该从女孩的习惯、兴趣等方面入手。

把孩子带到大自然中去，让孩子体会生活的美好

父母可以找个机会带女孩到农村感受田园风光，让她了解播种和收获，看到劳动之美，认识各种蔬菜，避免"米是一袋一袋地长在田里"的常识错误。投入到大自然的怀抱，呼吸到清晨的新鲜空气；看到山间的雾霭、小草上的露珠、漫天的彩霞、袅袅炊烟；听到小河的水声、牛羊的叫声、虫鸟的鸣啼；闻到荡漾在田间的泥土清香，庄稼、草木散发的芬芳；品尝新鲜的瓜果蔬菜。帮助她全身心地感受大自然之美，培养她良好的审美能力，以及热爱大自然的情感。

帮助女孩确立一个切合实际的目标

目标和梦想一样是一个人成功路上的里程碑。目标能给你一个看得见的靶子，当你一步一个脚印去实现这些目标时，就会有成就感，就会更加信心百倍，向高峰挺进。成功学专家拿破仑·希尔说过："不甘做平庸之辈的人，必须要有一个明确的追求目标，才能调动起自己的智慧和精力，全力以赴为自己的目标而行动。"因此，我们在教育女孩的时候，要帮助女孩树立一个切合她自己的目标。人生如果失去了目标，就像航船失去了航向，最终会在人生的大海中迷失。

有一年，一群踌躇满志、意气风发的天之骄子从哈佛大学毕业了，他们的智力、学历、环境条件都相差无几。临出校门，哈佛对他们进行了一次关于人生目标的调查。结果是这样的：27%的人，没有目标；60%的人，目标模糊；10%的人，有清晰但比较短期的目标；3%的人，有清晰而长远的目标。

25年后，哈佛再次对这群学生进行了跟踪调查。结果是这样的：

3%的人，25年间他们朝着一个方向不懈努力，几乎都成为社会各界的成功之士，其中不乏行业领袖、社会精英。

10％的人，他们的短期目标不断实现，成为各个领域中的专业人士，大都生活在社会的中上层。

60％的人，他们安稳地生活与工作，但都没有什么特别的成绩，几乎都生活在社会的中下层。

剩下的27％的人，他们的生活没有目标，过得很不如意，并且常常在埋怨他人、抱怨社会、抱怨这个"不肯给他们机会"的世界。

其实，他们之间的差别仅仅在于25年前，他们中的一些人知道自己的人生目标，而另外一些人则不清楚或不很清楚。不知道或者不清楚自己人生目标的人，在人生前行的路上就会迷茫，因为迷茫而浪费宝贵生命，在有限的时间内取得的成就就会大打折扣，甚至会一事无成。

在生命中没有目标的人，很容易受到一些微不足道的诸如忧虑、恐惧、烦恼和自怜等情绪的困扰。所有这些情绪都是软弱的表现，都将导致无法回避的过错、失败、不幸和失落。因为在一个权力扩张的世界里，软弱是不可能保护自己的。

所以，每一个女孩都应该在心中树立一个目标，然后着手去实现它。她应该把这一目标作为自己思想的中心。这一目标可能是一种精神理想，也可能是一种世俗的追求，这当然取决于她此时的本性。但无论是哪一种目标，她都应将自己思想的力量全部集中于她为自己设定的目标上面。她应把自己的目标当作至高无上的任务，应该全身心地为它的实现而奋斗，而不允许她的思想因为一些短暂的幻想、渴望和想象而迷路。

训练你的女孩为自己设定目标

如果你的女孩尚且年幼，那你不妨教会她在做每一件小事时都给自己设定一个可行的目标，比如搭积木，有的孩子搭得又快又好，有的孩子却反反复复也搭不出一个样子，这就是有目标和没有目标的区别。因此我们不妨在女孩动手做一件事前，总能先提示性地问问她："你要做的是什么？要做到什么程度才可以呢？"这样习惯成自然，渐渐地，女孩就会懂得凡事都给自己确立一个目标了。

引导你的女孩设计适合自己的目标

如果你的女孩正在为不知方向而犯愁，那你不妨问问她下面几个问题来启发她们。比如说："你想在你的一生中成就何种事业？""如果把它作为自己终生的事业，怎样做到在有利于自己的同时，也对别人有帮助？""阻碍你实现自己目标的因素又有哪些？""你为什么没有现在去行动，而是仍然在观望?"等等这些问题。当她们认真、慎重地思考上述问题之后,你会发现,她对于寻找、定位自己远大的目标,将有着切实的帮助。

千万不要过早地为女孩贴"负面标签"

不要苛求女孩"十全十美"

也许是由于望女成凤心切,大人们往往对自己的女孩很苛刻,但也比较容易忽略女孩的感受。在工作中,他们总是要求自己的领导能设身处地地替自己考虑这个、考虑那个,但一回到家庭生活中,目标就转移到孩子的缺点上,这也不是、那也不是。继而要求女孩应无条件地服从自己的意志,照着父母的完美计划成长。实际上,这种做法的结果无疑是在推着女孩朝逆反的方向发展,因为女孩会一天天成长起来,有了审视自己的目光,有了自己的世界观、人生观和价值观取向,便有了反抗的心理,对于父母的苛求和指责,便会经常说"不"。

作为父母应该知道,我们自己本身实际上也不是十全十美的,每个人身上也存在着这样或那样的缺点与不足,我们的孩子自然也不例外,为什么总是看不到呢?

如果我们真立志要做个好父母的话,首先就是要理解女孩的感觉,尊重女孩的选择,说不定女孩在某方面的不足正好可以成就其他方面的才能。父母要有眼力去发现女孩的特点。

由此看来,父母在教育女儿的时候,眼光同样很重要,父母们应该让自己多具备一些伯乐精神,及时发现女孩身上的特别之处。利用女孩自身的优点引导她,把她所有优秀的品质发挥出来,帮助她完成人生的自我超越,而不是只盯着某方面的不足不放。

有一项统计表明,从19世纪到20世纪的200年中,能够真正称得上"天才"的孩子只有寥寥的十几位。应该说,世界上大部分的孩子都是很大众化的,不是十全十美的。

责备只能使女孩消极地应对身上不良的行为、习惯。所以,做父母的不要总是苛求自己的女孩十全十美!最重要的是要让她们实实在在地学习,实实在在地做人,实实在在地做事,实实在在地成长,她们才会拥有完美的前途!

帮助女孩发现她自身的优点

如果家长能换一种教育方式，把每个女孩身上的特质和性格罗列出来，然后一一告诉女孩你是多么欣赏她们，让她们感觉到自己是不能代替别人，别人也无法取代她们的，而且也觉得你看到了她们身上与众不同之处。那么，你的女孩就会越来越自信，也就会越来越完美了。

注意和孩子说话的语气

如果家长把女孩抱在怀里告诉她你为她而骄傲，经常不断地给予她表扬，那女孩的感觉是否会更好一些呢？家长和孩子进行交流的时候，不仅在她做得好的时候要表扬。当她做出努力之后，尽管未达到预期的目标，也要进行适当的鼓励，在和女孩说话的时候让她永远感受到如沐春风般的温暖。

用赏识的眼光看待孩子

一位哲人曾经说过这样的话："人的精神生命中最本质的要求就是渴望得到赏识。"对女孩来说，训斥只会压抑幼小的心灵；只有赏识她们，才能开发出潜能。

没有种不好的庄稼，只有不会种庄稼的农民；没有教不好的孩子，只有不会教的父母。赏识教育的本质是生命的教育，是爱的教育，是充满人情味、富有生命力的教育。

每一个孩子都拥有巨大的潜能，但孩子出生时都很弱小，好像生活在一个巨人的世界里。德国著名心理学家阿德勒也透露过他在念书时，认为自己完全缺乏数学才能，对数学毫无兴趣，因此考试经常不及格。后来偶尔发生的一件事，让他的潜能开发出来了。他出乎意料地解出了一道连老师也不会做的数学难题，这次的成功改变了他对数学的态度，找到了数学天才的感觉。在老师和家长的赏识中，他成了学校里的数学尖子。

所以，家长们只有赏识自己的孩子，她们才会焕发出生命中无限的潜能。

哈佛大学的心理研究专家做过这样的实验：有两组孩子，先让他们一起长跑消耗体能，然后一组接受严厉的批评，另一组得到热烈的称赞，随之进行体能检测发现，被批评的那组孩子无精打采，体能处于崩溃状态；而被表扬的那组孩子精力旺盛，体能得到迅速恢复，充满自信。

这个实验可以作为我们教育的反思：父母在教育女孩时应多给她们一些适当的赏识，学会赏识、赞美你的孩子，这对她的心理发展十分有利。让女孩知道父母对她们的关注和认可，既能快速抚平她们身体上以及心灵上的创伤，也能促使女孩的心理朝良好健康的方向发展。

适当的赏识与鼓励是必要的，但父母也要注意千万不要对女孩赏识过了头。一个孩子如果受到的赞美过多，心理便会膨胀，就会找不准自己的定位，从而也就不知道自己的言行是否符合一定的社会道德规范，这样的孩子在人格上往往是不完善、不成熟的，心理上也会十分脆弱，在今后的人生路上可能会经不起生活中的风雨与挫折。一个完备的人在成长中是需要经历一些磨难的，只有经历磨难并且能够从磨难中铸就刚强性格的人，才能适应未来的生活。

不要吝啬夸奖孩子

多对女孩说赞美的话、鼓励的话，少说贬损的话、批评的话。当女孩有少许进步的时候，应该及时给予肯定，帮助她们树立前进的信心；当她们做错了事情，应在批评的同时，换一个角度找一个亮点来鼓励孩子。当女孩有一件事情令你感动的时候，你应该马上把你所想的告诉她，让她知道你一直在关注。

放大孩子的优点

家长应该经常赞美女孩的一些做法，让孩子觉得自己很能干，特别有能力。当女孩具有了这样的自信的时候，在做事的时候就会表现出跃跃欲试的心态，处处想表现自己，证明自己。

第七章 如何听女孩才会说，怎样说女孩才会听

营造温暖的交流氛围

多听听女孩的想法

物质生活条件越来越好的今天，不少女孩的成长却出现了"三大三小"现象，即生活的空间越来越大，生长的空间越来越小；房屋的空间越来越大，心灵的空间越来越小；外界的压力越来越大，内在的动力越来越小。

这些奇怪的现象，应该引起父母的注意，给女孩自由的成长空间，并不是一句空话！

随便找一个学校的校门口等着，一到上学、午饭、放学的 3 个时间点，一定会有很多家长聚集在学校门口等候自己的女孩。

家长们纷纷感慨："现在的孩子真是不听话，补习班昨天又没上""孩子们越来越不好教育了""电视上的那些学习机，对我们家孩子不管用"……

是孩子们越来越难教了，还是我们的教育方式出现了问题？

程君今年 7 岁了，刚开始读小学。

一次，程君在姨妈家认识了一个新朋友玲玲，她比自己小半岁，但是已经学习舞蹈 3 年了。玲玲在家长的鼓励下表演了一段拉丁舞，这下刺激了程君妈妈的神经。

"我们的女儿成天像个男孩子，和小区的孩子们打打杀杀，不成样子。我看见老马家的女儿去学舞蹈了，跳得很有气质，不然我们也送女儿去学习？"

和爸爸商量之后，妈妈马上就给程君报了舞蹈课。

但是天生好动的程君根本不听老师的指挥，不仅上课讲话，学习也不专心。不到两周，程君就说什么也不上辅导班了，妈妈在家里急得直跺脚，但眼前的"假小子"一点改观都没有。

妈妈将程君送进学校，本来是想早点培养女儿的气质，但孩子就这样被

糊里糊涂送进了培训班，属于自己的课余生活突然被打乱了，因而学习的积极性也不高，妈妈想要达到的效果也完全不能达到。

程君现在正是好动的年纪，要让她安静下来，除非把她的注意力集中，寓学于乐。如果不考虑女孩现阶段的特点和兴趣爱好，盲目地将女孩送进培训班，并不能解决任何问题。

送女孩上培训班是如今的家长为女孩安排课余生活的首选。的确，很多女孩从班上学到了知识，但是女孩的心灵却没有因此而变得成熟丰盈，到头来心灵还是没有得到足够的发展。

许多家长将培养女孩的重点放在增长知识上，为了让女孩学习，家长们不惜节衣缩食，尽一切力量来改善女孩的学习环境。

父母纯粹的爱是什么？其实非常简单，如果真的想要女孩成长和学习，就给她空间，让她朝着健康、能干和情绪稳定的方向发展，这才是爱的真正意味。

但是父母现在的情况是，以管教和约束为方式来养育女孩，这与爱的本意背道而驰。

薇薇今年高考，成绩还不错，可以挑一所重点大学。

这本来是皆大欢喜的事情，但是她整个暑假都过得不开心。原来，一家人在填报专业上发生了很大的分歧：薇薇想学自己感兴趣的教育学，但是父母总觉得新闻专业更适合女儿，他们希望她成为一名记者，于是坚决主张薇薇报新闻专业。

"这是你的人生大事，爸爸妈妈有经验，你就听我们的，我们绝对不会害你。"妈妈开导薇薇。

"正是因为这是我的人生大事，我才一定要坚持学自己喜欢的专业。你们总是说我没有经验，但是你们给我锻炼的机会了吗？从小到大，哪一次不是你们决定的，这一次我绝对不让步！"

最终，薇薇还是没能拗过家长，双方各做让步之后，薇薇报了一所离家最远的大学的新闻专业。

薇薇的反问值得家长深思。很多时候，家长都是因为"为了孩子好"这个想法，剥夺了孩子成长应有的空间，让孩子在父母设计的世界里成长。

给女孩一个成长的自由空间，是现代教育家们共同呼吁的一项理念，其中就有著名教育家蒙台梭利。蒙台梭利将"自由教育"列入自己的基本理念，称这样的教育方法是"以自由为基础的教育法"。

正如蒙台梭利所主张的，让孩子拥有自由，首先是让他们领悟到纪律和秩序的重要性。怎样让孩子区别好坏，唯有说教显然是达不到目的的。

对女孩管教过严，就像养在鱼缸中的金鱼，三寸来长，不管养多长时间，始终不见金鱼生长。女孩在父母的"鱼缸"中永远难以长成大鱼。要想女孩健康茁壮地成长，一定要给女孩自由活动的空间，而不让她拘泥于父母提供的一个小小的"鱼缸"。随着社会进步，知识的日益增加，父母应该克制自己的想法和冲动，给女孩自由成长的空间，让女孩健康顺利地成长。

帮助女孩养成凡事自己决定的习惯

在一些小事情上就让她自己去做决定，并让她承担因为自己的决定而带来的各种结果，久而久之，即使女孩在面对选择大学专业这样的问题时，家长也可以放心地说："这是你自己的事，你自己决定就好了。"

家长要尊重女孩的想法

女孩有自己的想法，作为家长我们要给予支持和鼓励，而不是经常泼她的冷水。家长真诚的鼓励会让女孩更加乐于分享自己的想法，有利于建立一个民主的家庭氛围。同时，家长也不要总是一副高高在上的姿态，要相信我们未必比我们的女儿更出色，不管是现在还是将来。

不要太介意孩子的"顶嘴"

能够同父母进行争辩的女孩，她在以后的人生道路上会表现得比较自信、有创造力和合群。父母千万不要介意女孩"顶嘴"，而应审时度势，并加以耐心引导，使争辩变得更加有意义。

有一位妈妈抱怨说："最近我女儿特别爱顶嘴。比如，在从学校回家的路上，我们到一个公园去玩了一会儿。当我说'咱们回家吧'，她不干，还会反问我：'为什么我非要听你的，而你就不能听我的？'女儿特别喜欢小动物，总想养一只小狗，我不让，说小狗身上有细菌。但是她却说：'你说得不对！电视里说过，小朋友和小动物多接触可以提高抵抗力。'每当这时候我都会很着急，但是又不知道该怎么对待孩子。"

争辩能够帮助女孩变得更自信和自立。在争辩的过程中，女孩会感受到自己受到重视，知道怎样才能贯彻自己的意志力。那么，当你的孩子"顶嘴"时，你是不是会做出如下的反应呢？

女孩的突然"顶嘴"，让你在感到气愤的同时是否反省过自己对于女孩的态度应该改变一下？

在与女孩发生争辩时，你是否注意控制自己的语气与耐心，给女孩以空

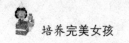

间让她发表自己的观点和意见，之后再加以合理引导？

随着女孩一天天地长大，有的家长渐渐觉得女孩不如以前听话了，变得难管了。无论大事小事，动不动就与家长顶嘴，家长说东，她偏说西。这令家长感到十分的为难和恼火。女孩顶嘴该怎么区别对待呢？

实际上，女孩的顶嘴是有其原因的，随着年龄的增长，当女孩进入青少年时期，就已经具备一定的独立思考能力，所以，从这时起，她们不再愿意别人把自己当作小孩子来看待，不愿意处于被照顾的从属地位。这时，如果对女孩有过多的干涉，就可能出现两种结果：一种是与成人对立，干脆一切都不听你的；或者是影响独立性的发展，养成依赖性，形成依赖的不良习惯。

中国的父母由于受千百年传统观念的影响，总觉得小孩子见识少、阅历浅、不成熟，形成了"父母说话小孩子听"的定论，不少父母要自己的女孩必须"言听计从"，否则就认为有失父母威信和尊严。

德国汉堡心理学家安得利卡·法斯博士通过多年的实验观察后证实：隔代人之间争辩，对于下一代来说，是走向成人之路的重要一步。能够同父母进行真正争辩的女孩，在以后会比较自信、有创造力，也会更加合群。

女孩在与父母争辩的时候，往往是她们最为得意的时候。这样做对于她们来说至少有两个好处：一是当女孩最来劲、最高兴、最认真时，对她们的大脑发育是有好处的；二是这样可以营造家庭的民主气氛，增加女孩各方面的能力。这样的女孩会具有很强的交际能力和其他方面的能力，对将来的发展是大有好处的。

总之，如果一个女孩从不与人争辩，总是与世无争的样子，那么，她的勇气、智商、口才、进取心、自信心等就值得怀疑了。因此，从某种意义上说，争辩是女孩的一门必修课，而这门课最好在家里进行。在争辩的过程中，父母要有热心和耐心，让女孩在争辩中不断成长。

不要把和女孩争辩当成丢面子的事

有的父母之所以受不了女孩和自己争辩，原因就在于他们觉得这样是对自己一家之长的权威的挑衅。父母们应该树立一种观念，要允许女孩和自己争辩，因为这并不是什么丢面子的事情。父母如果担心女孩争辩的话，她会不听话，不尊重父母的选择等等，其实这样的想法是多虑的。

家长要为女孩的"顶嘴"而感到高兴

家长大可不必为女孩顶嘴而生气恼火，倒不妨为此而感到高兴。因为女孩开始顶嘴就意味着她已经长大了，并且有了独立思考的能力，这不正是家长所期盼的吗？有的父母不能接受女孩顶嘴的原因是担心自己的权威受损。父母不要总按原来女孩三四岁时的标准来要求已经长大的女孩，应该认识到：屈从的时代已过去，取而代之的是说服的时代。

为自己的错误向女孩道歉

父母如果做错了事，从不向女孩承认自己的缺点、过失，女孩就会产生"父母说的永远正确，但实际上老是出错"的观念，久而久之，对父母正确的教诲也会置之脑后。

父母如果在做错事后总能郑重地向女孩认错、道歉，女孩就会懂得承认错误并不是一件可耻的事，就会提高分辨是非的能力，尝到原谅别人的甜味。

"花花，我和你讲了许多次要守时守约，否则会浪费别人的时间，也给别人留下不好的印象，你不这样认为吗？"

"的确不好，不过，也没有什么大不了的。"

母亲有些生气了："怎么能说没什么了不起呢？你养成这样的毛病，长大会怎么样呢？还有谁会信任你呢？"

看见母亲生气，花花也有些沉不住气了："你是大人了，不是也过得很不错吗？没见你有什么麻烦呀？"

"你是什么意思？"母亲没想到话题会转到了自己身上。

"你大概忘记了，好几次你答应来参加我们学校的活动，我都告诉老师你会来，你却到活动结束了都不见人影。"

"那是因为我临时工作上有事情，而且那些活动也不是非参加不可……"母亲注意到女儿不屑的、甚至有些讥讽的表情，尴尬地停住了。

接着她说："花花，我没有意识到自己的行为对你造成的影响，我当时的确有急事不能来，但我应当事先或事后向你解释一下，或者去向你的老师解释，我真的很抱歉，你能原谅我吗？"

花花有些感动："没关系，我知道你很忙。下次打声招呼就可以了。"

"你们下一次家长座谈是什么时间？我一定把工作安排开。当然如有意外我会和你联系，好吗？"

"好的，谢谢！"

父母就是女孩行为的榜样，当然父母也不一定是完美无缺的，也会犯错。当父母犯错被女孩指出时，及时真诚地道歉是至关重要的。

不少父母认为自己是"一家之主"，需要保持自己的"形象"与"威信"，因此不愿意甚至从来都没有想过在女孩面前承认自己的缺点和错误。比如说有些父母明明知道自己做错了事，冤枉了女孩，或者说误导了女孩，还总是想着给自己护短，不当回事儿。这就违背了做人的基本原则，也是家庭教育之大忌，次数多了，父母就会在女孩的心目中失去威信，更不用说让她听从你的教导了。

比如当女孩"闯祸"后，一些父母由于一时冲动，往往会对女孩进行不恰当的、过重的批评或惩罚，事后又往往会后悔。这时，倘若父母能真诚地向女孩道歉，补救自己的"过失"，不仅能够使女孩心悦诚服，而且还会更加乐于接受父母的批评，引导她更好地发展。

有一位母亲回忆说：

自己的女儿今年12岁，暑假才读完小学。虽然我很疼爱她，但在她12年的学习、生活里，我还是因为她的一些过错打过她几次。每次挨打，都是她表示"痛改前非"之后我才罢休，从来也没有为此自责过，还常常为自己"教女有方"而沾沾自喜。近日，因为一件小事我一时性起又打了她。但这次女儿却没有逆来顺受，而是出人意料地一边哭，一边跟我讲理，直到我感到理屈向女儿道歉后，这场"风波"才宣告结束。

有一次我在看电视的时候，女儿突然喊我，说有几道填古诗题答不上来，要我帮她解答。我便过去坐在她的写字台前看了看题，顺手拿起了她的自动铅笔往上面填写答案。但我马上把注意力集中在这个自动铅笔上，这种铅笔外表看似一种一次性的自来水笔，在笔的顶端可以安装与之配套的"铅"，省去了传统铅笔削笔的劳作，可能是这种原因，现在的孩子们都很喜欢使用这种铅笔。但这种铅笔的铅杆很细，稍一用力就会折断，孩子很难练好字。

因为我的这种想法，我曾多次要求女儿不要再使用这种铅笔，但女儿一直坚持使用。由于不是什么原则问题，我也是说说算了。谁知当我拿起笔去填写答案时，铅笔"嘭"的一声断了，随着铅笔的折断，我的火"腾"地冒了上来，几乎是同时，"啪"的一声我把铅笔摔在了写字台上，并大声呵斥正高高兴兴地在地板上自己下围棋的女儿："我说过多少次了，不让你用这种笔，你还是用！"

受到惊吓的女儿看到我把她的笔摔了，还大声训斥她，突然一边哭，一边跟我讲理："你摔我的笔干啥？你为啥摔我的笔，这是我花14块钱买的……"

尽管女儿的哭声和表情充满了对铅笔的疼爱和其命运的担心，但看到女儿不服管教，我还是火冒三丈，一步跨到女儿跟前，在她屁股上打了两巴掌。

看着女儿哭得更凶了。这时我想起第二天上午女儿要参加初中升学考试，心里想：今天打她合适吗？要影响她明天的考试怎么办？但做母亲的面子又放不下来，就气冲冲地告诉女儿："笔摔坏了明天我给你买！"

女儿胆怯地望着我，但明显地不服气，继续哭着说："买到又怎样，我到初中就不再使用这种铅笔了。你知道吗，这是我小学时期使用的最后一支铅笔，我还要用来作纪念的。你再买还是这一支吗……"

听到女儿这样说，倒使我意识到了问题的严重性。我隐隐感到自己摔坏的不仅仅是女儿的一支普通的铅笔，而摔碎的是女儿对小学生活的深深眷恋和梦想。

我终于对自己的"情不自禁"开始后悔了。

实际上，人类就是在不断地犯错误并且不断地改正错误的过程中取得进步的，所以，作为父母不妨坦承自己的缺点或错误。

有一位母亲在教育自己的女孩时，曾经多次将自己在成长过程中犯过的错误告诉女孩，并详细地分析主客观原因，尤其是分析自己的一些缺点在产生这种错误中所起的作用，其目的就是让女孩在今后的人生道路上不再和她一样，以类似的个人"缺点"犯同样的"错误"。

每位家长身上都蕴含着改变女孩命运的神奇力量。当你自己从内疚、自责和愤怒中解脱出来的时候，你也解救了你的女孩；当你终止了旧的家庭模式给你的束缚时，你就等于给自己、也给了女孩一份厚礼。她会记住自己的父母是如何勇敢地对待自身的缺点，这种勇气与坦率会鼓励女孩做终生的探索与自我培养，而不至于迷失方向。

家长可通过道歉帮助女孩树立信心

父母应该意识到：当自己向女孩道歉时，就等于在教女孩相信她自己的洞察力。如果父母不停地批评她、辱骂她，女孩就会形成一种对生活本质甚至是对世界的负面看法。作为父母应该让女孩懂得，任何人都会犯错误，即便是父母也一样，每个人都要对自己的错误负责。通过道歉，家长塑造了自己关爱他人的行为模式。

主动地向女孩道歉

比如，当家长犯了错误，即便是不太严重的错误，事后也一定要向女孩道歉。答应了女孩的事情如果做不到，则马上向女孩说明原因，以得到女孩的谅解。在道歉的时候，态度应当郑重和真诚。

记住你被女孩赞扬的时刻

很多家教书中都鼓励父母要多多赞扬女孩："你的问题提得很有思想"；"你做得太棒了！"不管女孩的表现怎样，乐观的父母们总要把目光朝向好的一面，给女孩一些鼓励和信心。但是很少有书籍提到家长被女孩赞扬，有的家长似乎是永远的强者，可以为女孩遮风挡雨，把最美的一面留给女孩，因而忽略了女孩的赞扬；有的则难以适应现实生活的种种压力，忍不住将怒气也撒向女孩，根本得不到女孩的赞扬。

其实，任何人的努力都会被其他人觉察到，父母的努力女孩也一定会有所感知。只要再尝试将女孩引向更好的教育，只要再努力改善家庭的关系，家长一定能够发现女孩会时常赞扬父母，女孩对父母的赞扬是完全真实的，发自内心的。当父母们得到女孩赞扬的时候，请记住她的话，这可以成为父母们继续坚持的动力。

妈妈不在家的时候，这个时候就需要爸爸做饭给女儿了。看着爸爸穿上围裙，女儿咯咯地笑了："原来爸爸也能做饭啊！"

看到桌上摆着各种汤菜，女儿兴奋地拍手："好棒哦，今天我要吃一碗饭！"要知道，女儿平时怎么也不肯吃完一碗，每次都会剩下许多。看着女儿吃得津津有味，爸爸也觉得很有成就感，想到自己平时没有时间分担家务，爸爸暗暗决定，周末一定多在家给孩子和妻子做饭。

很多家长在初为人父母的时候或许受到过这样的告诫：不要轻易地赞扬你的女孩，但是当孩子表现出色的时候，也不要吝啬自己的赞扬。有的父母出于对女孩的爱，常常随口就会说出赞扬的话，这样反而失去了赞扬的魅力。而女孩赞扬父母，不会有太多考虑，觉得很满意很惊喜，就会实实在在地把感受说出来。正是因为童言无忌，孩子的赞美才更加值得父母相信和斟酌。

首先，女孩学会赞美父母，这是一种感情上的互动，在和别人交流沟通的时候，女孩也会去赞美他人。懂得赞美的人是知道感恩和报答的人，往往能赢得别人的喜爱，也能结交很好的朋友。如果一个人从来不赞美别人，只会让周围的人感到没有动力、难以应付。

另外，女孩赞美父母的时候，多是父母的做法超出了孩子的预计，让孩子感到很惊讶。爸爸能做饭本来是很平常的事情，但是在女儿看来却很了不起，爸爸有此反思，感到自己平时对家庭太缺少照料，正是女儿的赞美让爸爸回到了家庭生活当中。如果一个小小的礼物就能赢得孩子的赞美，父母也应该反思自己平时对孩子的关注是否不够。赞美的后面有很多潜台词，如果想要了解自己的孩子，就要学会聆听孩子的话语。

当然，孩子的赞美最终的作用在于温暖父母的心灵。发自内心的赞美都是令人欣慰的，尤其当心爱的孩子能够感受到自己的付出时，父母的心中也会觉得没有白疼他。

但是，孩子的赞美有时候不一定是直接的陈述，它可能变个模样出现。孩子很喜欢一件衣服，其实也是在赞美妈妈挑选得很合心意；孩子享受吃饭，也是在赞美妈妈的手艺；孩子把不会的题目拿给爸爸，是在赞美爸爸的知识丰富……孩子身上的良好习惯、得体的言语都可以理解为一种赞美，是在用行动赞美父母的教育。

经常给女孩一些出其不意的惊喜

女孩在赞美家长的时候，十有八九是因为父母做了一些她以前没有想到或者是预料到的事情。所以，父母可以试着多为女孩创造一些惊喜，多让女孩发现自己的另一面，她会觉得自己的爸爸妈妈不仅很亲切，而且感觉丰富有趣。

当被女孩赞扬的时候也说一些赞扬女孩的话

如果有一天，女孩说："妈妈你真好。"这个时候家长最好能够给予一个感情上的反馈，则能更好地完成互动，比如可以对女孩说："是呀，我家妞妞这样听话，听话的孩子当然要得到夸奖啦。"这样的话印在女孩的心中，她不仅很开心，而且会在潜意识里告诉自己：要做一个好小孩。

说女孩想听的，听女孩想说的

80：20，与女孩对话的黄金法则

不知道家长们是否经历过这样的情况：当你拖着疲惫的身体，努力地打起精神，准备和女孩好好沟通的时候，不是被女孩三言两语打发了，就是被噎得半天回不过神来，不但不能达到了解女孩的目的，还惹了一肚子气，以致逐渐丧失了和女孩谈话的兴趣。家长们会感觉到自己越来越不了解女孩，越来越不知道该怎样教育女孩。因此，父母们一定要学会与女孩交谈的技巧，而这个技巧，就是有名的"二八"法则。

1897 年，意大利经济学家帕累托偶然注意到了英国人的财富和收益模式，他发现，社会上的大部分财富被少数人占有了，而且这一部分人口占总人口的比例与这些人所拥有的财富数量具有极不平衡的关系。于是，帕累托从大量具体的事实中归纳出一个简单而让人不可思议的结论，如果社会上20％的人占有社会80％的财富，那么可以推测，10％的人占有了65％的财富，而5％的人则占有了社会50％的财富，这样我们可以得到一个让很多人不愿意看到的结论：

一般情况下，我们付出的80％的努力，也就是绝大部分的努力，都没有创造收益和效果，或者是没有直接创造收益和效果。而我们80％的收获却仅仅来源于20％的努力，其他80％的付出只带来20％的成果。

显然，"二八"法则向我们揭示了这样一个道理，即投入与产出、努力与收获、原因与结果之间，普遍存在着不平衡关系。小部分的努力，可以获得大的收获。起关键作用的小部分，通常就能主宰整个组织的产出、盈亏和成败。

所以，在做事情的时候最好是把自己的精力花在重要的少数问题上，因为解决这些重要的少数问题，你只需花20％的时间，即可取得80％的成效。而和孩子谈话，亦是如此。

家长和女孩能够顺利地交流思想，对于相互之间保持良好关系非常重要，任何一个家长都希望女孩能跟自己讲讲她们内心的感受，这样家长就可以理解和帮助她们了。但是，有多少家长能够保持经常和孩子交流呢？

得到的回答常常是："当然啦，我们经常说，可她一点也不听。"

其实，家长们所谓的交谈，其中很大一部分是唠叨、批评、说教、哄骗、威胁、质问、评论、探察、奚落……这些做法不管出发点是多么好，都只会使亲子间的相互关系更加紧张和充满敌意。试想，如果女孩是你的朋友，你总是板起面孔不管不问地说一大堆，那么你们的友谊还能维持多久呢？

家长要想收到最好的交谈效果，最好的方式是根据女孩的年龄和成熟程度把握好谈话的"度"。美国著名的成功学大师在教导人们怎样对话的时候，建议人们把80％的时间留给对方来发言，把剩下的20％的时间拿来提一些能够启发对方说下去的问题。可以说，对话的过程重在倾听，而家长们更是要懂得这个法则。

家长们常常犯一个重要的错误，就是他们说得实在是太多了。他们过早地对女孩进行长篇大论式的谈话，并且还常用一些女孩听不懂的词。那些在女孩很小的时候就开始对她们讲大道理的家长会发现，随着女孩的年龄增长，她们会变得越来越不好管教。当她长到十几岁时，她的妈妈又试图用严厉的惩罚来对待她，但是已经听惯了大道理的女孩甚至比一般的女孩更不能接受这种惩罚。

对待年龄小的女孩，侧重于管教

如果女孩只有两岁，家长们肯定无法向她解释清楚电源为什么是危险的。如果看到女孩的手已经伸向了电源线，家长要赶快用猛力把她的手拉开并且对她说"不可以，危险"，这样的做法会使女孩更加清楚家长的意思。

对待年龄大的女孩，则侧重于疏导

如果家长不对一个 13 岁的偷偷抽烟的女孩详细地解释尼古丁的害处，而是简单地责罚她，并不能收到很好的效果。在这些女孩的心理世界中，她们需要大量的空间去表达自己、需要耐心的听众，家长们一定要多多倾听，让她们说出自己的想法，并且及时解答她们的疑惑。这就像大禹治水，重在疏导，而不是想办法用东西堵塞。

三思而后言，不在气头上说话

妈妈和客人正在客厅聊天，女孩拿着试卷走上前来。"又考那么低！看看这分数！还好意思拿到我面前，真丢人！"妈妈抖着哗哗作响的试卷，像在寻求客人的同情。客人略显尴尬。

"看书去！怎么还不去！你真是笨得够呛！"

看到女孩没有动静，妈妈更加生气："我说错了吗？一直都这样，我看是改不了了！我也不抱什么希望了！"妈妈气愤失望的表情让女儿无地自容。

生活中总有这么一次又一次愤怒的时候，于是伤害女孩的话也随口而出。

"女孩还小，一两次考得不好是正常的情况，别这么说她了。"面对客人的担忧，妈妈说："小孩子不说她就不懂，非得我来骂她两句！"

其实年龄不是评判的标准，家长看似无意的言语其实已经渗透到孩子心灵深处了。

"孩子就得经常说，要不就忘，你看上次我跟她老师提了一次她尿床的事，以后不是再也不尿了吗？6 岁的孩子，说出来我都觉得丢人。"

自己尚且觉得丢人，更何况是作为当事人的孩子，不仅要忍受母亲的唠叨还要承受自己被当众揭短的难堪。

"你看看你，笨手笨脚还老忘东忘西的，上次打碎水杯，这次又丢了鞋！有哪件是好事啊？"面对一屋的客人，妈妈的嗓门一点都不小。

对于女孩，妈妈总是忘记一个事实：她和我们一样，也是个独立的个体，

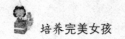

是一个和我们一样有着自尊的"人"。

先来设置一个场景，假如在公司的年终晚会上，有一个同事突然大庭广众之下笑说"你的舞怎么跳得这么差啊，就像是大象在扭动"或"你唱歌可真是难听"时，你是怎样的反应？

实际上，你当众愤怒地揭女孩的短时，她此刻的感受和你假设的场景是没有区别的。

其实任何人都会犯错，家长的不宽容让女孩日后也变得苛刻，对别人的要求也会多。当众揭短，女孩容易自卑，甚至永远走不出家长对自己的描述和定位。或者有的女孩抱着"无所谓"的态度，破罐破摔。既然已经这样了，大家也都达成共识，改了又能怎么样呢？

而且，因为家长一次又一次在气头上说的话，会使女孩认识世界的渠道发生了倾斜。在成长初期，女孩往往通过家长这个窗口来认识世界，来完成和巩固对自己的判断。家长的当众评价无形中对女孩认识世界造成了一定的错误指向，女孩会认为这个世界苛求完美，不会保护个体的尊严，在以后的生活中，女孩也极容易将此要求延续到和他人的交往中，甚至以后自己组建家庭后，她的家教模式也会受到严重的影响。

最后，女孩的小心灵也会惧怕赤裸地暴露在众人之前。家长如果是爱女孩就要真正地为她着想，停止嘴中的不满，尤其在众人面前。当问题出现时，家长不妨寻求解决的办法，这样远比批评有效。明确地告诉她，她做得不对，她要为自己的过错负责，建立了孩子的责任意识的同时又转移了自己的愤怒。

伟大的教育家洛克说："父母越不宣扬子女的过错，则子女对自己的名誉就越看重，因而会更小心地维护别人对自己的好评。如果父母当众宣布他们的过失，使他们无地自容，他们越觉得自己的名誉已受到打击，维护自己名誉的心思也就越淡薄。"

气头上的话，总是会放大过去的小抱怨，家长们千万要管好自己的嘴巴。

家长们不要因为自己一时口快造成永久的伤害

在家庭教育中，教育者的心态和教育的出发点直接影响着教育结果，所以不要因为她是你的孩子，就蛮横地在众人面前让她的缺点一览无余。或者因为无法掩饰你愤怒的情绪，就无辜地伤害女孩。女孩的自尊心有时就像是透明的玻璃物，碎了就很难粘和起来，伤害也许是永远的。

家长要克制自己不要在盛怒的时候批评女孩

有的时候家长也会明白女孩的自尊心非常敏感，不能伤害她。但是有时候看到女孩还是老样子的时候，就忍不住怒火攻心，恶语相向了。怎样避免这种情况？很简单，当你觉得自己在气头上的时候，就忍住怒气，离开女孩。当你有意识地躲避女孩，就会少说很多令她伤心的话。这也是一个无可奈何的解决方法。

女孩为什么不告诉你她在想什么

一位读小学的女生说，她很害怕放假："放假在家里，父母都上班了，只有我一个人在家，我很孤独也很害怕，没有人和我说话。爸爸妈妈回到家里，说的第一句话就是：'作业写完了吗'‘这一天你都干什么了'，他们从不知道我在想什么。晚上睡觉我从不拉上窗帘，因为我要和星星、月亮说话。我很想上学，因为学校里有同学，和同学在一起我感到很开心。"她不敢把自己的想法告诉爸爸妈妈，她说："他们根本不了解我。"

听到这个女孩的话，家长会不会觉得心酸呢？既为女孩的苦处难过，也为自己做父母的失败而伤心。每个父母都爱自己的女孩，可是，如果女孩连想法都不敢和父母讲，这就是父母爱的结果吗？

很多家长不知道自己的女孩在校的学习和表现情况，不知道女孩最近又交了哪些朋友，女孩的零花钱是怎样花的，女孩晚上外出在干什么，跟谁在一起，女孩的星期天在干什么。"我根本不知道她在想什么？"这是家长们最苦恼的。可是家长为什么不知道孩子在想什么？原因在哪里呢？女孩为什么宁愿向外人倾诉，也不把心里话告诉自己的父母？做父母的难道不应该反省一下自己吗？

有一位家长说："我工作很忙，一天累到晚，孩子确实顾不上。没办法，我只能用物质来弥补，她想要什么我给她买什么，可是孩子在想什么我确实不知道。"有些家长是单位上的"顶梁柱"，忙得顾不了孩子；还有一些父母生下孩子后推给老人或者保姆照看，忽视了父母在孩子成长过程中的作用。这类孩子由于缺少父母在心理上、品德上、精神上的爱抚、教育，造成孩子缺乏爱心和同情心。现在有的孩子在物质上很富有，但是在精神上却相当匮乏。在孩子成长过程中，父母的理解和关爱绝对不是高档玩具、保姆，甚至各种辅导班老师能够替代的。所以，家长与其不惜花钱给孩子买这买那，送孩子学这学那，不如多抽出一点时间陪陪孩子，不要让孩子陷入"情感真空"。

还有相当多家长对孩子说的最多的是"要好好学习"，中学以后，家长和孩子之间的谈话内容基本上是"学习"这一个主题。当孩子学习暂时出现困难时，有的家长不是积极鼓励，而是拿别人的孩子作对比，孩子敞开的心扉也许会因为家长一次敷衍的应答或粗暴的对待而从此关闭。有些家长为了维护其尊严和权威，往往对孩子实行命令主义，总要摆架子，树权威，个性固执，作风专横，孩子一开口就说她讲错了，孩子一动手，就说她什么都不会，对孩子过多地批评、指责，极少鼓励、赞扬。这种家庭教育方式让孩子怎么开口跟你讲心里话呢？

甚至还有些家长对孩子过于严厉，动不动就惩罚，罚扫地、做家务；罚不准吃饭、不睡觉；罚不准看电视、玩游戏。孩子稍有过失，动辄训斥，甚至打骂。这种粗暴惩罚的家庭教育方式造成孩子心理扭曲，性格冷漠，不要说跟家长沟通了，严重的会使孩子出走，交上坏朋友，走上截然相反的道路。因为孩子在家庭里得不到温暖，得不到尊重，得不到幸福，稍有诱惑，就会被坏人利用，受骗上当。

反省了自己的所作所为，父母们还能埋怨女儿与自己疏远吗？

和女孩交谈时，家长们尽量不要评断或批评她们所说的任何事情，因为没有必要把女孩提到的每一种生活经验，当成是她们应有所警惕的事情。假使家长在和女孩交谈时出现争辩、咆哮、喋喋不休、火气十足等情况，那么亲子之间的沟通也将因此受阻。

很多时候，关切女孩的感受更甚于给她们忠告。比如，家长可以这样问女孩："你看起来很生气"，或者"你好像有点不好意思"。类似这种说法，可以让女孩知道家长正在关心她们，也因此促使她们愿意开口说话。

一旦女孩打开话匣子，家长们一定要用心聆听。可以把工作摆在一旁，关掉电视机或者放下手头正在做的事，纯粹和她们交谈。只要家长的关心恰到好处，女孩一定会打开她的心扉的。

巧用时间和女孩进行沟通

当家长和女孩坐在餐桌旁、房间里，或者和孩子单独相处，这正是家人畅谈一天大小事情的最好时机。如果女孩年龄还很小，家长可以利用她们就寝前的这一点时间，和她们讲悄悄话，亲热一番；要是女孩的年龄较大，家长也可以利用这个时候，心平气和地和她们就某事进行沟通。

多用些心思，多了解女孩

如果家长们想提供给女孩有益的指引，就得了解她们生活状况的方方面面：她有哪些朋友；她和朋友在一起的情况；她在校学习情况；她和老师的相处状况；她有哪些兴趣；她有哪些困难……只要家长用了心，关心得恰到好处，女孩会很容易向家长打开她的心扉的，毕竟，她们需要家长的关爱和帮助。

当女孩提出你无法解答的疑惑时

游戏使女孩的综合能力大大增强，并且对新事物的好奇心也会被激发，尤其是到了快要入学的年纪时，女孩可能会变成一个"十万个为什么"，遇到任何事情都喜欢问问"为什么"：

"为什么有的豆子是青色的，有的却是黄色的？"

"为什么我早上刷牙在吃饭前，晚上刷牙在吃饭后？"

"为什么妈妈穿裙子，爸爸从来不穿？"

"为什么别人在看漫画，我却要在家里画画？"

一般的家长都会感到不胜其烦甚至是招架不住，就算有耐心的家长，也未必有能力一一解答女孩的问题。当女孩提出家长也不知道的疑问时，怎么办呢？

父母们一般会这样想：如果在女孩面前暴露出无知，就会威严扫地，这原本是人之常情。因此即使父母不知道问题的答案，也会编出一套说法，或者说"你以后就会明白了"，敷衍了事。

家长这样的心理可以理解，但是不能提倡。其实，父母在女孩心中的威严并不完全建立在"博闻多识"这一条上，对事情的态度、对女孩的信任和尊重、在工作上取得的成绩、夫妻之间的评价都会影响到女孩对父母的认识。如果一位爸爸在平时的生活中很积极，面对家庭的困难也毫不气馁，对妈妈和孩子都呵护备至，常常得到邻居的称赞，那他在孩子心目中就会有很好的形象，即便遇到问题不会回答，孩子也不会因此改变对爸爸的崇拜。

另外，承认错误固然是一种勇气，而承认自己的无知则更需要勇气。当家长在女孩面前真实地说出自己也不知道的时候，女孩与家长的距离或许会更近。让女孩明白世界上没有全知全能的人，即使是成年人也有很多不明白的事情，这样也可以避免女孩从小过于崇拜父母、长大后对父母失望的落差心理。

当然，承认自己不知道还只是回答问题的第一步，如果就说一句"我也不知道"然后就走人了事，确实会让女孩感到失望。怎样弥补无语的状态呢？当女孩的提问兴头在没有回答的情况下大减时，家长们不妨说一句："虽然我现在不知道答案，但是我知道在哪里可以找到答案。让我们去图书馆寻求神秘的答案吧！"听到家长的这番话，女孩会马上兴奋起来，想去图书馆探个究竟。

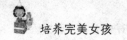

陪女孩发现问题、探讨问题，答案是什么并不是最重要的，关键是让女孩练习独立思考、判断的能力，学会运用资源去解决问题，她才能享受明白事理的喜悦。

家长总认为孩子什么都不懂，其实，孩子的心灵深处绝对不是一片空白，尽可能地将你知道的道理用简短的话解释给孩子，就能激发他心中的思维系统。当他有疑惑的时候，你可以告诉他："为什么不听听老师的说法"，"你尽量去理解，也不用着急，以后会有很多机会来学习的。"这绝不是逃避责任，而是在为孩子缓解无知的焦虑。

独立解决问题的能力是拉开人与人之间的差距的重要指标，当孩子向你提出难以回答的问题时，不要回避或假装知道，尽管把真实的情况告诉他，让他学会独立去解决问题，这样的孩子才能成长得更扎实、更健康。

爱提问题的孩子，一般都是善于思考的。所以，家长们千万不要打击女孩提问题的积极性，如果家长经常说"你脑子里想的都是什么乱七八糟的啊"或者说"你怎么总是这么多废话啊"，这些话会刺伤女孩的自尊心，并且会使她不再愿意发表自己的古怪想法，对她的成长是极为不利的。作为家长，更应该鼓励女孩多提出问题，并且赞叹她的奇思妙想。

向女孩"索要"关爱

不懂得爱父母的女孩很难学会爱别人，这一点尤其值得家长重视。因为随着独生子女的增多，自私自利、以自我为中心的"小公主"也逐渐增加，这些女孩只懂得无止境地索取，心安理得地接受父母和他人的爱，却吝啬得不肯付出一点。

一位妈妈给3岁的女儿买了盒新鲜的点心。小女孩津津有味地吃着，爸爸走过来说："什么好吃的？让我尝一尝。"没有想到的是，女孩按住盒子盖大叫："不给，不给。""小东西，别这么自私，给一块。"爸爸故意从盒中抢了一块点心咬了一口。结果女孩大哭起来，非要爸爸吐出来不可。妈妈连忙跑过来哄着："宝贝别哭了。都是爸爸不好，咱们打爸爸。"女儿大叫着："坏爸爸！坏爸爸！"最后在爸爸连声的"认罪"中，女儿才破涕为笑。

这个故事中，不仅女孩的做法让我们感到很无奈，妈妈的做法更加让我们深思。难道我们就不可以从女孩那里得到一些关心吗？我们作为家长为什么只是一味地奉献，但是却不告诉女孩爱别人才是她今后走向幸福生活的必需？善良和同情是女孩的天性。其实1岁前的婴儿就有情感反应，别人哭她会随着一起哭；一两岁的幼儿看到别人哭，就会拿自己喜欢的玩具去安慰，这表明她已能清楚地分辨自己和他人的痛苦，有了想减轻别人痛苦的本能，这是爱心先天的自然流露。可如果后天得不到很好的培养，她们的爱心就会逐渐消失。有一对父母在这方面的做法希望能对家长们有所启发：

一鸣的父母为了培养一鸣的良好品格，让一鸣从小就关心父母、不小气、不自私，每次吃东西父母都要她和父母分着吃。有一次，一个朋友从外地带来了一筐橙子，父母要求一鸣每次吃橙子都要拿出3个，最大的两个给父母，小的留给自己。开始一鸣每次都做到了，可是，当筐里只剩下三个橙子时，一鸣却舍不得了。这时爸妈就告诉一鸣：越是好的东西少的时候越能考验人，这时，你能想到把好的、大的橙子给长辈，才是真正的好孩子，要求一鸣继续坚持以前的做法。最后，一鸣是一边哭着一边把大的橙子分给父母，而且眼泪汪汪地望着父母，希望他们不要把橙子吃下去。这时，妈妈给爸爸使了个眼色，一瓣一瓣地把橙子吃掉了。两个橙子到底是什么味儿，谁都没吃出来，因为他们也"心疼"。但从这以后，一鸣遇事总是先想到爸妈，逐渐养成了关心父母的习惯。

如今的孩子，大多是独生子女，得到了太多的关注与爱，可是很多家长却常忽视孩子的爱心教育。爱心是要父母精心培育的。有一位母亲在这方面做得很好：

我常跟女儿说的一句话就是：有女孩真好！女儿小时候长得比较胖，刚学会走路时，我抱她上楼梯就很困难，所以我就有意识让她知道：自己能做的事情一定要自己做！要让她知道，在家里爸妈的想法也非常重要，做事情要学会为别人着想。在关键时候要充分发挥她在家里的作用。比如，每次回家，都要让她力所能及帮我拎一点东西，让她知道，妈妈一个人拿着很累，需要她帮忙，而且她也应该帮妈妈。有时候心情不好的时候，就告诉她，要体谅一下妈妈，不要让妈妈烦，妈妈很容易发脾气。往往这个时候她就会很主动地说一些我喜欢听的话，还会表现得特别乖。

让女孩分担一些家庭中的事情

父母不应该让女孩在家中当特殊人物，养成衣来伸手、饭来张口的坏习惯。父母要让女孩知道，家庭中的事务每位成员都有义务承担。要循序渐进地教女孩做些力所能及的事，比如擦桌子、摆放碗筷、摘菜叶、洗手绢等。在女孩稍大些时，还可以让她分担相对重要的家务，既让她获得成功感，又使她从小养成勤劳的好习惯，并从中体会到父母为家庭付出的辛劳和养育之情，体会到爱是需要付出的。

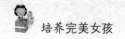

爸爸妈妈要相互"串场"

若是爸爸和自己女孩说："孩子啊，你爸爸不容易，你要好好孝顺你爸爸。"或者妈妈经常对女孩说："孩子啊，妈妈天天忙里忙外的真不容易，你以后一定要好好心疼你妈妈啊。"其效果不如爸爸妈妈之间相互夸赞，爸爸对女孩说妈妈好，妈妈对女孩说爸爸好，这样的话，女孩既懂得爱爸爸又懂得爱妈妈了。

让女孩在平等的氛围中表达

帮助女孩合理宣泄感情

女孩是天真无邪的，她们的喜怒哀乐很真实，也很强烈，这往往直接支配着她们的行为。同成人一样，女孩常常利用多种情绪来表达自己的需要与愿望。烦恼、攻击、挫折、愤怒这些侵犯性情感是点燃攻击性行为的导火线。因此，父母和老师应当更多地体察和理解女孩的情绪变化，为她们创造一定的条件，帮助她们将这些不良情绪发泄出来。

很多父母都认为，女孩没有太多学业上的负担，不愁衣食，受到的照顾无微不至，她们不会有什么压力。怎么会抑郁呢？其实，现在的女孩在得到铺天盖地的爱的同时，却越来越失去了随心所欲地玩的自由；在得到大量玩具的同时，却失去了与父母拥抱、游戏和谈话的机会；在幼儿园，教师与女孩、女孩与女孩之间有时会有一些矛盾发生，如受到批评、不能与小朋友友好相处，这些都会使女孩产生压力感。

在女孩的眼里，这是一个陌生的世界，每天都会有很多新的事物发生。女孩正以惊人的速度吸收各类不同的信息，结果她每天都发现很多不可理解的事情。爸爸妈妈可能会离开一段时间，不知去了哪里，还会不会回来？白天在街头看见一只大黑狗，晚上睡觉时就会想，狗会不会趁我睡觉的时候走进我的房间咬我呢？或者会不会有魔鬼躲在我的床底下呢？妈妈送我上幼儿园，爸爸、妈妈都不去，为什么我要去呢？幼儿园是什么地方？这些忧虑使女孩不安和恐慌。

有的女孩在小小年纪就遇到了感情上的重大打击，如亲人去世、父母关系紧张或离异、考试失利（特别是未考上理想的学校）等，往往会出现情绪上的强烈反应。此外，学习成绩不好，长相不出众，总认为自己处处不如人，不受老师重视，不引人注目等，也会使女孩产生一种失落感。

抑郁使女孩感到孤立、恐惧和不快乐。女孩抑郁起来并不知道自己哪里不对，只知道自己的感觉糟透了，不像以前的自己，心里的那种感觉会越来越糟糕。甚至有一些女孩还会通过饮酒、上网聊天、吸烟等来排解抑郁，但是这样的结果往往会使她们的抑郁加重，还有一些人试图自杀。

在日常生活中，父母要培养女孩开朗、自信、合作的性格，与女孩建立互相平等、互相尊重、信任的关系。父母不以家长的权威强迫、压制女孩，尊重女孩的意见。当女孩从父母那里体验到父母对她的尊重时，她就懂得了要尊重别人。

即使当女孩发生了比较激烈的事件时，父母也不能用简单粗鲁的方式处理，这会使女孩萌生愤怒感，非但不能解决问题，而且会造成破罐子破摔的不良后果。这时，父母应耐心地与女孩沟通，倾听女孩诉说，减轻女孩的心理压力，同时要帮助女孩正确地面对事件，妥善处理好与同伴的关系。

父母应该帮助抑郁的女孩缓解情绪

尽管并不是每个女孩都有患抑郁症的可能，但也应该引起父母的特别警惕，当女孩遇到困难、情绪压抑的时候，我们应该及时告诉女孩，不要把烦闷锁在心里，有不开心的事情要说出来。此外，还可以教给她一些宣泄情绪的小窍门，比如让她大哭一场，或者做一件自己喜欢的事情，还可以和好朋友倾诉等。

帮助女孩找到发泄情绪的合理途径

当女孩感到情绪郁闷但是无法发泄的时候，父母可以通过一些方法来帮助她们。比如说，可让女孩用语言发泄情感，创设悄悄话角，当她们感到愤怒时，独自大喊大叫，舞动自己的手臂。又如：可让女孩通过运动形式表达情感，设立体育角，当她们想打人的时候，就打陀螺，用沙包击靶子，或戴上手套任意打击沙袋，也可任意在垫子上翻滚，这样使女孩将自己的情感发泄到一个合适的替代对象上，从而得到心理的满足。

不可以用命令的口气和孩子说话

在我们的周围，总会看到这样的现象：

"去，给我回家写作业去！"

"不准说话，赶紧吃饭！"

"今天必须去辅导班听课……"

在父母教育女孩的过程中，很多家长都忽略了，女孩是发展中的个体，具有独立的人格和鲜明的个性心理特征，在向周围世界学习的过程中，她们处于主体地位，是学习的主人，家长应培养富有创造性和主动精神的女孩，让她们在探索中发现，在发现中提高和成长。

因此，了解女孩、尊重女孩、激励女孩、诱导女孩是成功的教育方法，强迫责令，以成人为中心，往往使女孩被动，收不到好效果。命令的方式应慎用，绝对不能滥用。

对此，女孩家长在与女孩的沟通过程中要注意自己的方式，如何说女孩才肯听，如何听女孩才肯说呢？

仔细分析一下，女孩不愿意听从家长命令的原因，不外乎这几种：

1. 当女孩玩得开心之时，家长硬性命令女孩去洗脸，孩子不去，成人便强硬拖着女孩去洗，孩子很委屈，有时还大哭大嚷。其实，只要好言相劝，或能使女孩快快洗了脸又来玩，或稍等片刻再去洗，让孩子再玩得开心一些，这样反而更好。

2. 当女孩用手抓饭吃，妈妈打了一下手，女孩哭了，正在哭得喘不过气来之时，爸爸命令女孩："不要哭，闭上嘴！"女孩怎能一下子憋住这口气呢？纵然成人是一番好心去教子，但实际上起了摧残心灵、摧残健康的副作用，这种命令是女孩不能执行，听从不了，也不应该听从的。

3. 有时一些可听从、可不听从的命令多了，反而会强化女孩不听从命令的习惯。家长在命令女孩时，应该注意不多用、不滥用"命令"，一旦运用便要求女孩认真执行，鼓励肯定女孩执行命令的优点。"命令"要下在女孩有可能接受、有时间准备、又能尝试成功的点子上。尽可能让女孩会乐意去执行，而且会完成得挺好。当命令执行不好的时候，要帮助女孩检查原因，改正错误，并鼓励她下次完成好。

家长也可以尝试着把自己在工作单位执行命令的情况，编成小故事，讲给女孩听，启发女孩的学习和模仿能力。

对家长而言，和女孩交流沟通绝对不是一件无足轻重的小事，它关系到家长与女孩之间的和谐关系，关系到对女孩求知欲的培养以及对其人格的尊重。但遗憾的是，现代家庭教育中，与女孩的有效沟通总是被忽视。

父母应该重视与女孩的沟通，这样才能走进她的内心世界，知道女孩在做什么、想什么，才能更切合实际地为女孩的成长提供一个良好的环境。与女孩沟通就应该像对待大人那样对待女孩的提问。

这个时候，父母首先应意识到不能马马虎虎回答女孩提的问题，而要尽量拿出合乎道理的解答。大人采用有逻辑性的、科学的回答方式，是想让女孩能正确认识问题。但在女孩看来，无论对其做什么样的回答，都不能全部消除其疑问，因此，大人就没有必要一定坚持回答的正确性。

同时，很多人会问，如何用沟通代替命令，跟女孩成功地沟通呢？

教育专家给我们的建议如下：

第一，成功的家庭沟通，应该注意以下因素：理解、关怀、接纳、依赖和尊重。理解要求父母孩子双方能够设身处地地为他人着想；关怀不但存在于内心，更要切实付诸行动；接纳要求考虑到每个人的个性，懂得欣赏人们身上的优点；依赖是要做到既信任别人也信任自己；而尊重是指尊重他人特别是孩子的权利，尊重他们的意见和选择。

第二，要建立一种积极健康的家庭沟通交流关系，应该改变父母是决策人，孩子是接受者这样僵化的家庭角色的分配。父母在家庭教育中应该懂得进行角色交换，每一个家庭成员都可以对他表述的愿望予以积极地辩解。

当女孩能够参与讨论家里的通常是成年人的问题时，她才能够更好地理解父母，而父母一方面可以调动孩子的主动性，使自己清楚地认识孩子的才干，另一方面可以得到有关自己教育的反馈信息。

综上，父母与女孩通过沟通，才能让女孩明白"理解、信任、承诺、准时"等观念的重要。通过沟通，最容易让女孩站在他人的立场上思考，也最容易让女孩养成理解他人的习惯。只有这样，女孩才有可能成为一个全面发展的优秀人才。

家长要学会沟通的艺术

做家长的要学会沟通的艺术，当你的女孩"倔脾气"上来时，不要一味的责骂，学会与女孩交朋友，因为在女孩面前我们不仅仅是父母，还是女孩的朋友。家长应该设法巧妙地从与女孩的对抗中解脱出来，不应该继续与女孩抗衡下去，在女孩缓过了顶牛情绪，心平气和，情绪良好之时，也会接受意见，改正错误。

善于做自我批评的家长会使女孩心服口服

如果家长的命令不合适，应该做自我批评，这样会使女孩心服口服，因为平等的亲子关系，会给双方以好的感受。如果不来个缓解过程，既伤了心、又伤了身体，大家情绪都不好，甚至造成成人与女孩之间的隔阂。

"蹲下来"和孩子说话

成功的家庭教育，一定是民主的教育，与女孩平等相处，特别是交流的时候，最好家长能够蹲下来与女孩的目光平视，以平等的姿态与女孩相处，对女孩正确的想法和行为给予充分的肯定。

林俊访问澳大利亚归来，那里的许多人和事仍历历在目，如一些家长蹲着同小孩子谈话，和孩子在一个水平高度上面对面地谈话，给他留下了很深刻的印象。

一个周末，学校的一位秘书尼蒂请他到她家作客，他又一次见到这动人的情景。尼蒂有一双可爱的儿女，当他们准备乘车一同去超级市场时，4岁的女儿因为哥哥先坐进汽车而不高兴，尼蒂在车门口蹲下来，两只手握住女儿的双手，脸对脸，目光正视着孩子，诚恳地说："罗艾姆，谁先坐进汽车并不重要的，对吗？"罗艾姆看着妈妈会意地点点头，钻进了汽车并挨着哥哥坐了下来。第二天上午，我们和孩子们去公园玩。当罗艾姆同哥哥跑跑跳跳，要到湖边去看戏水的鸭群时，不小心绊了一跤，眼泪在她的大眼睛里滚动着，马上要流出来了。这时，尼蒂又很自然地蹲下来，亲切地对女儿说："你已经不是小宝宝了，是不是？你已经是个大孩子了，绊一下是没关系的，对吗？"这时，林俊也学着在一旁蹲下来，面对着罗艾姆说："是的，你是个大孩子了，对吗？"孩子一下子就收住了眼泪，很自豪地玩去了。这时，林俊禁不住同尼蒂谈起了这样的教育方式。她说："与孩子说话当然要蹲下来呀！他们年龄小，还没有长高，只能大人蹲下来，才能平视着说话。在我小的时候，我的父母就是这样同我们说话的。我们认为，孩子也是独立的人，因为他们比我们矮一些，我们就应该蹲下来同他们说话。"

可是，在我们国内，却常常可以看到父母站在那里，大声呵斥孩子："过来！别摸！""去！去！去！别烦我"等等居高临下、命令式的语言语调。从说话态度来看，中国父母比外国父母威风得多，可在孩子心目中的父母，却并不可敬，使得双方的沟通效果反而很不好。

其实，是否蹲下来与女孩说话，只是一种方式问题，重要的是在父母心中，是否把女孩真正当作和自己一样，具有独立人格的个体，这才是问题的本质。这会影响到家长能否以正确态度对待与教育女孩的一系列问题。

你是否也会蹲下身来与女孩交谈，有没有发觉女孩不愿意对你敞开心扉？如果发现她总是不愿与你交流，就该反省一下自己了。

看了文中尼蒂的事例，对这位母亲的做法有何感想？你赞同她这样做吗？

每次女孩有事要问，或是欲与之谈话时，你是居高临下、严肃地说话，还是俯下身平等地看着孩子说？

你认为家长有必要树立并维持家长的威严吗？

很多家长之所以与女孩交流的效果不好，就是因为家长与女孩交谈时，往往以长者自居，对女孩缺乏应有的尊重。大多数父母总喜欢把女孩当作小"豆包"，没有在情感上给她们公平的待遇。殊不知，女孩早已有了自己的思维与尊严，她们渴望与大人平起平坐，渴望大人把她们当作平等的个体来看待。

家长们已经习惯了站在成人的立场，以成人的思维方式为女孩分析问题，告诉她们应该如何去做，这会使她们怯于亲身去体验。如果家长坚持认为自己的知识渊博，总是滔滔不绝地向女孩灌输，不厌其烦地纠正女孩的错误，就限制了女孩自己去积累知识的机会。而且这种认为女孩这也不行那也不行的态度，会极大地打击她们的积极性，使她们丧失自信。学会站在女孩的角度思考问题。家长将自己所要表达的爱，是要对方接受的，千万不可因"爱"而生"碍"。

父母要做到平等地对待女孩，就要抛弃那种居高临下与女孩谈话的姿态，而要蹲下身子，以平等的态度对待女孩，与女孩的目光平视。

人与人之间的交往需要在思想上和感情上平等交流，无论是蹒跚学步的女孩，还是已经上学的女孩，都有这种渴求。平等，不仅在大人之间，大人与女孩之间也需要平等。

纪伯伦说："孩子来自你的身体，但是不属于你……你可以给他们爱，但不能塑造他们的思想……你们是弓，你们的孩子是从弓上发出的生命箭矢。"

教育女孩，首先要尊重女孩

要教育女孩，首先要尊重女孩，在与女孩交流时要平等，在此基础上才会努力地去理解她的想法。这种平等的关系会使女孩愿意同父母交流，并能听得进父母的说教，这是做好子女教育的首要条件。为了做到这些，我们在对女孩的教育上要尽可能地多一些人性化，从女孩容易接受的事和有关的问题出发，给她提建议，让她明白哪些该做、哪些不该做。女孩最初受人尊重的感觉是从父母那里得到的，尊重别人的意识也是在日常生活中经过多次的训练、教育和不断地强化而逐渐建立起来的。而且只有那些能够得到父母的尊重与爱的女孩，才会懂得如何去尊重别人、爱别人。所以，家长请不要忽视女孩的"平等观"。爱她就要让她知道你很尊重她。应放下长辈的架子，蹲下身来与女孩交谈，而不要总给女孩"高高在上"的压迫感。

用理解与希望倾听的语气与女孩说话

家长们用理解、希望倾听的态度与孩子们谈话，就是向孩子表示尊重她们的能力，尊重她们的独立性。尽管父母认为女孩所做的许多事情不尽如人意，但是，也不能因此显出不屑一顾的样子，更不应该挑剔指责过多。作为父母，应这样和女孩沟通："我想听听你对这件事是怎样理解的？""让我弄清楚是不是理解你所说的。"如果家长肯丢掉成年人的认识框架，愿意从女孩的角度来理解她们的世界，并给予引导，就会使她们通过自己的经验学到知识。千万不要以父母的权威压抑女孩。

不要和女孩一样任性

任性似乎是女孩子的天性，若遇到什么不顺心的事，小嘴一撅，就哭个不停，生气的父母实在受不了，竟也学着和女孩一起任性起来，拉她，扯她，骂她，打她，却不会心平气和地和她谈上一谈，很多时候女孩的任性是善意的，如果父母也学着任性，那就不应该了。

美国儿童心理学家威廉·科克的研究表明，孩子任性也是一种心理需求的表现。他指出，随着生理发育，幼儿开始逐渐接触更多的事物，但是却不能像成人那样对这些事物做出正确的判断和评价。

女孩只会凭着自己的情绪与兴趣来参与，尽管这些事物往往是对她不宜、不利，或者是有害的。

而家长多以成人的思维去考虑女孩参与的结果，完全忽略了女孩参与的情绪和兴趣。实际上，这种情绪和兴趣，正是女孩心理需求的一种表现方式。

5岁的苏苏看到邻居小朋友的一辆遥控小汽车很好玩，回到家后，便向妈妈提出了要求："妈妈，我要小汽车。"

"好，"苏苏妈满口答应下来，"明天去买，今天商店关门了。"

"不，我要小汽车，我现在就要。"苏苏坐到地上，哭叫起来。

"你这孩子，怎么这么不听话。"苏苏妈急了，一把拉起苏苏，"都答应你了，你还想怎样。"

然而，苏苏却一直没有安静下来。

她反反复复地重复着那句话："我要小汽车。"

这件事情从表面看来是苏苏太任性，在无理取闹。其实真正的原因是她看到那个小汽车上有个小灯在一闪一闪的，她很想知道那个小灯为什么会闪亮，这是一种好奇的心理需求。当这种心理需求得不到安抚和满足时，苏苏只能以哭闹来表示抗议。

处于独立性萌芽期的女孩，一切事物都想亲力亲为，想弄个透彻，这原本是好事。但是，这种"亲力亲为"的心理，往往会在不合实情中表现出来。

这种任性，实质上是一种与家长对抗的逆反心理，其根源又在于家长初始没有重视她的心理需求。

面对这种情况，家长切不可简单地以女孩任性来对待。只要家长了解女孩的心理需求，并认同这种需求，给以足够的重视。

例如，上文中苏苏的妈妈，就完全可以和女孩聊聊那辆小汽车，聊聊车上的小红灯，并对明天和女孩一同买、玩小汽车进行想象。相信解决女孩的任性并非难事。

一般说来，女孩产生任性的原因主要有两个：

首先，由于女孩的认知水平不高，不善于从他人的角度考虑问题，她们只能考虑自己的需要、自己的情感，尤其是三四岁的女孩，由于活动能力比3岁前大有进步，于是在活动中追求自主，力图表达自己的意志，因此，常常不肯按照家长的意图来办事。

另外，如今的父母大多过于宠爱女孩。女孩要什么，父母就给什么，甚至一些不合理的要求也迁就答应，养成了女孩以自我为中心的习惯，一旦遇到不顺心的事情，女孩就会大哭大闹，直到家长让步为止，渐渐地，女孩发现了，只要自己坚持，家长就会让步，自己的要求就会满足，于是就养成了任性的性格特征。

从心理学的角度来看，任性是儿童意志薄弱、缺乏自控能力的表现。

但是，女孩的任性并不是天生的，而是家长不良教育方式的结果。有些家长抱着侥幸心理，认为女孩现在还小，有点小性子也没有关系，等女孩大了自然就会好了。

有一些家长，则以自己的任性来对付女孩的任性，"你越不听，我非要你听不可"；还有一些家长，每当女孩任性的时候就互相推诿，爸爸说是妈妈惯的，妈妈说是爸爸宠的。于是，女孩不是出现狂躁、郁闷等异常情绪，就是毫无顾忌地张扬任性。

美国心理学家斯考特·派克认为，家长对孩子的溺爱和对宠物的爱有着惊人的一致性，可以说是一种父性或母性的本能。它并不需要努力，也不需要经过意志抉择，并且对心灵的成长毫无帮助，所以不能算是真爱。虽然溺爱也能帮助建立亲密关系，但要养育健康而心智成熟的孩子，还需要更多的东西。

派克认为：爱不光是给予，它是合理的给和合理的不给；是合理的赞美和合理的批评；它是合理的争执、对立、鼓励、敦促、安慰。所谓合理，是一种判断，不能只凭直觉，必须经过思考和有时不怎么愉快的取舍决定。

并且，这样做的人经常会处于一种两难的困境当中，一方面要尊重所爱的人在生活和人格上的独立，一方面又要适时提供爱的引导。

这种真爱复杂而艰巨，需要认真思考，需要不断创新。相反，溺爱不管看起来是多么富有牺牲精神，也是懒惰的、缺乏思考、陈旧、僵化，而且一成不变。最懒惰的就是放纵型的溺爱，因为这样做的父母放弃了思考，而让没有控制能力的女孩去发号施令。

爱是合理的给予合理的不给，面对女孩不合理的要求，父母要学会对女孩说"不"，但是当面对女孩善意的任性时，父母就应该心平气和地同她讲道理了。在父母给女孩的道理中，她能体会到一些棍棒教育不出来的东西，也只有这样的父母才会培养出一个富有耐心而懂得交流的女儿。

添加适量的肯定和激励

不拿自己的孩子和别的孩子随意比较

有一些女孩子自尊心极为强烈，也很敏感，但她们同时也很好强，不愿意服输，总想做那个佼佼者。所以，父母的有些话仿佛一根针，深深刺痛了她们的心，在这种情况下，她们很有可能会一蹶不振，甚至自毁前程。有些时候，这些现象完全是因为父母的不当比较造成的。

有的女孩，我们认为她"笨"，可能仅仅是我们拿她的弱项和其他孩子的强项比较的结果。

很多时候家长们只看到女孩弱项的一面，而没有发现她们的强项。如果哪一天家长发现了她们的强项，那么，她们就会变成这方面"前程远大的高才生"。所以，家长不要因为女孩在某一方面"不可造就"，就将其整个人及今后的发展全部否定了。

小花是个内向的孩子，从小生活在爷爷奶奶身边。

爷爷奶奶有他们自己的工作要做，没有多少时间注意小花，因此小花就越来越沉默了，整天一副心不在焉的样子。

后来小花又回到了父母身边生活，但妈妈脾气暴躁，常常会责骂她。而让小花最难过的就是，妈妈总喜欢用比较来证明她有多没用。

"你简直白活了这么多年，看看你的成绩，真让我为你感到难过。你看看隔壁的小佳，她和你念同一年级，年龄比你小 2 岁，可成绩却比你好。"

小花的学校举行游园会，邀请家长一起参加，孩子们为家长表演了一场舞台剧。

小佳是主角，她打扮成公主站在舞台中央，而小花则扮演一位端水的仆人，而且由于紧张，小花还在舞台上摔了一跤，惹得家长们哈哈大笑。

回到家以后，小花的妈妈又开始责骂起女儿来：

"怎么搞的？你为什么要在大庭广众之下丢人！看看人家小佳，打扮成漂漂亮亮的公主！你呢，卑微又丢脸的仆人！你为什么就不能学学小佳……"

在母亲的责骂声中，小花脸色惨白地缩在椅子上，心里只有一个想法：该死的小佳！没有她，妈妈就不会再这样责骂自己了。

在以后，小花就对小佳产生了严重的嫉妒心理，生活得越来越压抑，最后患上了心理疾病。

很多家长都喜欢攀比，别人的孩子上一个什么班，那自己的孩子绝不能落后。其实，这种不根据女孩实际情况而盲目攀比的行为，最后的结果只能是害了女孩。

"别人行，你为什么就不行？"这是许多家长训女孩的口头禅。

某女士一说起女儿的学习，就显得特别激动："我们做父母的舍不得吃舍不得穿，一心只想女孩好好读书，可她就是不争气。我姐姐的孩子比她还小1岁，学习从来就没让父母操过心！我横看竖看，我们的孩子不比别人差啊，别人行，她为什么不行呢？"

没有一个女孩愿意承认自己比别人差，她们希望得到成人的肯定，她们对自己的认识也往往来自于成人的评价，而这种肯定式的评价对女孩自信心的培养亦是尤为重要的。

父母总是强调女孩比别人差会使女孩经常自我否定，当女孩遇到困难就会恐慌、退缩，从而对女孩的心理造成伤害。

家长要学会欣赏女孩，不要总是拿自家的孩子与别人比较，孩子之间是无法比较的。每个女孩都是自然界最伟大的奇迹，以前既没有像她们一样的人，以后也不会有。

由此，家长们要让自己的女孩保持自信！不论好坏，都要鼓励女孩在生命的交响乐中演奏属于自己的乐章。这是最大化女孩潜能的重要通道，也是最大化女孩自信的源泉，更是使女孩实现人生价值的必由之路。

曾经有一位家长，自己是大学教授，才高八斗，对女儿要求极严。

别人家的女儿钢琴弹得好，他马上叫女儿学钢琴，女儿钢琴上不去，他就气急败坏；他又让女儿报考奥校，希望在理科思维方面一举成名，结果落了空，他极为沮丧，觉得养女儿没有什么意义，整天在家里苦着个脸。

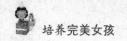

其实，女孩的发育是健全的，只是她的兴趣不在这些方面。女孩说喜欢一个人待在屋里浮想联翩，幻想自己上九天、下五洋。这样的女儿，在她父亲看来，既不争气，也不中用。

而主张"人性教育"的专家认为，这样的女孩优点集中，尤其是哲学思维发达，性格敏感，想象力丰富，如果从事文学、哲学和历史方面的学习，一定大有前途。

每个孩子的智力发展是不均衡的，每个人都有各自的强项和弱项。如果孩子找到自己的最强项，使潜力得到充分发挥，便可取得骄人成就。

有一个女学生，她的父母看到邻居家的孩子因为一篇作文而被南开大学免试录取，于是，父母便强迫孩子学语文、写作文，不料一个学期下来，孩子的写作能力并没有多大起色。

在和别人的攀比中，孩子的自信心也一点一点被消磨下去，最后彻底失去了学习的兴趣。不得已，父母把孩子送到了一位教育专家那里。

在和这个学生接触的过程中，专家发现她并不像他母亲所说的"是个笨孩子"，除了有点自卑意识外，并没有其他学习障碍。

经过一段时间的教育，这个学生对化学产生了浓厚的兴趣，专家就鼓励她去做实验，去探索、去发现更多的为什么。

这个学生的智慧火花一下被点着了。后来，这个学生考上了一所高校的生物化学专业，毕业后又考上了另一所高校的研究生。

家长要包容自己的女孩，包容就是不去指责女孩的缺点，更不要拿女孩的缺点与别的孩子的优点比较，这样做只会刺伤女孩的自尊心。更不要以别的孩子的标准来苛求自己的女孩。当女孩老拿自己跟别人比的时候，做家长的应引导女孩做正确的比较，让女孩树立对自己的信心。

鼓励女孩"自己只和自己比"

常言道："人比人，气死人。"这个世界永远是天外有天，人外有人。如果女孩喜欢和别人做比较的话，那就永远没有出头之日了。家长们应该这样告诉女儿："不论是学习还是生活的各个方面，自己只和自己比，不要和别人比，你肯定比不起。但是，你自己和自己比的话，只要让自己每天进步一点点就足够了。"通过家长这样的劝慰，女孩就会专心于让自己每天努力取得进步，自然会变得越来越上进。

永远不要说自己的女儿差

不少父母老想给女孩树立榜样，拿自家女孩的不足与别人的长处相比，这是一种盲目的教育心态，父母的这种教育方法容易使女孩产生挫败感，不利于培养女孩的自信心。

用女孩的方式去爱她

爱自己的女孩恐怕是这个世界上所有父母都能够做到的事，但是真正会爱女孩的父母却不多。因为爱也是一门艺术。尤其是对于女孩，要爱得适时、爱得适度、爱得得法都有一定的讲究。

爱女孩，首先就要从了解女孩开始，因为自己的女孩自己最清楚，这是大多数家长这样认为的，可是我们真正了解女孩多少呢？

我们了解她的欢乐吗？

我们了解她的寂寞吗？

我们了解她最讨厌的事吗？

大部分的家长都把眼光放在了 5 年、10 年、20 年甚至更长的时间之后，希望从小抓起，让自己的女孩成为一个好学生、好孩子、有用的人、出色的人。可是，家长们不能忽略的是，真正的爱应该以女孩的方式爱她，并不一定要女孩按照我们的期待来成长，而是让她成为一个快乐的人。

女孩在成长中最需要的是什么？女孩和男孩在成长过程中的需求有哪些不同？不知有多少父母问过自己这个问题，又有多少父母能够给出答案呢？

打个比方来说吧，女孩和男孩看到同一条河流，男孩注意到的是它的速度和水量，目测它的深度，并估量自己是否可以穿过它到达彼岸；而女孩会注意那些跳跃的浪花、晶莹的水珠，有的还会脱下鞋子跳进河里，顾不得水流里是否暗藏危险。

因为男孩与女孩本身的区别，决定了父母教育女孩与男孩方式的不同。

文文一家到郊区野餐。

在爸爸的鼓励下，文文开始寻找各种各样的小动物，并且捕捉它们，要带它们回家做标本。在看到一只野兔时，文文的哥哥兴奋得大叫："快看呐，有一只野兔，可惜我们离它太远了，不然我们一定能将它抓住，做一顿美味的野兔大餐。"

听到哥哥的话，文文也开始紧紧盯着那只兔子，目光中充满怜爱。

午餐的时候，哥哥把他们看见野兔的经历讲给妈妈听，语气中充满遗憾，没想到文文却说："为什么要吃掉那只兔子呢，也许他们也是一家人出来晒太阳，享受今天的好天气呢。你想想，要是有人把你带走，爸爸妈妈该多么难过！同样的道理，我们怎么能从野兔的家庭里夺走一个成员，更别说残忍地

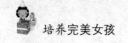

吃掉它了。"

从这个故事也可以看出，一般男孩富于攻击性，女儿富有爱心，因为女孩思考问题迥异于男孩，所以女孩父母需要依据自身的性别特质来教养女孩。

男孩有一个特点是靠行动来表达自己。但女孩不同，她是靠语言来表达自己，同时，她也是在与父母的交流与沟通中来获取父母对她的爱。其实，当女孩还在摇篮里时，就强烈地希望父母与她交流，因此，当一个女婴感受不到父母对她的爱时，她就会哭闹不止，但当父母凑到她面前，跟她讲上几句话时，女婴便会停止哭泣，转而用笑声和挥动的手脚来向世界宣告：她因得到父母的爱而兴奋。

女孩与男孩相比，女孩更注重父母对自己的评价。所以当女孩在某一方面取得成绩的时候，父母应该及时地给予鼓励与表扬。

女孩和男孩的不同并不仅限于此，由于大脑的细微差距以及大脑中某个部位的发育先后顺序及程度不同，也造就了女孩与男孩的差异。

有时，女孩比男孩更敏感。"听"是女孩得天独厚的心智能力，因此女孩对噪音的反应更强烈，同一种声音在女孩听来要比男孩听到的响亮两倍；在触觉方面，最不敏感的女孩也要比最敏感的男孩得分高；女孩的视觉记忆更好，在黑暗中女孩看得要比男孩清楚；女孩的味觉和嗅觉也比男孩敏感：女孩有更多的味蕾，更容易受到气味的吸引。正因为此，女孩更擅长调动自己的听觉、视觉、触觉、味觉和嗅觉等，捕捉到那些微妙的、不容易被人发觉的信息以及更为具体的细节，建立起自己的直觉系统。

这些都是父母应该细心关注的地方。

每一个女孩都能够发现使生活变得更丰富的诀窍，但是首先，她要能够感受到生活的温馨安宁。同时，女孩天生就有一种娇弱的特质，就像是鲜花，在盛开之前，需要更多的精心呵护；女孩是温柔的代名词，是世界的调和剂。如果女孩没有一个安定的生长环境，就难以拥有柔和的心灵。社会需要女孩来培养一种特殊的"亲密关系"，把所有的元素都糅合在一起，生成一个固定的整体，但是如果不被爱，女孩也就不会理解爱的内涵，也就难以完成这一历史性使命……

女孩需要父母更多的呵护与关爱，需要自始至终精心的培育。要想让女孩健康、快乐地成长，做父母的就要时刻按照女孩喜欢的方式爱她，让女孩感受到父母是多么在乎她、多么爱她，让她在健康和谐的环境下成长起来。

家长可以根据女孩的优势加以引导

有些父母还应根据女孩的空间感和抽象思维能力不如男孩这一弱势加以

培养。女孩更为薄弱的抽象思维能力使得她们在数理方面的学习较男生困难。当数学不再只是四则运算，必须学习、运用抽象的概念和理论时，女孩的语言能力便派不上用场了。因此，家长不妨有意识地让女孩多玩三维立体积木和游戏，以增强的她空间思辨力。

赏识教育也有分寸

时常会听到有些家长说这样的话："我的女儿太出色了，聪明绝顶，又那么漂亮！"

母亲这么夸女儿，一旁的女儿则羞愧得简直无地自容，这都什么和什么啊！

似乎，现在的父母觉得好孩子都是夸出来的。

不可否认，赞美确实能起到巨大的激励作用，不只是女孩，大人也一样，如果女孩在工作中得到表扬和夸奖，那么积极性也会大增，随之创造的是更多的价值。被夸奖被赞扬代表着被认可，被夸奖的人也更深入地认识到自己的价值。但是夸奖也要把握适当的"度"，掌握一定的艺术。过分夸奖或者夸奖不当的结果可能适得其反。

心理专家马丁认为：过分夸奖同贬低一样，不能帮助人树立自信，还会让人变得脆弱。所以家教中也应当注意避免过度夸奖。正确的夸奖方法应是先仔细观察，了解女孩所做出的努力和成绩，在此基础上，审其进步程度，有针对性、目的性的夸奖这才是正确的夸奖，而过度夸大、吹捧千万不可盲目使用。

赏识女孩一定要有限度，惩罚女孩一定要有分寸，并且需要有明确的操作方式。如果父母过分夸奖女孩会使得她很难正确认识自己，不知道自己真实的潜力有多大。当然，因为父母的过分夸奖，懂事的女孩会去努力但能力达不到就容易产生压力，甚至会有失败感。

此外，如果过分地夸奖或炫耀女孩的长处，时间久了，易使女孩产生或比谁都强的心理，不允许或不能接受别人超过自己的事实。大人在夸奖女孩时一定要实事求是，不要夸大其词，并在表扬女孩时应给她指出不足之处。

一位母亲忧虑地对老师说："我们并没有给我的女儿什么压力，也很少责备她，更不会疾言厉色。我们奉行以奖励代替责备，为什么孩子会越来越忧虑呢？"

老师单独和这位念中学一年级的孩子交谈，发现她担忧自己不能名列前茅，所以很用功。她经常失眠，觉得压力很大，甚至想休学。

"我很怕考不好，所以每天读到深夜。"女孩说。

"你觉得学习有困难吗？所学的功课你不会吗？"老师问。

"不是，是怕考不好。如果落到三名以外，我会觉得很没有面子。我就是怕输掉！"

"你父母亲要求你考前三名吗？"

"没有。是我自己担心考不好，我就是很在意成绩。"女孩哭了起来，"我怕失败，那很没面子。"

"对谁来说，你会觉得没有面子？"

"我怕对不起爸爸妈妈！怕得不到他们的欢心。"女孩泣不成声。

这位名列前茅的女孩，因为长期生活在父母和亲人的夸奖之中。由于一直保持好名次，她未曾尝过父母没有夸奖的滋味。她怕失去夸奖，并把这个惧怕当成了一种严重的威胁。

可见，过度的夸奖，给女孩带来了心理负担，慢慢地会加重女孩的心理压力，使女孩变得焦虑，遇到困难容易退却，缺乏信心。所以，千万不要看到女孩有一点小成就，就常常将夸奖挂在嘴边，动不动就表扬、夸奖。

著名作家毕淑敏曾写过一篇题为《请为你的夸奖道歉》的短文，说的是她的一位朋友到北欧访问，周末到当地教授家中做客。

这位朋友一进屋，看到了教授5岁的小女儿，这孩子长得非常漂亮。

朋友带去了中国礼物，小女孩有礼貌地微笑道谢。朋友抚摸着女孩的头发说："你长得这么漂亮，真是可爱极了！"

教授等女儿退走之后，严肃地对朋友说："你伤害了我的女儿，你要向她道歉。"朋友大吃一惊，非常不解地看着教授。

教授说："你是因为她的漂亮而夸奖她，而漂亮不是她的功劳，这取决于我们两口子的遗传基因，与她个人基本上没有关系。你夸奖了她，孩子很小，不会分辨，她就会认为这是她的本领。而且一旦认为天生的美丽是值得骄傲的资本，她就会看不起长相平平甚至丑陋的孩子，这就成了误区。不过，你不要沮丧，你还有机会可以弥补，你可以夸奖她的微笑和有礼貌。这是她自己努力的结果。"

朋友听后，感觉的确很有道理。

不要认为教授对女孩太严苛，事实上他是非常赞同赏识教育的。只不过他认为，表扬不可过多过高，不能让孩子情绪过热，过多的赞美会让孩子产生错觉，要么认为自己比任何人都要出色，要么就逐渐形成压力，为了夸奖而去做。

女孩的父母对女孩的赞美应该就事论事，不可过分夸大其辞。父母在赞美女孩优点的同时也要适当泼点冷水，提醒女孩改正缺点。最好是了解女孩做事情的过程，把她做某件事情的良苦用心和艰难努力都看在眼里，然后再夸奖女孩。

赞美要把握好时机和尺度

当女孩在表现出色的时候、取得进步的时候、需要鼓劲加油的时候，可以不失时机地赞美她。甚至在指出女孩的不足之前，也要先千方百计地肯定她的成绩，让女孩看到自己的优点，才有勇气、才能自信改正自己的缺点。

对于女孩的夸奖最好能够适可而止

过多过分的夸奖，会带给女孩不必要的困扰。夸奖具有启发性和鼓励作用，但夸奖过多，会带给女孩压力，形成焦虑。所以家长在平时对女孩的夸奖要适可而止，而且应用欣赏、交谈、聆听等方式代替过多的夸奖。著名教育家老卡尔·威特给父母们的忠告是：我们不能让女孩在受责备的环境中成长，但是也不能让她们整天泡在赞美里。

第八章 破解女孩九型人格——
找到属于她的那一格

你的女孩是哪类性格

通过女孩的外在探视内在

四个半月的小宝宝刚睡醒，躺在婴儿床上"哇哇"大哭，当妈妈刚把小宝宝抱起来把尿的时候，小宝宝就"哗哗"地尿开了。把完尿小宝宝还是大哭不止，妈妈便把小宝宝放在床上，将冲好的奶粉放入孩子口中，小宝宝立刻停止哭闹大口大口地吸吮起来……

宝宝的这种行为是逻辑思维的肢体外在表现形式。

小宝宝长到5岁了，在游乐园玩了一天的她兴冲冲地跑到爸爸妈妈身边大声说道："妈妈，我饿了，有什么好吃的吗？"

宝宝的这种行为是逻辑思维的语言外在表现形式。

当小宝宝长到8岁的时候，在学校参加了一天植树活动的她大步跨进家门，拿起桌上的苹果一边吃一边对妈妈说："妈，我今天干了好多活都快饿死了，先吃个苹果，家里还有什么吃的没？"

宝宝的这种行为被人们称为逻辑思维的综合性（语言＋肢体）表现形式。

当妈妈说："我今天工作很忙，下班没有时间去买东西，等会咱们就吃饭了。"小宝宝一看妈妈连菜都还没有摘，委屈得眼里充满了泪水："哼，你连饭都还没做呢，我不管，我肚子饿。"说完就哭了起来，于是妈妈只好马上带着小宝宝去了小区外面的麦当劳。当小宝宝喝着可乐啃着汉堡的时候，高兴得直对妈妈说："妈，你太好啦！"

任何一个女孩，当她面对自己要表达的目的时，总会表现出自己的喜怒哀乐。不管哪种类型的表达方式，都有一个共同的目的，那就是都想通过自己的表达让父母了解自己的想法和目的。

女孩逻辑思维的表现方式和情绪表达是与生俱来的。这些表现方式最初可能只是女孩"抓""吸""哭"等本能的条件反射。随着她们一天天地长大，身体里积累的信息量不断增加，女孩们便开始尝试着用语言及情绪等更加高级的方式来表达自己的愿望。

有的父母看到女孩好奇地拿剪刀把作业本剪得破破烂烂，就禁不住大怒："你这孩子就是爱搞破坏。"看到女孩在墙角盯着一群蚂蚁发呆，就指着女孩说："看你这个没出息的样。"看到女孩大哭着非要和爸爸妈妈一起睡，就大声呵斥："这么大的人了，应该学会独立，自己去睡！"

父母常常不能真正理解女孩的行为，看到她做了一些"不合常理"的事，不问青红皂白就骂起来，就像上面列举的几种情况，但这些都是不可取的。

不管是女孩逻辑思维的综合表现，还是喜怒哀乐的具体体现，父母只有积极地去探寻这些问题背后的真实原因，透过现象看到女孩的真实渴望，才能顺应她们的思维发展规律去加以培养，有效地帮助女孩成长。

父母要能冷静地看待女孩的一切表现

就在父母那看似不经意的呵斥声中，女孩自身的一些隐性特质也许还没来得及呈现端倪就被抹杀掉了，严重者甚至会扭曲女孩的成长。女孩某些反常的行为和变幻的情绪，其实是她们在积极地去尝试、去复制、去抓取一切可能的信息，为成长做准备。

女孩身上有趣的动物性格

大人们习惯在言谈中用某些比喻来形容自己的女孩：她们像大象一样的严肃沉稳，她们像个兔子一样的温柔可爱，她们像个猴子一样的聪明活泼……其实研究起来，不光是这样的比喻，女孩的性格与动物的习性还真的是有共同之处的，这些共性被研究者们称为是"动物性"。想了解自己女孩所隐藏的是哪一种动物性吗？做个测试就知道了：

1. 公车靠站，车上已经载满了人，下一班车要一刻钟后才到，孩子会怎么办呢？

不想再等下去了，再挤也要上车——请答第 2 题

人太多了，还是等一班吧——请答第 4 题

2. 旅行途中的孩子突然头很痛，这时正好有热心人拿药给她吃，她会如何抉择呢？

说声谢谢后马上吃药——请答第 6 题

找理由拒绝对方的药——请答第 3 题

3. 某部电影很让孩子很感动，她有何反应呢？

会跟身边的人讲故事情节，推荐给别人——请答第12题

将感动藏在心里，不与小朋友们分享——请答第7题

4. 一辆红色的面包车开到湖边，孩子会认为里面坐的是什么人？

一家人——请答第3题

歹徒——请答第5题

5. 画面上有一颗桃心，孩子会联想到什么呢？

爱心——请答第12题

扑克牌——请答第8题

6. 孩子的朋友说要去参加一个聚会，孩子会怎样呢？

要求带她一起参加——请答第9题

除非朋友主动说要带她去，不然的话就保持沉默——请答第10题

7. 和朋友一起逛商店，钱是朋友主动付的，好像花了不少钱，孩子会有什么感觉呢？

觉得过意不去，之后会跟好朋友平摊费用——请答第10题

朋友埋单天经地义，会道谢但不出钱——请答第12题

8. 参加同学会的时候发现自己最要好的朋友没有来，孩子会怎么办呢？

觉得很没趣，早早回家吧——请答第13题

硬着头皮敷衍到底——请答第12题

9. 孩子希望自己多少岁的时候可以成功？

21～25 岁——请答第11题

26～30 岁——请答第10题

10. 星期天在家，手机和座机同时响起，孩子会怎么办呢？

先接其中的一个——请答第15题

两个一起接——请答第16题

11. 如果孩子抽奖中了一栋别墅，孩子希望它位于何处呢？

海边或湖畔——请答第14题

小岛上——请答第15题

12. 拥挤的车厢里一位女孩子被人踩到脚了，孩子认为她的表情应该是怎样的呢？

疼得叫起来——请答第16题

非常生气，责怪对方——请答第17题

13. 跟孩子不是很要好的一个朋友请她吃饭，孩子会有什么感觉呢？

对方发财了——请答第21题

必然有事相求——请答第 17 题

14．孩子的朋友送了一份孩子不是很喜欢的礼物给她，她会怎么做呢？

平静地说谢谢——请答第 18 题

假装很开心的样子——请答第 19 题

15．门口的超市大打折，孩子会让你怎么做呢？

疯狂大采购——请答第 18 题

不一定要买什么——请答第 19 题

16．孩子是否将人家送给她的东西转送给他人？

有过——请答第 19 题

从来没有——请答第 20 题

17．一位小朋友单独在等出租车，凭直觉孩子认为他要去做什么呢？

去和朋友聚会——请答第 16 题

回家——请答第 21 题

18．突然有人从背后重重地拍了一下孩子的肩膀，她认为这个拍她的人是男生还是女生呢？

男生——请答第 22 题

女生——请答第 23 题

19．孩子比较喜欢喝冰红茶还是珍珠奶茶呢？

珍珠奶茶——请答第 18 题

冰红茶——请答第 20 题

20．孩子和好朋友一起乘车，会主动帮对方买票吗？

会——请答第 24 题

不会——请答第 21 题

21．对于酷酷的异性，孩子有接近的想法吗？

有——请答第 25 题

没有——请答第 23 题

22．一男一女在街上牵着手走路，孩子认为他们是什么关系呢？

兄妹——A

好朋友——B

23．玩家家酒的时候，孩子比较喜欢扮演爸爸妈妈还是小孩呢？

喜欢扮爸爸妈妈——E

喜欢扮小孩——C

24．在游乐场玩耍，孩子比较喜欢玩以下哪一个游乐项目呢？

摩天轮——F

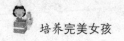

秋千——D

25. 孩子跟朋友在一起好像总有说不完的话题似的？

是的——G

不一定——请答 24 题

A. 梅花鹿：谨慎小心，待人和蔼可亲

外冷内热的梅花鹿做事谨慎小心，很少鲁莽行事，这类型的孩子有完美主义倾向，自尊心又强，最瞧不起懦弱的表现，更不喜欢让别人看到自己的缺点，外表看似冷漠，其实却有颗温柔坦诚的心，是慢热型的人，偶尔也会被周遭的人或事感动得落泪，也不排除歇斯底里发泄情绪的时刻。

B. 海龟：协调性强，对人温柔体贴

海龟的协调性比较强，做事脚踏实地，内心温柔细腻且易碎，所以经常要承受过大的压力又不大愿意将烦恼说出来，这类孩子的个性为内向害羞，一般来说，很少与人发生争斗，更不喜欢在众人面前出风头，举手投足间充满温柔恬静的味道。

C. 折耳猫：注重外表的时髦派

爱出风头的折耳猫，有着异常可爱的外表，不论走到何处永远都是众人的焦点，这类型的孩子感知流行时尚的能力超好，懂得如何打扮自己，展现自己的优点，虽然有点臭美，但绝不会盲从，因为天生的好品位，所以很擅长打造属于自己的风格，言行举止略显夸张的她也是社交高手。

D. 牧羊犬：忠心，目的性比较强

牧羊犬对主人百分百忠心，为了完成工作不惜付出一切，这类型的孩子非常遵守规章制度，对于朋友拜托的事都会如期完成，人缘很不错，有教养又懂礼貌，也不喜欢出风头，只要做职责范围之内的事就尽情沉醉其中。

E. 金丝猴：知性外表下有颗坚强的心

金丝猴具有大智慧，非常聪明，所以这类型的孩子大多理性又有才华，自信的他们就算有再大的成就也不会骄傲，虽然从内心来说，也很希望得到同学老师的赞赏，却表现得很沉稳，一副宠辱不惊的样子，他一旦遇到自己喜欢的事就会大把大把地投入时间和精力，甚至有可能到废寝忘食的地步！所以父母要注意提醒孩子劳逸结合。

F. 长颈鹿：知性优雅，默默等待爱情

长颈鹿是个冷静的思考者，这类型的孩子喜欢研究问题，为人成熟稳重，进退自如，绝不会做出令长辈大跌眼镜的事情来，人缘不错，大家都很喜欢他，不管遇到什么状况，他都能冷静处理，但也因为在一些小地方上过于保守，可能会白白错失不少机会，所以父母要注意培养孩子勇敢的品质。

G. 野象：自由奔放的霸道主义者

野象从小就生长在丛林里，非常热爱自由，高大醒目的外表很是抢眼，这类型的孩子开朗乐观，自由奔放，颇得众人的喜爱，而且他具有积极进取的精神，为人坦率直接，行事果决，不管遇到大事还是小事，都不会犹豫。

当父母知道了女孩的这些性格特征和缺点后，赶快付诸行动，帮助女孩扬长避短，完善自己的性格吧。

人格的九种类型

爱因斯坦曾经说："一个人智力上的成就很大程度上取决于人格的伟大。"那么，什么是"人格"？什么是"性格"？什么又是"个性"呢？

在心理学的范畴中，人格就是指个性，即每个人不同于其他人的特征的总和。人格完整所指的就是构成人格诸要素的健康发展。一个健康的女孩，其所思、所言一定会协调一致，具有积极进取的人生观。对于每个生活在这个社会的女孩来说，健康完整的人格都必不可少并且至关重要，这关系到她们能否健康而愉快地享受生活。而性格的概念与人格不同，性格具有很大的社会性，形成比较晚，可塑性大。

女孩在以后能否成功，不在于受教育程度的高低，不在于人生经验的丰富，也不在于性格特点的构成，而在于是否拥有健康完整的人格。而性格的培养则有助于人格的形成，比如说培养学习型的性格，有利于形成思考型的人格；培养沉静的性格，有利于形成温顺型的人格；培养坚韧不怕吃苦的性格，有利于形成刚毅的人格。

人格是女孩自身存在的最终价值的所在。当我们所追求的一切功利或者世俗的东西，随着时间的流逝，仅仅以一种符号的形式存在和表现时，人格便成了衡量一个人自我成就的标准。因此，培养孩子的人格健康，让他们找到更好的生活取向，成为家长必须关注的焦点。

看看你的女孩属于哪一种人格

一般来说，人格被分为九型，而女孩则必然属于其中一型。这就是女孩的基本人格类型。这九种类型分别如下：

类型特征	优点	缺点	主要表现
完美型	有条理，负责，能够自我控制，追求完美，注重细节	自我批判过度，爱钻牛角尖，苛刻	不玩稍有破损的玩具；作业字迹工整；要求自己必须考100分才能得到奖励；非常注重老师的表扬；容易内疚自责

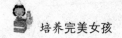

类型特征	优点	缺点	主要表现
助人型	有爱心，乐善好施，随和，善于处理人际关系	占有欲强，不懂拒绝，缺少主见爱随大	喜欢小动物；爱帮助别人，但不考虑自己的实际能力
成就型	自信，适应力强，注意力集中，卓越，有干劲，察觉力强	自恋，爱炫耀，争强好胜，逃避失败，害怕被人洞悉自己的内心	学习观察能力很强；在小朋友们面前非常注重自己的形象；爱在大人面前表现自己；喜欢出风头受到老师的关注
自我型	具有独特性、创造力强，有主见，自信	情绪变化无常，对批评过度敏感，易忧郁、妒忌	认为自己才是正确的；生活中我行我素追求独特；情绪变化很快，易激动；经常沉迷于自己的幻想当中；喜欢向老师父母提出奇奇怪怪的问题
理智型	遇事冷静，条理分明，观察敏锐，求知欲强，分析能力突出	沉默寡言，欠缺活力，反应缓慢，固执死板	喜欢和身边的同学保持一定的距离；不喜欢参加课外活动；对《十万个为什么》类型的书很感兴趣
疑惑型	做事谨慎负责，团体意识很强，务实，守规	不轻易相信别人，多疑虑，安于现状，缺乏创造力	对父母依赖性很强，不喜欢单独活动；在学校遵守校纪校规；对待学习踏实认真
活跃型	热情开朗，乐观，积极主动，具有感染力	做事欠缺耐性，易冲动，定力很差	贪玩，很容易对电子游戏上瘾；多才多艺，喜欢带朋友之间的气氛；不喜欢受老师、父母的管教；学习特长时老半途而废
领袖型	果断，自信，不拘小节，独立，勇敢有闯劲	具攻击性、以自我为中心，报复心强	父母叫不要做的事情，偏要去做；喜欢指挥同学干这干那；经常成为班级活动的带领者
和平型	随和，接受能力强，有耐心，协调性好	做事缓慢，懒惰、压抑，优柔寡断	怕见生人，害羞；没有爸妈的督促就完不成家庭作业；不喜欢和同学争辩，也不爱出风头

正视女孩的独特之处

每个女孩的成长环境都是独一无二的，所以同类型的女孩之间可能会有很多的共同点，同时也一定有一些只属于自己的独特之处。在这其中，没有哪一种类型比较好，也没有哪一个类型比较差。事实上每一个类型的女孩都有其各自的优缺点，父母不应该用"类型特点"来限制女孩，或者武断地认定女孩未来的发展状态。

五分钟进入"红黄蓝绿"

用颜色来代表女孩的性格，准确吗？

人类对色彩的感知与人类自身的历史一样漫长，而有意识地应用色彩则是从原始人用固体或液体颜料涂抹面部与躯干开始的。到 17 世纪 60 年代，牛顿通过有名的"日光——棱镜折射实验"得出白光是由不同颜色光线混合而成的结论之后，颜色的本质才逐渐得到正确的解释，并由开普勒奠定的近代实验光学为色彩学的产生提供了科学基础。而感知心理的研究为解决色彩视觉问题、心理物理学的方法为解决视觉机制对光的反映等问题，提供了重要的前提条件。进入 20 世纪后，色彩学在现代光学、心理物理学、神经生理学、艺术心理学等基础上获得了长足进展，一直到现在，色彩已经被广泛用于性格学。

按照心理学理论对于颜色的划分，红色和黄色代表张扬；蓝色和绿色代表含蓄。所以在性格色彩中，人们把外向性格定义为红色和黄色，而蓝色和绿色则定义为内向性格。这些色彩划分与人对颜色的偏好无关，它们在此只是一个代表的符号。

人的性格是复杂的，通常其中的一或两种色彩占主导位置，它们代表了一个人的核心需求和起决定作用的个人风格。每个人都会在不同环境下发挥出不同"红黄蓝绿"行为，同样，每个女孩的日常行为举止也无时无刻不在深受四色性格的影响。这 4 种色彩代表的不同性格类型的孩子分别为：

红色：善于表达，活跃气氛。他们及时行乐，不思忧患，积极乐观，做事闪电般开始，反应迅速。同时富有煽动性，往往是孩子王。而且待人真诚，充满创造力。但这种性格的孩子自控力差，缺乏持久性，畏惧压力爱逃避责任，也就是九型人格中的领袖型、成就型。

黄色：自信坦率，富有责任感，以目标结果为导向同时控制力强。这种孩子有全局观念而且意志坚强精力旺盛。但他们容易犯自以为是的毛病，常常目中无人、妄自尊大，还缺乏耐心。与此类似的是九型人格中的活跃型、自我型。

蓝色：这种性格色彩的孩子做事稳重，深得老师父母的信任。他们善于分析，喜欢寻找深层次心灵沟通的小伙伴，同时低调、不张扬，甘愿留在幕后，而且他们做事审时度势，深思熟虑关注细节，很善于发现问题的存在。但他们优柔寡断，容易消极悲观，性格敏感多疑，还爱挑毛病，苛刻较真。九型人格中的理智型、疑惑型、完美型就偏向于这种性格色彩。

绿色：富有同情心、宽容、崇尚和平。这种颜色的孩子讲求平衡和谐，善于化解冲突，容易与人相处，友善并富有合作精神，承受压力性强。但这样的孩子无趣乏味，做事步调缓慢，而且胆小怕事没有主见，还不思进取。与此相同的是九型人格中的和平型、助人型。

通过颜色从另一个角度了解女孩

对女孩性格色彩的认识，可以帮父母提高在教育中全方位了解女孩的能力，帮助她们建立良好的人际交往，同时让父母不仅知道女孩的行为（女孩在做什么），而且让家长们领悟到女孩的行为动机（为什么要这样做），从而更好地促成女孩深层次的自我觉醒和改变。

从性格成型的源头来培养女孩

捕捉孩子成长的敏感期

默默的妈妈在无意之中发现，近来自己的女儿特别喜欢观察别人的鞋子款式，并且从鞋柜里翻出爸爸妈妈所有的鞋子一一试穿。当家里来客人的时候，她就会跑到人家面前说："阿姨，您的鞋子为什么是黄色的呢？"

爱女心切的妈妈以为自己的女儿喜欢黄色的鞋子，就一连给她买了3双各种款式的黄色鞋子，但是过了一个月之后，默默突然失去了对鞋子的好奇，开始对鱼缸里的金鱼产生兴趣，妈妈对默默的行为感到有些纳闷：这个孩子，是怎么了？

其实，家长不必大惊小怪，这只是女孩在某一个成长阶段呈现出的敏感期。所谓敏感期，就是指在女孩的成长过程中，儿童受内在生命力的驱使，在某个时间段内，专心吸收环境中某一事物的特质，并不断重复实践的过程。

在敏感期，女孩内心会有一股无法抑制的力量，驱使女孩对她所感兴趣的特定事物产生尝试或学习的狂热，直到满足需求或敏感力减弱，这股力量才会消逝。所以敏感期时，儿童以一种特有的强烈程度接触外部世界，在这一时期，她们能轻松地学会每件事情，对一切都充满着活力和激情。

而顺利通过一个敏感期后，女孩的心智水平便从一个层面上升到另一个层面。所以如果父母捕捉到了女孩成长阶段中的敏感期，并利用这个阶段的女孩并不懂得过度掩饰自己的内心加以引导，这将是培养女孩性格及能力的一个黄金时期。

那么父母们要怎样来捕捉女孩的敏感期呢？

一个人的基本人格类型是不会变的，即使在现实生活中，因为某些因素而有了种种变化，即使你的基本人格型有某部分的隐藏或是调整，却不会真正改变。因此，要捕捉孩子的敏感期，就要仔细地观察，排除孩子表面的行为习惯，洞悉更深层次的内容。

故事中，默默对生活中非常微小的东西很感兴趣，其实是她内心对知识的探索，这是女孩用自己的特殊方式不断探寻、接纳的过程。这个时期的父母，就应该配合女孩的自身发展，通过女孩的动作透视她的情感及情绪。耐心地告诉女孩，各式各样的鞋子是怎么做成的，有什么不同的材料，金鱼为什么长着大尾巴……在解答女孩无数疑问的时候，其实就是在培养她们形成独立、细致的性格。

通过女孩的言语行动来看穿她的内心

女孩在日常生活中完成某些动作和表情的速度，与每个人的年龄息息相关。例如，一个5岁的女孩撒了谎，对妈妈说："窗帘不是我弄脏的。"她很可能会在说完之后立刻用一只手或双手捂住自己的嘴巴；如果不想听父母的唠叨，她会用手捂住自己的耳朵；如果看到可怕的东西，她会捂住自己的眼睛。

而当女孩逐渐长大以后，这些手势就会变得更加敏捷而越来越不容易察觉，这是因为在撒谎的过程中，人们的潜意识虽然会一直散发出紧张的能量，从而引发与口头语言相矛盾的手势，但成年后，随着年龄的增长，肢体动作和面部表情就会随之变得不再那么明显。所以，同样是解读内心世界，5岁的孩子就比50岁的成人容易得多。父母如果能洞察到女孩的肢体语言所表现出来的敏感，就能很容易抓住她们内心的想法和感受，这无疑是一个穿透女孩内心世界的强大工具。

告诉女孩：将命运内化为性格

英国有位作家毛姆曾说："习惯形成性格，性格决定命运。"人生就是性格的悲喜剧。一个人要想改变自己的命运，就得先改变自己的不良性格；挑战命运，首先要从挑战自己的性格开始。如果想要让自己的女孩命运能够更好，那就要先改变女孩的性格。

性格可以决定命运，这一点我们可以从孔子的学生子路身上得到证实。子路的性格十分豪爽，为人也很耿直。子路的为人也是后人得以敬重他的原因之一，但可惜的是，他刚烈的性格造成了他的不幸结局。

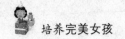

但是，孔子曾经和学生们说过，子路的性格很容易落得不得好死的下场："若由也，不得其死然。"难道只是巧合吗？

人生的悲剧归根到底是性格的悲剧，《三国演义》里的关羽，过五关，斩六将，英勇无敌，但是最终因为性格骄傲而自负，败走麦城而死。俄国作家果戈理长篇小说《死魂灵》笔下的泼留希金，他的家财堆积到腐烂发霉，但是他每天依然过着乞丐般的生活。总之，在生活中，性格的悲剧屡见不鲜。

性格与人的健康息息相关。比如《红楼梦》中的林黛玉，就是因为她的性格多愁善感，喜欢忧郁猜疑，最终积郁成疾而死。《三国演义》里的周瑜是东吴的大都督，他是活活被诸葛亮给气死的。话说回来，如果身经百战的周瑜具有良好的心态，诸葛亮就是有天大的本事也气不死他。

孔子曾说："五十而知天命。"并不是说他已经可以预知天命，而是说他已经通达了各种道理，懂得自己应该怎样做。实际上，这就是将外在的命运内化为自己的性格。他把握住了自己的性格，也就握住了"天命"。

无常的生命中，总会有一个不变的法则——性格决定命运。父母要告诉自己的女孩：不可以怨天尤人，不要无谓地等待徘徊，而是要努力地塑造自己的性格，把握住自己的命运，不要成为性格的牺牲品，跌入自己导演的悲剧中。

帮助女孩建立一个"榜样资料库"

父母们首先要选择一个或多个能够真正激发女孩的名人。也许他们的梦想和自己孩子的梦想极其相似，也许他们遇到的障碍也是孩子最惧怕和担心的。尽可能多地让女孩学习他们怎样在艰难状况下保持前进的步伐，以及他们是怎样战胜艰难险阻才实现梦想的。找一些这类人的照片，把这些照片挂在女孩通常自我反省的地方，激发她积极向上的精神。

自然的指引与环境的牵引

有一位母亲，她有一对双胞胎，但是性格差别特别大。姐姐性格沉稳老实，妹妹却调皮捣蛋。而且她们的喜好也各不相同，姐姐喜欢看书学习喜欢干净，而妹妹却喜欢街舞喜欢唱歌喜欢热闹的地方。两个孩子的差别如此悬殊，妈妈会感到很纳闷：俩人从小就是吃一样的饭，穿一个款式的衣服，买同样的智力启蒙书看，为什么性格上的差别如此巨大？

对于女孩性格形成的问题，相信很多父母都会带有疑问：到底是遗传因素还是环境因素呢？究竟是什么原因在作怪？

现代心理学普遍用5种量度来综合评价一个人的性格：友好程度、严谨程度、外向程度、神经质程度和开通程度。除此以外,人还会有"根本性格",即心理遗传学中性格的深层部分,比如活泼、开朗、冷静、急躁,等等,它们受遗传的影响很多。经过科学家研究,双亲与孩子性格的类似性表示如下:

父母 孩子	冷静	活泼	忧虑	合计
冷静+冷静	110	91	73	274
忧虑+活泼	21	0	0	21
冷静+活泼	45	89	0	134
活泼+活泼	1	51	0	52

然而,这种"根本性格"的形成,又与家庭气氛密切相关,一个家庭轻松民主或严肃沉闷的氛围,会潜移默化地影响着女孩最终性格的形成。就拿上面的那对孪生女来说,她们具有相同的遗传物质,其遗传相似度可以认为是100%。她们又在同一个家庭由同一对父母养育,发育、生长环境类似,那么很自然的,她们的性格差异归因于先天因素。但是随着女孩的慢慢长大,在社会生活中接触的范围扩大,她们的性格便会趋向于社会性,受环境的影响也就加深。

但是,外在的环境由两个部分组成:共享环境和非共享环境。毫无疑问,在同一个家庭长大的姐妹,她们有共同的父母和亲属,这是共享环境,但她们可能上不同的学校,有不同的老师和同学,这是非共享环境。用公式表示为:共享环境+非共享环境=个体差异。这就是很多女孩的性格常常表现为混合型的原因,于是性格再开朗的女孩也有内向的时候,而平常急躁的女孩在处理事情中偶尔也会表现出冷静的方面。

遗传因素和环境因素实际上是无法截然分开的,它们混杂在一起交互发生作用。所以区分影响性格的因素有多少属于遗传的影响,有多少属于环境的影响,是不可能的。遗传、环境,以及经常被忽视的随机因素,都对孩子的人性有重要的影响。

父母要为女孩成长创造更多的非遗传环境

平均来说,大约50%的性格差异是由于遗传导致的,或者说,遗传因素对性格的影响大约占了一半。遗传学家把这个数字称为遗传率。至于剩下的一半,则归于环境因素的影响。值得我们父母注意的是,在很大程度上,环

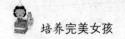
境往往是我们自己创造并让女孩被动地接受其影响的。所以父母一定要给女孩创造有益于良好性格养成的成长环境。

不须改变，改善即可

如果说人的性格是一种天性，那么想要彻底改变是非常困难的。父母要做的就是不要想着如何去改变女孩的性格，而是如何去改善性格的缺陷。

请看下面的一段故事：

有人养了一头驴和一只哈巴狗。驴子关在棚子里，虽然不愁温饱，却每天都要到磨坊里拉磨，到树林里去驮木材，工作繁重。而哈巴狗会演许多小把戏，颇讨主人的欢心，每次也都能得到好吃的作为奖励。

驴子在工作之余，难免有怨言："为什么命运对我如此不公平。"一天，机会终于来了，驴子挣断缰绳，跑进主人的房间，学哈巴狗那样围着主人跳舞，驴子又蹦又踢，不仅撞翻了桌子，还把碗碟摔得粉碎。驴子觉得这样还不够，它居然趴到主人身上去舔他的脸。这下可把主人给吓坏了，直喊救命。邻居听到喊叫急忙赶到时，驴子正等着奖赏呢，没想到等来的却是杀身之祸。

无论驴子是多么忸怩作态，都不及小狗可爱，甚至还不如从前的自己。盲目地模仿别人只会南辕北辙，甚至是送命。同样的道理，作为家长，不应该总是想着如何改造自己的孩子，不应该总想着让自己的孩子超越天性。

如何改善女孩的性格呢？首先我们应该意识到是要主动改造而不是被动改造，如果是想强迫女孩改善，就要说"你不要那么胆小，这样不好"或者说"活泼一点，改一改你的脾气"，谁都不喜欢自己被命令，特别是当父母强迫女孩去干一件事情的时候，往往容易引起女孩的逆反心理："你让我往东走，我偏偏要往西走。"只有让女孩主观意识上想改善，她们才能够自觉地去做。

其次，要引导女孩向不同性格的人来学习。因为每种性格都有其缺点，学习别人的优点来丰富自己，无疑是个完善性格、不断成长的好方法。在这个"取其精华，去其糟粕"的过程中，女孩不但能够锻炼自己的心态，发现别人的诸多优点，还有利于和他人建立良好的人际关系。

此外，父母也可以通过调整饮食的方法来改善女孩的性格。科学家经过研究发现，人的大脑需要产生适量的能量——神经信息传递因子，而这些物质正是依赖女孩平常的饮食而获得的。其中，某些营养成分的不足或者是过剩都会影响到女孩这种能量的水平，从而影响到性格和行为习惯。得到这个结论之后家长们就可以明白，女孩身体或是精神上的毛病是可以通过简单的调节相关信息因子而得到矫正的。

总之，家长们千万不要抱着非要改变女孩性格的想法来教育她们，而是应该最大限度地让女孩在自己的基础上尽自己的努力改善性格的不足之处。

家长应学会通过饮食改善女孩的性格

通过调节饮食营养可以相应程度地改善孩子的性格，比如固执的孩子应该减少肉类食物，可以多吃点鱼，蔬菜以绿黄色为主，少吃盐；焦虑不安的女孩应该多吃富含钙质和 B 族维生素的食品，并要多吃些动物性蛋白质；恐惧抑郁的女孩不妨多吃些柠檬、生菜、土豆、带麦麸的面包和燕麦等。

家长还可以制作科学的饮食改善女孩的精神状态

性格不稳定的女孩是因为长期缺钙才造成心神不定，所以应该多吃一些含钙、磷较多的食物，如大豆、牛奶、苋菜、炒南瓜子、海带、木耳、紫菜、田螺、橙子、河蟹、虾米等；而斤斤计较的女孩是因为大脑中缺少 B 族维生素而整天唠叨不息，故需要多吃粗粮，或牛奶加蜂蜜，常饮用会有好的效果；至于胆小怕事的女孩，主要是因为缺少维生素 A、C 和 B 族维生素等，所以宜多吃辣椒、笋干、鱼干；还有那些做事虎头蛇尾的女孩，通常是因为缺乏维生素 A 和维生素 C，所以应多吃含维生素 A 丰富的猪、牛、羊、鸡肉、鸭肝、牛羊奶、鸡鸭蛋、河蟹、田螺等食物，还要多吃富含维生素 C 的辣椒、红枣、猕猴桃、山楂、橘子、苦瓜、油菜、豇豆等。

用个性教育开放女孩的人生

在游戏中专注的背后

豆豆今年 4 岁，平常活泼好动，一会儿哭着要跟妈妈去买菜，一会儿又闹着要和爸爸去串门。不过爸爸发现，好动的豆豆只要玩起玩具来，就全神贯注不吵也不闹，悄悄一看，豆豆不是拿着天线宝宝在地上揉来揉去弄得一身灰，就是把积木扔满地。有一次带豆豆去院子里玩的爸爸发现，女儿竟然在花台边专注地玩泥巴，弄得身上满是泥点自己却浑然不知。于是爸爸赶紧把豆豆拉回家换衣服洗手，结果干净衣服才穿上，一眨眼的工夫豆豆又跑花台边接着玩泥巴去了。

一个孩子，为什么如此专注于玩泥巴？又为什么能够在游戏中获得沉静呢？这是因为她们在玩的过程中同时进行智力的自我创建。女孩对于自己感兴趣的事，总是不厌其烦地去尝试，这个在大人眼中的枯燥举动，其实是女孩正在进行专注的训练。正是这个玩泥巴的过程锻炼了女孩的专注能力。

很多家长看到自己的孩子玩泥巴，总会当场阻止并横加斥责。这些年轻的爸爸妈妈只知道泥巴会弄脏了女孩的衣服和手，不干净还给自己带来麻烦，却不知这并不是单纯地玩泥巴，而是在认真完成一种工作。"工作"的目的是训练孩子的手眼协调、做事聚精会神、有秩序地完成一件事情的能力。同时女孩也借助四肢的活动，使自己的人格、智力与体能得到发展。

孩子不仅是喜欢玩泥巴，如果家长们用心观察一下即可得知，女孩更喜欢反复地玩，父母就觉得奇怪了："难道孩子就不嫌烦吗?"实际上，反复也是女孩的智力体操，只有通过反复，才能够发现它内在的规律，这个规律就是要女孩自己去体会而不是从家长老师嘴里面学到。

所以，即便豆豆只是在专心地玩泥巴，家长看到之后也应该感到高兴才行。正是因为豆豆内心那股对这种体验的渴望促使她去做，虽然可能会做得不好。或许在开始的时候孩子根本就捏不出像样的东西，那只是因为她的手脑还没有完全协调。家长只要耐心地观察一段时间就会发现，她已经可以捏出个物品的雏形了。当然，女孩不会总是专注于玩泥巴这一件事情，或许过了几个月之后她会突然对其他的什么东西感兴趣了，那就表示她的兴趣点又转向了另一个发展方向。

不要阻止女孩想要做的事

当女孩正在神情专注地严肃面对那件"工作"的时候，父母千万不要以为那是毫无意义的事情而横加阻止。不要在女孩醉心于某件事情的时候打搅她，直到她的注意力转移到别的事情上。而且父母们也一定要为她刚刚完成的那个工作叫好表扬才是。

保持孩子思维的灵活性

在日常的生活中，我们常常可以看到这样的现象：女孩在上小学的时候，在班上的成绩特别好，但是到了中学以后，尽管还是一直很努力地学习，成绩却走下坡路。反之，有的男孩在上小学的时候成绩不好，但是进入中学之后成绩斐然。

这个现象背后的原因是什么呢？当自己的女孩成绩下降了，父母们更是为此事感到迷惑不解。有的人提出过这样的解释：上小学的时候，功课都比较容易，女孩们只要顺从父母的意思，好好努力，就可以得到好成绩，这样的女孩通常比较乖，比较听话。到了初高中以后，课程的难度加大了，需要个人思考的成分越来越多。这个时候女孩的成绩如何，父母是无法逼出来的。因为随着课程难度的增加，需要个人思考的成分也越来越多，单凭死记硬背是无法解决学习中的问题的，各学科都越来越多地要求女孩们拥有灵活的思维方式。

有一个老师给同学们出了这样一道题目："树上有 10 只鸟，开枪打死 1 只，还剩几只？"

这是一个流传很广的脑筋急转弯。孩子们大概都听到过答案，因此几乎所有的孩子都抢着说"9 只"或"一只不剩"，只有玛尼没有吭声，她安静地坐着，显然是在努力思考。

老师问："玛尼，你觉得是几只呢？"

玛尼一本正经地问老师："在这个城市里打鸟不是犯法的吗？"

老师："我们假设不犯法。"

"那打枪人使用的是什么手枪呢？是无声手枪吗？"

"不是。"

"枪声有多大？会不会震得耳朵疼？"

"肯定会疼的，80～100 分贝。"

老师被问得有点摸不着头脑："这些问题跟还剩几只鸟有关吗？"

"有关的，老师。"玛尼继续问道，"您确定那只鸟真的被打死啦？"

"确定，拜托，你告诉我还剩几只就行了，好吗？"

"好吧，树上有没有关在笼子里的鸟？"

"没有。"

"边上还有没有其他的树？边上的树上有鸟吗？"

"没有。只有这一棵树。"

"有没有残疾的或饿得飞不动的鸟？"

"没有。"

"鸟里边有没有聋子，听不到枪声的？"

"没有。"

"有没有傻得不怕死的？"

"都怕死。"

老师很不耐烦地问："玛尼，你到底知道还剩几只吗？"

"还有最后一个问题，老师。算不算怀孕的小鸟？"

"不算。"

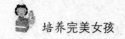

"哦，如果您的回答没有骗人，打鸟人的眼也没有花"，玛尼满怀信心地说，"打死的鸟要是挂在树上没摔下来，那么就剩一只，如果掉下来，就一只不剩。"

作为家长，我们不应该为故事中的玛尼鼓掌吗？因为玛尼没有被思维所禁锢，而这样的一种思维正是家长要培养女孩拥有的，父母所要做的并不是像故事中的老师那样不耐烦，而是要引导女孩扩展自己的思维。思维是一种思想活动的规律，也就是我们通常所说的思维方式。作为家长，我们最好能帮助女孩谋求心理上的稳定，应当让她们及早知道一些支配她们大脑的思维规律，最好让她们感觉到这是与生俱来的能力。让她们知道一旦有了某个思想，便会沿着自己的路线发展，在大脑中确立自己的存在形式，并由此产生一系列与此相关的思考。

你身边的女孩一定也曾经像玛尼那样喜欢提出许多古怪的问题，这是她们乐于探索客观世界过程中必然出现的心理现象。女孩每次向家长的提问，都是一次求知活动，在女孩主动求知的时候，家长一定要给予充分的重视，并且能够耐心细致地回答。当女孩向父母提问的时候，父母一定要鼓励女孩，支持她们大胆地发问。

家长要以正确的态度来回答女孩的问题

对女孩的提问，家长是否立即回答一定要根据女孩提问的内容和性质决定。如果女孩提出的问题较难，则应该由家长向女孩做出正确的解释，如果一时不能立刻回答，也要在较短的时间内把问题搞清楚立即回答。对女孩提出较容易的问题或经过努力可以找到答案的问题，家长一定要鼓励女孩自己想，或者由家长启发女孩利用已有知识和经验找出答案。遇到没有固定答案的问题，家长还可以与女孩相互讨论，以获得正确的答案。

多鼓励女孩运用自己的求知和思考来解决问题

当女孩问家长："为什么铁不能浮起来，而木块能浮起来呢？"家长最好不要直接回答，而是给女孩提供一个能装水的容器和天平，启发女孩称水、木块、铁块的重量，鼓励女孩：想一想为什么？当女孩发现了木块、水、铁的重量不同时，实际就找到了正确答案。女孩从提问到自己寻求答案这个过程，实际上就是一次成功的思维能力训练过程。

发现＋引导＝1＋99

有人曾经说过，这个世界上没有不聪明的孩子，只有不能教孩子的家长。

女孩在小的时候就如同是一棵小树，小树长歪了长斜了，作为大人就应该扶一把或者是拉一把。小树并不知道自己哪一部分能够长得最好，父母就应该引导女孩把最有潜力的部分发挥出来。其实说起来，很多时候小树生长需要的不是父母强制性地浇水施肥，而是需要父母对其生长方向的引导。

当女孩的潜能在她们小小的身体里转化成为兴趣被父母发现之后，用正确的方法去引导她们接下来的发展才是最关键的。

教育家塞得兹在这方面做得很好，他认为发现一个孩子的兴趣并不困难，困难的是如何去引导女孩下面的路。所以要想拥有一个100分的孩子，必须要明白的是"引导"就占了99分。于是塞德兹总是认真耐心地回答孩子的问题并加以引导，绝对不会像很多父母那样因为嫌麻烦而应付了事。

一天，小塞德兹手里拿了一本关于达尔文进化论的少儿读本，书中用生动的笔调描述了生物进化的过程，并且配有极为有趣的插图。

"爸爸，进化论中说人是由猴子变来的，这是对的吗？"儿子问道。

"我不知道是否完全对，但达尔文的理论是有道理的。"

"可是既然人是由猴子变的，那么为什么现在人是人，猴子仍然是猴子？"儿子问道。

"你没有看见书是这样写的吗？猴子之中的一群进化成了人类，而另一群却没有得到进化，所以它们仍然是猴子。"塞德兹说道。

"这恐怕有问题。"儿子怀疑地说。

"什么问题？"

"既然是进化论，那么猴子们都应该进化，而不光是只有一群进化。"

"为什么这样说？"

"我觉得另一群猴子也应该得到进化，变成一群能够上树的人。"

"那是不可能的，因为事实上是猴子当中的一部分没有得到进化……"塞德兹说。

"为什么？"儿子仍然不放过这个问题。

看到这里，你可以想象一下，如果你是塞德兹，面对这样没完没了又毫无意义的问题，是不是早就已经厌倦了？

塞德兹却尽自己所知向他讲明其中的原因："据我所知，一群猴子由于某种原因不得不在地面上生存，它们的攀缘能力逐渐退化，而又学会了直立行走，经过漫长的进化变成了人类；另一群猴子仍然生活在树上，所以没有得到进化。"

"我明白了。可是为什么要进化呢？如果人能够像猴子那样灵活，不是更

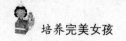

好吗?"儿子又开始了另一个问题。

"虽然在身体和四肢上猴子比人灵活,但人的大脑是最灵活的。"塞德兹说道。

"大脑灵活有什么用呢?又不能像猴子那样可以从一棵树跳到另一棵树上。"儿子说道。

"身体灵活固然好,但只有身体上的优势是远远不够的。大脑的灵活才是最重要的,因为只有这样才能创造出文明。"

"为什么要创造文明?"儿子问道。

"因为文明代表着人类的进步。"塞德兹说道。

在父亲的引导下,小塞德兹的问题如同潮水一般涌来,他的很多问题在成年人看来是非常可笑且没有根据的,但是即便是这样,塞德兹也尽力不让儿子失望。用塞德兹自己的话说:其实并非他的耐心比其他人要好,只不过他能够认识到认真回答孩子问题的重要性。因为只有这样才能够引导孩子从感兴趣的东西里挖掘出钻研的精神。而有目的地引导会让孩子不知不觉地学会求知的方法。

每一种兴趣都会引导女孩培养某种特长,让她们学会从中去获得新的知识、方法才是最重要的。发明大王爱迪生聪明吗?不聪明,小学都没毕业学校就不要他了,但他有一个了不起的妈妈,爱迪生的妈妈懂得教育的秘诀,注重培养孩子的兴趣并引导他的发展;诗人郭沫若小学时语文不及格,说明他小时候也是一个很普通的孩子,就因为他对诗文感兴趣并发展下去才成了大文学家。所以说,兴趣是最好的老师,只要能把女孩的兴趣引导下去,让女孩喜欢学习、主动学习、努力学习,你的女孩说不定就是未来的爱迪生,或者是未来的郭沫若。

多与孩子交流,多问孩子的想法

凡事不和女孩商量就自作主张,这是很多家长都会出现的问题。家长总是认为自己为女孩做出的选择就是最对的,就是最好的。可是,女孩也有自己的安排和打算。所以,当家长的,最好是凡事和女孩多商量商量,认真地询问女孩的理由,认真地倾听她们内心的想法。如果女孩的想法有偏颇,家长可以引导女孩换个角度来看待问题,比如"刚才叔叔训斥你了,这种做法不对。但如果叔叔不关心你,那就没有必要管你了,更不会训斥你。你说对吗?"在和女孩交流的时候注意语气,心平气和地交流效果最好。

走出完美主义教育的误区

与孩子一同走出完美的误区

有很多家长对完美主义的女孩教育操之过急，这也是导致女孩性格畸变的一个重要原因，家长们总是希望自己的女孩每次考试都得 100 分，有的家庭经常带女孩参加各种比赛，希望获大奖，结果女孩压力太重却无法承受。现在儿童、青少年的心理负担问题由于学习的激烈竞争而显得十分突出，十多岁的女孩，因为在小学里学习好，到了初中成绩跟不上就吃安眠药自杀，每年的大学生中因实现不了父母和自己的崇高理想而自杀的人也不在少数。所以，改善女孩的完美主义倾向，父母也得和女孩一起行动，一起走出完美的误区。在这方面，塞德兹的教育方法仍然值得提倡：

在一次由学校组织的体育比赛中，小塞德兹得了倒数第一。

那一次的比赛，是同年级中的比赛，也就是说一年级的孩子们就仅限于一年级，比赛在不同的班之间进行。二、三、四、五年级也是相同的比赛办法。这样一来，早于同龄人入学的小塞德兹首先就在年龄上吃了亏。小塞德兹报名参加了 50 米短跑，他当然不是别人的对手。

事后小塞德兹难过极了，因为他把这件事看得很重很重。

大约过了一个星期，儿子仍然闷闷不乐。见他这样，塞德兹认为有必要帮助儿子纠正错误的看法。

"儿子，你还在为那件事难过吗？"塞德兹问他。

"我真是太笨了，竟然得了倒数第一，太丢脸了。"儿子难过地说。

"是啊！得最后一名是不怎么光彩，可是你想过其中的原因没有？"

"是什么原因呢？"儿子问。

"因为年龄。你想想看，你的对手都是比你大的孩子，这个很正常……"

"可是我不能因为年龄小就比他们差呀。"儿子不服气地说，"虽然我比他们小，可我的功课比他们都好，只有体育一样不行，这多丢脸呀。"

"不，你这样说并不正确。智力是能通过教育和勤奋得到发展的，但年龄是任何人也不能改变的。他们跑得比你快完全是因为他们年龄大，个子高。他们的腿都比你的长许多，如果跑得还没有你快，那不是太糟糕了吗？"塞德兹说。

"这也有道理，可是我毕竟是最后一名。同学们都在嘲笑我。"儿子还是

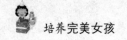

很难过。

塞德兹知道儿子的性格，他是一个对自己要求极其严格而且从不服输的人，常常固执得去钻牛角尖。于是，塞德兹进一步对他进行开导："虽然你现在是最后一名，我想这并不能表明你的体育不行，因为这完全是年龄造成的。我敢肯定，等你长到十一二岁时，一定会比那些孩子跑得快。"

"真的吗?"儿子问。

"当然是真的。因为那天我问过你们的体育老师。他说你的失败完全是因为那场比赛对你不公平。他还说你的体育成绩在同龄的孩子中是最好的。他还专门给我看了成绩单，年龄与你相仿的同学无论在哪一方面都比你差。"

小塞德兹顿时从失意之中走了出来。

现在社会和家庭的独生女儿越来越多，这就使得许多家长心态改变很大，不能再以平常心养育女儿。他们不能接受女孩的失败，其实，不要怕女孩失败，要多想想失败所带来的好处。

以生产汽车、摩托车而闻名于世的大型企业本田公司的创办人本田宗一郎上小学时，在班里是"后进生"。无论让他做什么，都总是失败，学习成绩也不理想。然而，对这段经历，本田先生本人是这样认为的："正是因为当时的失败，才培养了我能进行独立思考，具有灵活性和创造性的大脑。"他说："从别人那里学到的东西与自己经过深思苦想得来的东西相比较，其价值和应用的广泛性是大不一样的。"

不要奢望自己的孩子"太完美"

由于完美主义孩子的家庭都在潜意识中深深地浸透着一种"望子成龙，望女成凤"情结，家长对孩子有一种"超值期待"，于是从生下孩子的那天起，父母就希望孩子是个天才，当孩子想做某件事情时，过高期待良好结果的父母便会在事前经常对孩子说"弄错了可不行""别弄错了"。事实上，这样做不但没有起到鼓励的作用，反而给孩子增加了心理压力，让他们也对自己产生过高的期望，就这样，无意当中父母和孩子就一起走入了完美的误区。

注重女孩身心成长的发展规律

女孩的身心发展是有规律的，所以教育也有一定的规律，这就要求家庭教育既要尊重一般的教育规律，又要尊重女孩的身心发展规律，不能盲目为女孩设定目标，也不能对女孩产生过高的期望，这才是对完美主义女孩的正确教育。

第九章　女孩贵在自重自爱——
用心培养自尊女孩

提升女孩的自我觉察

不断强化她的自我价值观

我们让孩子刻苦学习，目的是树立"实现自我"的价值观，而不是为了获得物质的丰硕而学习，如果是那样，当孩子达不到物质目标的时候，就会选择"人生投机"行为。这样的孩子，不但不能实现自我，而且也难找到幸福。物质的富有，经过努力是可以获得的，但失去自我的人，很难获得精神的富有。

我们的孩子，有的个子矮，有的个子又太高，有的长相差，有的皮肤黑，有的太胖，有的太瘦，甚至有的还有生理缺陷。这诸多不利因素，使得许多小朋友对自己的容貌自卑，这是不对的。外貌美不是永存的，心灵美才是永恒的。一个不爱自己的人，更无法得到别人的爱。一个人的人格魅力，才是最受人崇拜的。张海迪，双肢截瘫，她以坚忍不拔的毅力，在医学上，写作上，创造出惊人的成就，谁都会称赞她美。一个歌星如果人格有缺陷，歌迷也会抛弃他。家长对于女孩的形象问题也要动脑筋，尽量让她体现出一种与众不同的气质。

让女孩知道自己的独特

告诉你的女孩，每个人都是世界上独一无二的，都是世界上最优秀的，没有什么障碍能阻挡有成功信念的人。

注重基本价值观的培养

父母需要主动地将基本的价值观和行为方式教给女孩。以便于女孩在社会上成长。当然，在这方面，身教胜于言传，我们可以做女孩的好榜样。

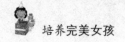

给她选择的机会

很多家长抱怨孩子缺乏自信心和自立能力，却没注意到可能是自己的教育方式有问题。想让孩子听话，家长的着力点就是做一个"我的话孩子愿意听"的父母。家长在家庭教育中应该注意细节，采取正确的教育方法。无论是学习、购物、吃饭、穿衣等生活的各方面，家长都应该给予孩子选择的机会，促使孩子在完整的选择过程中成长，这样有利于培养孩子的自主性和自信心。

给儿童选择的机会，孩子才会感到自己对生活是有一定控制力的，这是增进儿童自信的三个因素之一。

我们经常认为，听话的孩子就是最好的孩子，叫她做什么她就做什么，叫她怎样做她就怎样做，因此可以省去父母的操心。有的父母也习惯为孩子设想一切，安排一切，孩子稍有不从，就脸色一变，横加指责，甚至唠叨起来没完。殊不知，这会造成孩子唯命是从、没有主见的性格，不会主动探索，甚至不会主动思考。当现实生活要求孩子必须做出决定的时候，孩子就会缩手缩脚、信心不足。

选择能力，是人的重要能力之一；给孩子选择的机会，既会培养孩子的选择能力，也会增进儿童的自信心。

给孩子选择的机会，要循序渐进。

幼儿时期，可以让孩子在父母圈定的范围内，选择吃什么、穿什么等。如父母拿来香蕉和橘子，让孩子选择一样，并且只能选择一样，孩子就会知道，自己是有选择权利的，并学习根据自己爱好选择、对选择负责的技巧。

孩子稍大些，父母不妨把孩子房间的布置交给孩子，怎么装饰自己的房间，怎么玩，都让她自己说了算。让她们清楚，那是她们自己的空间，在自己的空间里，自己是自由的，是有选择权的。

在经济条件允许的前提下，允许孩子对为自己购买的物品进行选择；在不造成伤害的前提下，允许孩子坚持自己的观点和行为，并为自己的观点和行为负责。

孩子上学以后，也会遇到一些问题。当孩子因此征求父母意见时，父母可以提出建议，但只要不出格，应该允许孩子自己做出决定。

即使父母或老师做出的决定，特别是与孩子有关的家庭事务、班级事务，也应该征求孩子意见。当孩子的意见没有被采纳时，要向孩子解释成人决定的依据。

孩子对现实生活的参与越积极、越有效，孩子对于处理社会事务的信心就越强。

在孩子自己做出选择前

给孩子更多机会去选择，尽可能少提或者不提意见，真正让孩子做主，让孩子从中自然地积累经验。

在孩子进行选择时

给孩子足够的时间，不提太多的意见，即便她们选错了，除非是对她们造成伤害的，否则不要轻易纠正。不要害怕出"问题"，这是她们成长的必要途径和成本。

在孩子完成选择后

假如孩子的选择是适合的，家长和孩子一起高兴。假如选择有误，家长也不要指责和讽刺，孩子自己已经从中获得教训。最好的方式就是：什么也不说，下次依然给她们机会，相信孩子下次一定会更好。

鼓励女孩对自己作客观的评价

所谓正确地评价自己，是指孩子能初步运用社会既成的道德标准、行为准则来评判自己的行为，正确估价自己的才能、自己在家庭和幼儿园的地位等。它对儿童良好个性的形成具有重要意义。

研究表明，3岁孩子已经具有初步的主客体分化能力，开始具有"自我意识"，一方面他们逐渐能够区别"自己"与"他人"的不同，通过把自己与别人比较来确认自己，这明显地表现在伙伴关系中；另一方面，也为孩子能把社会上既成的道德规范、行为准则、长辈对他们的态度、奖励与惩罚等作为参照来评价自己，同时，提供了心理上的可能性。

儿童历史性知识较少，理性思维水平低。因而在评价自己时经常带有情绪性，极易受暗示，往往把成人的言语、表情等作为评价自己的依据。判断自己的行为时只考虑行为后果，缺乏对动机的思考，而且在自我评价中难免带有偏激性和不稳定性，只会简单地肯定和否定，或者一会儿肯定，一会儿又否定。

家长在教孩子正确评价自己时，一方面，应丰富孩子的感性认识，设计具体的情景来提高孩子的认知水平，应经常带孩子到公共场所，让孩子接触一些人物个性鲜明的电影、电视故事、图书等，并抽时间与孩子一起评价里边的人物；另一方面，要客观地评价孩子的行为，一定要说明为什么这样评价她。有时也可让孩子分析自己，家长再对她的评价给以补充，纠正。

在这一过程中，家长要注意引导孩子根据自己的行为动机来评价自己。当孩子想帮你把碗放到桌上却不小心摔在地上时，你不要发火，而要告诉孩子："你是在帮我们的忙，我知道你不是存心摔碎碗的，下一次不要拿那么多……"对孩子确实没有能力做的事要及时提醒，以防孩子产生挫折心理，影响她对自己的评价。

一般来说，孩子总认为家长让她做的事是她能做并且能够做好的。如果家长事先未经考虑，让孩子做力不能及的事，势必使她的自尊心、自信心受到伤害，产生失败感，影响她正确地认识和评价自己。

帮助孩子发展正面的自我评价是父母所能给予孩子的最好的礼物，也是孩子一辈子的礼物！孩子若觉得自己很能干，很有成就，而且对自己的评价很好，也就培养了孩子的高情商，为孩子在未来社会中成为一个快乐的强者打下基础。

孩子的自我评价是从童年开始的，然后随着年龄的增长而不断发展。父母是孩子发展自我评价的最关键因素，能影响孩子发展出积极的或消极的自我评价。

如何帮助孩子建立积极的自我评价呢？重点在父母所必须有的态度、技巧和行为上。

1. 建立父母自尊心。首先要建立父母的自尊心，建立父母的良好自我感觉，正视自己的优缺点，爱自己、爱别人，这样才能帮助孩子建立自尊心。孩子小时会受到父母方方面面的影响，父母若不注意对孩子自尊心——正面的自我评价的培养与建立，则孩子可能会发展成一个负面的消极的人。罗曼雷特说："我们对自己的看法是从成串的记忆而来的。从小时候，我们就开始对自己，别人及整个世界产生概念及态度。我们的自尊心也是由一连串的态度所组成的——有些是有益的，有些则没有。我们的心会记住每一次经验。也许我们没有察觉，但事实却是如此。"

2. 从尊重开始。建立孩子的自尊要先从尊重孩子开始。小孩虽然不成熟，但她们也是人，和我们一样有感觉，需要被尊重。尊重表示看重对方的价值。每个孩子都是具有独特天赋、气质与个性的个体。去挖掘孩子的想法和感觉是件很有趣的事。孩子是个很好的思想家，而且对生命的看法也很新鲜、很乐观。

3. 重视感觉。不要否定或疏忽孩子的消极感受。如果你的孩子很生气，就对她说："你的声音听起来好像在生气。"那她就会把心扉打开，告诉你她为什么生气。承认怒气是处理怒气的第一步，否定怒气则无法处理怒气、解决问题。除了倾听孩子消极的感觉（就像愤怒）以外，要特别注意让她有时间把这感觉消除掉。你生气时，有时候需要一段时间才能平静下来，小孩子也是一样。

挖掘女孩与众不同的特质

认真研究你的孩子，发现她们之间的差异，并且欣赏她们的特质。把每个孩子身上的特质和性格列出来，然后一一告诉每个孩子你是多么欣赏她们。

尊重女孩的想法及意见

孩子都有一些奇奇怪怪的想法。孩子会老老实实地把她心里的想法以及她为什么会有这种想法告诉你。她们需要别人倾听与尊重她们的想法，但这并不表示你一定要认同。你平常和她们在一起时，要能听得进她们的意见。

注意培养女孩解决问题的能力

不要老是想为孩子解决问题，让她们自己决定并尝到决定后的结果，以后她们才会做出好的选择。在某些小事上准许孩子有正反两面的考虑，并且让她们自己来决定。

积极正确地评价女孩

尊重她的情绪

婴儿时代，女孩常常用哭来表达她们感情上或身体上的痛苦。如尿布湿了，感觉到饿了、冷了，或者是孤独了，女孩都会哭。这时，由于女孩还不会表达，父母总会去耐心地寻找原因，直到婴儿不哭不闹为止。

当女孩会说话之后，她们哭闹的原因也复杂起来，有时是因为她需要父母的关注，有时是她感觉父母不再爱她了，有时还可能是因为她与小伙伴之间发生了误会等。但此时的父母开始不相信女孩，他们开始否认女孩的情绪。如他们经常这样对女儿说：

"你一定不是这样感觉的！"

"你一定是装的！"

"没事的，打针一点都不痛！"

……

于是，在情绪被父母否定之后，女孩开始变得不再喜欢与父母合作，她们有时甚至会像小男孩那样跟父母对着干。这时，女孩的父母开始疑惑了：

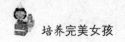

"我的女儿为什么越来越不听话呢?"

其实,并不是我们的女孩越来越不听话,而是她们长大了,她们有了自我意识。当她们的感觉、情绪被父母否定后,她们就会不高兴,于是便有了不与父母合作的行为。所以,要想让我们的女孩一直做"乖乖女",父母就要学会尊重她们的自我意识、尊重她们的情绪。

一个4岁的小女孩对爸爸说:"爸爸,我不想去看医生,医生会伤害我的。"

"我知道,去看医生,医生就有可能给你打针。你很怕打针是吗?"

"嗯,我不想打针,打针很痛。"小女孩很认真地说。

"爸爸知道打针很疼,爸爸小时候也这样认为,不过你不用怕,爸爸会在你身边一直陪着你的。"

终于,在爸爸的耐心引导下,小女孩同意去看医生。

与男孩相比,女孩要敏感得多,当她的感觉和情绪被父母否定之后,她的反应要比男孩强烈得多。因此,有时,认同她的感觉和情绪,往往是促使女孩更乐意与父母合作的主要因素。

给女孩提供发泄情绪的管道

孩子是需要情绪发泄管道的,因此,家长们应该注意为女孩建立疏导情绪的方式,比如让孩子去户外大喊大叫地疯跑等。有的时候女孩们会破坏东西,这也是和她们的情绪息息相关的。家长们应该善于读懂这背后的"隐语",不要急于批评和改正孩子的错误。

情绪发泄与批评之后,一定要让女孩诚实无讳地面对现实

要在女孩情绪平复后,耐心地跟她分享事情的始末,找出存在的问题,帮助女孩慢慢养成自我控制情绪的能力。

家长可以尝试在游戏中让女孩宣泄深藏的情绪

在活泼大笑之后,孩子会感受到父母对自己的爱,感到安全。此时,孩子会用某种方式袒露内心的郁结。比如,她可能坚持要穿一件还没洗好的裙子,是因为她想通过这种方式让家长知道她的烦恼。此时家长应该关心地接近孩子,孩子可能会抓住这个机会大哭一次。这时父母必须有极高的耐力。这种发作,很可能是好事。发作后,孩子会卸掉一个负担,她们会和家长更亲近。

最大限度减少批评

不管孩子是否优秀，做父母的都应该以平常心对待孩子。只有把孩子当作一个平凡的人，当你在发现孩子的优点和长处时，你才可能发自内心地去赏识她，当你发现孩子的缺点和错误时，才能抱着理解的态度给孩子尽可能少的批评。

楠楠是个好动的孩子，前几天，她总是在客厅里踢球。为这事，妈妈多次与她发生过争执，可是楠楠依然我行我素，想踢就踢。这一天，爸爸下班回来，发现女儿在客厅里踢球，就说："楠楠，你的球技又有长进了，真棒！"楠楠听了这话高兴地不得了，踢得更认真了。

爸爸放下包，见楠楠还在认真地踢球，就说："你这样踢下去会把地板弄糟的，妈妈会很难过的，她现在忙着做饭，等一下还要忙着拖地板，多辛苦啊！"楠楠听了爸爸这番话后，感受到妈妈的不容易，觉得自己的做法确实不对。于是，她不好意思地收起了球，说："爸爸，我要现在就帮妈妈把地板拖干净。"

这时爸爸站了起来，和女儿一起拖地，还高兴地说："女儿长大了，真懂事。"楠楠得到了爸爸的表扬很开心，她感受到自己身上对家庭的责任。她说："爸爸，以后我不会在客厅踢球了。"

每个家长发现孩子不正确的行为时，心里都不会舒服。如果你直截了当地对孩子不正确的行为进行批评，孩子会感到很沮丧。因为有时候孩子做出错误的行为并不是有意的，或许她们根本没有意识到自己的错，所以你的批评会伤害孩子。相反，如果她知道自己错了，自然会很听话地改正不正确的行为。

变指责为期望

如果孩子不讲卫生，你与其指责孩子脏，不如对孩子说："大家都喜欢和讲卫生的孩子玩。"让孩子明白，你希望她讲究卫生。这样，你就维护了孩子的自尊心，孩子也会自觉地朝大家心目中的好孩子的方向努力。如果你指责孩子，孩子会认为自己是个坏孩子，是不讨人喜欢的，这样她的自尊心就受到了伤害，她很可能采取对抗的态度应对你的指责。结果会使孩子的问题越来越糟糕。

不急于纠正孩子的"出格"

当孩子做出一些"出格"的行为时，你应该首先去欣赏孩子的出格，而不是立即纠正孩子。比如你让孩子画太阳，孩子却画了一个蓝色的太阳。这时候你应该表现出惊讶的表情，说："哦，太棒了，真是与众不同。"接着，你再问孩子："为什么要把太阳画成蓝色的呢？"这时候，孩子可能骄傲地告诉你："我从海水里看到的太阳是蓝色的，所以我就画了个蓝色的太阳。"听了这些话，你还会纠正孩子的"出格"吗？不会的，你会为孩子的观察力和创造力感到骄傲，并继续给孩子赞赏。相反，如果你看到孩子的"出格"行为时首先就打击孩子："这是什么？你搞什么呀？哪有蓝色的太阳？"这样你就伤害了孩子，孩子会觉得很委屈，因为她确实见过蓝色的太阳。所以，爸爸们不能急着纠正孩子的"出格"，而要用欣赏的眼光看待孩子的"出格"。

误解孩子后要及时道歉

人无完人，家长们有时候会受到情绪或其他一些原因的影响，没有正确理解孩子的意思，结果批评了孩子，给孩子造成了伤害。当你认识到自己的错误后，要及时向孩子道歉，请求孩子的原谅。要知道，亡羊补牢为时不晚。你真诚的道歉能够化解恶言恶语对孩子的伤害。

孩子做错事时，直接指出错误，但是不要用批评的语气

孩子总是会做错事的，这时你直接说出孩子错在哪里就可以了，没有必要添油加醋，甚至翻旧账，对孩子进行喋喋不休的说教。你也没有必要情绪化地处理孩子的错误，尤其是你的语气要保持平和，这样才是对事不对人的表现，让孩子明白你是针对她的错误，而不是针对她本人。只要有可能，家长们都应该在语言表达上要尽可能用正面的积极的语言，发自内心地赞美孩子，客观公正地指出孩子的错误。尽量给孩子少一点指责和批评，多给孩子一些赞扬。

尊重她爱玩的天性

露露有个表姐，学习、性格、自制能力都不错，而且颇有"领袖气质"。去年暑假露露的父母把露露交给她。大孩子管小孩子绝对比家长直接管教有效。没多久，孩子就被管得服服帖帖，据露露说表姐本事大得很，功课上有问必答，做游戏花样百出，玩电脑只赢不输，她从表姐那里学来不少"玩经"，表姐是她模仿的"偶像"。一个暑假下来，孩子玩得尽兴，写日记、做作文也有了内容。在玩的过程中，露露处处以表姐为榜样，这种效用也延伸到她的学习中。她对妈妈说："表姐成绩那么好，我要向她学习！"

爱玩并不一定与学习相冲突。反而过度地压抑，会让女孩过度抵触，造

成消极的情绪。

欣欣的妈妈草拟了一个计划，如果欣欣按计划学习、玩耍，那下次就适当延长她出去玩耍的时间，要是她违反了规定，那下次出去玩的时间就要被扣掉。几天下来，欣欣还真做得不错。不过看她学习的时候还是很不情愿的样子，欣欣妈妈还在考虑要不要把她的小伙伴们请到家里来，一起学习，让她们比赛谁做得好做得快，小孩子就需要这样变着花样哄才行。

适当的奖励和协调，可以使孩子的游戏时间更合理分配。但这不是长久之计，一味的奖励政策，会让孩子对奖赏制度产生一种变本加厉的欲望，最根本的解决办法，还是让孩子可以自我认识，自我调节。

琳琳的妈妈一直把女儿当小大人来看待，跟她说话时也尽量用平等的语气，暑假到了，妈妈也事先跟琳琳声明，让她自己管理自己。因为妈妈对琳琳很信任，她自己也很自觉，还自己写了个作息时间表贴在墙上，让爸爸妈妈监督。几天下来，琳琳做得还不错，妈妈也就放心了。

音乐巨人贝多芬说过："使人幸福的是德性并非金钱。"那么，对于一个孩子来说，违背她的意愿，过早地过多地逼着她去参加各种各样的兴趣班和辅导班，她会幸福吗？有些父母亲在孩子很小的时候就给她报了钢琴、画画、舞蹈、书法兴趣班，还报了游泳，甚至跆拳道。"怎么样，我对你够重视了吧？我舍得为你投资，你可不能让我失望啊！"另一些父母看到别家的孩子都在学，那自家的孩子也得去学，总不能让自己的孩子"输在起跑线上"吧？于是社会上出现了前所未有的"儿童启蒙教育热"。孩子们的双休日没有了，忙得像只陀螺。到她们正式上学了，变得只会习惯性地听从老师和父母的安排，被动地接受学习。她们的创造性呢？她们的主动性呢？试问，如果你就是那位孩子，你还会有那么多的创造性和主动性吗？

给我们的孩子一些自由支配的时间吧，让她们去亲近大自然，享受春天和煦的阳光，让她们切实感受到自然的美丽，生活的美好。让她们玩吧，如果你想让你的孩子成为一个健康的公民，首先要尊重孩子们爱玩的天性，把玩的权利还给孩子们！如果你自己能以玩伴的身份给你的孩子提出一些有益的建议，和你的孩子共同成长，那是最好不过了。

历来，教育专家都提倡"寓教于乐"，特别对于一个未成年的孩子，更应该用"在玩中学，在学中玩"一类有益的方式激励孩子们自发地热爱学习。千万不要用围追堵截的方式，使得孩子们从小萌生"怕学习，怕老师"的想法，那真的会毁了孩子的一生。

在她做好准备之后再给予引导

当父母在聊天时抱怨孩子过于依赖父母，性格太骄纵，担心孩子长大后走入社会受不了压力的时候，有没有想到，孩子之所以变成今天这样骄纵、蛮横无理外加依赖父母，是由于父母过于宠溺，过于为孩子操心造成的？

我们都知道，孩子如果过于依赖父母，性格上又霸道无理的话，长大出社会后是会吃亏的。如果父母意识到，自己目前正在做的一切事情，都可能影响到孩子的未来的话，应该立马"刹车"，改变自己对待孩子以及教育孩子的方式。

父母为孩子包办一切，绝对是孩子自尊心的杀手。

太多的中国家长，对孩子的饮食起居照顾得无微不至，为孩子的课余时间安排众多的学习项目，音乐、绘画、舞蹈、外语……家长们希望孩子将来有远大前程的心情可以理解。但这种越俎代庖的方法，会使孩子在生活上产生依赖性，在学习上产生被动、消极的情绪。这极不利于孩子的成长。孩子必须独立承担她生命里的责任。父母的过度保护是对孩子创造力的无情扼杀。一个孩子别的什么事都不做，只是学习绝不可能成为天才。如果从小到大家长什么都替孩子做好，在孩子成年以后，在群体中会感觉自己一无是处，毫无自信，根本没有能力把事情做好。

还有许多父母，在不自觉之中把孩子变成了实现自己理想的工具，而不是真心关注如何实现孩子的人生理想。

曾有一位妈妈向专家咨询，她说："董博士，请问让孩子课余时间学技能班对不对？"

那位专家回答说："学什么是她自己的选择，如果孩子愿意就是对的，孩子不愿意就不对。"

"可是我女儿也没有说她愿意不愿意，我说让她去，她就说行。"

"那你没有问她吗？"

"没问过。"

"孩子最后学了吗？"

"还没有……我觉得学钢琴不错，书法也挺好，又想学芭蕾，哪个我也不想放弃……"

大家注意到了吧，这位母亲说"我觉得"，"我不想放弃"，我们有多少家长因为自己生命中有遗憾，就硬把意志强加给孩子，把孩子当成完成自己理想的工具！

放开包办的手

如果你真正爱你的孩子，真的为孩子考虑，就请放开为孩子包办一切的手，不要用爱的名义断送孩子一生的幸福。

不要过分溺爱女孩

过分溺爱孩子，最终只会毁了孩子。无论孩子在做任何事情，父母只需要在旁引导看待事情以及处理事情的方式，而不需要太亲力亲为，最后变成父母包办了一切，这样孩子的独立能力就无法得到锻炼，霸道无理的性格也不会得到改善。所以，请父母给孩子一定的空间，适当地放开孩子的手，让孩子独立去面对学习和一切事情吧。

通过爱和规则表现对女孩的关心

惩罚她，但不可以羞辱她

一天，乔治教 7 岁的女儿凯丽怎样使用割草机。当他正在教凯丽如何在草地尽头将割草机掉头时，他的妻子叫他接电话。乔治刚刚转身，凯丽由于控制不住割草机的抖动，把割草机推到了草坪边的花圃上，所过之处，大约 2 尺宽的一片花草已被夷为平地。

乔治回头看到发生的一切之后，非常生气。这是他花了很多时间和精力，好不容易侍弄出的令邻居们羡慕的花圃。他开始对女儿吼叫："你这个笨蛋，什么时候能不干这种让人笑话的蠢事!"

这时，妻子很快走过来，把手放在乔治的肩膀上说："亲爱的，请记住，我们是在养小孩，不是在养花。"

花已经死了，还有被棒球砸碎的玻璃窗户、被孩子不小心碰倒的灯以及掉在厨房地上的碟子，它们都已经破了，都已无法挽回。此时，我们不要再去打碎一个孩子的心灵，如果她们充满活力的内心变得麻木，这种无法挽回的损失才是真正的遗憾。

可惜的是，在许多情况下，孩子有时出了差错，常常遭到父母或老师的指责，甚至讽刺和挖苦。

"白吃了十几年饭了。"

"你父母给你吃什么长大的。"

"你多能呀!"

"你简直是个饭桶!垃圾!废物!"

敬爱的父母们,当你用这种讽刺挖苦的方式教育孩子的时候,你可曾想到这会影响孩子一生的性格。你的孩子,即便她不像你心中想象的那般优秀,但记住:性格比成就更重要!健康的性格才是她一生幸福的基础。

孩子作为一个独立的人,应该受到尊重。挖苦、侮辱孩子,不是体罚却是"心罚",是一种"语言暴力",是一种精神虐待。虽然,每个家长都疼爱自己的孩子,但家长没有认识到孩子虽然还不太懂事,可她们也有情感、有委屈、有苦恼、有失望、有悲伤,做父母的应当去理解孩子的想法,才能引导她们健康成长。

恶言恶语,强迫威胁,甚至挖苦讥讽,大都是那些年轻母亲在气急了的时候、恨铁不成钢的情况下,训斥子女时常采用的方法。但是,她们通常也是最不能为孩子,尤其是那些反抗性或自尊心强的孩子所接受的。这不但不能把孩子教好,反而会把事情弄僵,在不知不觉中给孩子不良的影响。

尊敬的父母一定要知道,为发泄自己的怒气随意说出的那些带刺的话,那些侮辱性的话,会构成对孩子的精神威胁,会伤害她们的心灵,摧毁她们堂堂正正做人的勇气,其后果是断送了她们的前程。

孩子们正处在成长的黄金时期,懵懂的她们尚未建立正确的价值观和世界观,做错事、说错话甚至犯下"惊天"错误,都是在所难免的,也需要来自成人世界的理解和呵护。这时候,老师需要做的恰恰是积极地、正面地引导她们人生的道路该如何走。自然,惩罚是引导方式的一种,否则放任、纵容孩子的言行会宠坏她们,使她们任意妄为,甚至变坏。一旦这些孩子踏入社会,就会在工作和人际关系方面都会面临重重困难。但是惩罚必须有个尺度,特别是不能让孩子在心灵上觉得受到羞辱,否则容易使孩子产生叛逆心理,对权威产生抵触情绪。但动员全班学生来搜集、指责一个学生的缺点,让她在班上成为"不受欢迎的人"和众矢之的,能不在她的心上留下永久的伤害?让学生咀嚼难以下咽的烟头,能不在她们的心上留下永久的伤害?

那么,处在没有树立是非观念的阶段的孩子,家长如何让她们深刻认识到自己的错误,并且达到良好的教育效果呢?适当的惩罚其实可以尝试。

惩罚宝宝,是每个父母培养孩子、纠正孩子错误的方式之一。俗话说得好:没有规矩不成方圆。孩子犯错误,自然需要父母的教育和惩罚。但惩罚宝宝也要讲求科学方式,一旦惩罚不当,不但对宝宝的行为起不到规范作用,更可能使宝宝的行为逆向发展。如何在家庭教育中有效惩罚宝宝,下面十个方法科学又智慧。

规劝

案例：与同伴吵架、抢夺玩具……

方式：放下手边的工作，走到孩子身旁，让孩子知道你正在注意和关注；然后询问孩子争执、吵架的原因，并耐心听完孩子的想法；灌输孩子打人、抢夺是不正确的行为和观念，并要求孩子学习说"请、谢谢、对不起"。

建议：勿以很大声音去压住或威胁孩子；勿直接将孩子拉开，然后大声训斥孩子不是；言语间避免伤孩子的自尊心。

打手心

案例：打架、乱丢东西……

方式：用报纸制作一纸棒，外观可包上一层包装纸；赋予它一个名称，如警惕棒等；放在固定的地方作为警惕。

建议：在心情好的时候制作，可与孩子一起讨论制作警惕棒的原因；处罚孩子时，先让她说出自己错在什么地方；提醒处罚的原因；注意安全问题，打的部位以手心、屁股为主，其他部位则应避免。

罚坐

案例：吵闹不休、吵架……

方式：在处罚区上摆上软垫或一张椅子，可取个名字；准备闹钟或时钟，计时处罚时间。

建议：处罚地点不正对大门、不在太明显地方；限制处罚时间，或让孩子讲处罚多久；处罚完后，让孩子说出今天被处罚的原因。

帮忙做家务

案例：乱画，乱丢东西、玩具……

方式：准备一条抹布、扫把、盆子等清洁用具，让孩子学习清理和养成整洁的习惯。

建议：父母应随时注意孩子的安全；较小的幼儿可由父母一起带领做家事；训练孩子养成物归原处的习惯；询问孩子在帮做家务时学习到什么。

画画

案例：喜欢骂人、抓人、踢人、咬人等小动作。

方式：依家庭的情况，在固定处摆放一张小桌子（此处罚桌最好不是平常使用到的书桌、餐桌、客桌等，以免孩子日后使用到这些桌子时，会产生

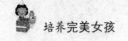

害怕、恐惧的心理）；准备一本画册及颜色不同的画笔，让孩子画出、写出心中的想法。

建议：当孩子有伤时，先处理受伤部位再处罚；让孩子将发生的时间和做错的事情画下来；大人先控制自己的情绪，可从孩子的画中了解到，孩子犯错的心理想法；此为艺术治疗法，不会伤害到孩子自尊心。

罚站

案例：故意从高处往下跳、车上跑跑跳跳。

方式：在家中规划一个处罚区，可取个名字；地上铺上软垫；准备一个时钟或闹钟，计时孩子处罚的时间。

建议：处罚地点不宜太明显或正对大门，以免伤及孩子自尊；处罚时间不宜太久，否则会造成孩子更顽皮的反效果；视孩子的高度来决定垫子高度；处罚完后，询问孩子被处罚原因，让孩子自己知道做错了什么。

看书、写字

案例：暴力倾向、说谎、顺手牵羊……

方式：选择固定处罚区铺上软垫或摆放小桌子；在处罚区里面放铅笔、画纸、彩色笔、故事书、色纸等；让孩子自己先写字或看书，化解孩子愤怒的情绪。

建议：当有不能马上放下的工作时，可先叫孩子到处罚区去反省；别怒斥孩子的不是，与孩子先隔离，缓和彼此的情绪；等情绪平复后，询问孩子犯错的动机。

没收心爱的东西

案例：吵闹不休、乱丢东西、不收玩具……

方式：将孩子乱丢的物品予以没收，作为惩罚。

建议：父母可以先放下手边的工作来陪伴女孩，让孩子知道妈妈正在注意和关注；告诉孩子将乱丢的物品收好、停止吵闹，否则将有所处罚；让孩子说出为什么犯错和妈妈生气的原因。

排珠子

案例：针对耐心不足、乱丢东西等情况。

方式：准备一个盒子、盘子，里面有红色、绿色等彩色的珠子，几个塑料罐子；让孩子在处罚桌上，将各种颜色的珠子摆放在正确位置。

建议：如果孩子本身很叛逆，视情况针对孩子来处罚，可先罚站、罚坐再做处罚；此目的在训练孩子养成物归原处的习惯；可训练手眼协调、分辨能力；完成后，让孩子知道被处罚的原因。

禁止某些权利、要求

案例：不爱刷牙、挑食、乱丢东西……

方式：暂时禁止孩子碰触爱吃、爱玩的东西，作为惩罚。

建议：不以威胁、愤怒的态度大声对孩子说；让孩子知道禁止这些的原因，当孩子日后表现佳时，恢复其权利。

孩子成长过程当中，难免都会犯错，无论是无心的或是故意的，当父母在处罚孩子时，关键是把握原则，控制情绪。另外，还需注意一些事情，以免造成不良的后遗症。

1. 安全问题，处罚物品的材质避免过于坚硬。
2. 控制自己的情绪反应。
3. 处罚的地点应选择不明显、不正对大门地方，以免伤到孩子自尊心。
4. 注意措辞、语气，勿以威胁、恐吓的话语对孩子说。
5. 处罚内容需彻底执行，不宽容、妥协。
6. 处罚后，安抚孩子，让她知道父母对她的关心和关爱。

不要以好行为作为认可她的条件

小红和妈妈一起坐公交车，车到了一站，上来了一个老奶奶。小红很主动地站起来，把座位让给了奶奶。妈妈很高兴，夸奖了小红。小红不好意思地笑了笑。

晚上回到家里，妈妈高兴地把这件事情告诉给爸爸听，爸爸也夸奖了小红。小红很开心，但还是说："这些都是尊老爱幼的基本嘛，学校里都有教的。"

周末妈妈带小红到了奶奶家，又把让座的事情将给奶奶听。奶奶使劲夸小红懂事。小红有些得意了。

相信家长们都已经明白，妈妈在第一次夸奖小红的时候，是对小红正确行为的一种肯定。而下面两次，其实带有过分褒奖的性质。本来，尊老爱幼是每个人应该做到的。小红给老奶奶让座的行为，值得肯定。但家长不应该过分夸大这种行为，让孩子觉得，给老人让座是一种特殊的行为。长此以往，孩子会建立一种思维模式，对于一些本来很普通的事情，期望过高，如果做到了没有得到肯定，孩子会很失望。这样，许多基本的品质得不到加强，反而有可能被削弱。

家长肯定孩子正确行为的出发点固然是好的，但一定要掌握表扬的

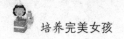

"度"。

过分的夸奖会助长学生的骄傲自满心理。"你真棒，你真聪明，说得好，真好，非常好，太好了！"对于这样的评价语言，相信孩子第一次听到会激动半天，但我们不想想听到第十次、第二十次甚至于更多时，孩子会作何反应？长期处于夸奖和表扬的氛围中，孩子很容易产生骄傲自满的心理。特别是教师不切实际地对学生进行表扬和夸奖，也会影响学生们正确的思想道德品质的形成。

夸大的表扬不利于孩子专心致志学习品质的养成。孩子取得一点点的成绩，有了小小的进步，就受到家长的大力表扬，似乎能给她们继续进步的信心，但这也很容易让孩子产生一种满足和不再进取的心理，导致她们在学习上产生一种随意应付和浅尝辄止的态度，不利于专心致志和刻苦认真的学习品质的形成。

过分夸奖会淡化批评教育的作用。如果孩子长期处于表扬和夸奖氛围之中，形成了自满自尊的心理，当遇到家长的一点批评教育，她们的心理可能就承受不了，很容易出现问题。因此，"好孩子是夸出来的"这一命题并不是千真万确的。

表扬女孩要实事求是，避免任意夸大

孩子们都喜欢表扬和夸奖，但实事求是的表扬更有教育意义。如果家长从实际出发，表扬孩子的每一句话都是真实可信的，被表扬的孩子才能深受感染并产生进步的动力，激发前进的欲望。因此，教师和家长对学生表扬之前，要注重对事实进行深入地调查研究和全面了解，不可随意地、不切实际地对孩子任意进行表扬和夸奖。

表扬要具体，要表扬出孩子在具体行为中反映出的精神

对孩子的表扬要具体实际，才更有说服力，切忌用宽泛简单的语言对学生进行表扬，如"你太好了""你是最棒的"，等等，这些语言就没有针对性。要结合学生进步的实际表现进行表扬，例如："你帮助其他同学，这样做是对的"或"你今天上课很认真，进步不小。"这些赞扬的话语内容具体，可以很好地激励她们快乐生活。

表扬的形式要多种多样

表扬通常以口头表扬为主，但不仅限于此。手势、表情、纸条等都可以使用。不同形式的表扬可以收到异曲同工的效果。如表扬女孩有进步，可以说"嗯，不错！"可以向她竖大拇指；可以向她显露惊喜之色；可以向她微笑点头。让女孩在无声的关爱中有新收获，有新进步。夸奖女孩不一定要用夸张的语言，有时候，一个温馨眼神、一个赞许微笑、一个肯定的点头都能让她们找到自信，体会被肯定、被尊重的感觉！

第十章 养育女孩的"技术难题"——如何让女孩自立自主

陪伴女孩,而不是替她成长

以逸"代"劳,别大包大揽

女孩子与生俱来的乖巧甜美对于父母来说是无法抗拒的魅力,而在计划生育的大背景下,父母对于独生女儿的宠爱往往会让她们偏离了养育女孩的正确路线,甚至有父母觉得女孩就应该娇生惯养,最好肩不能挑,手不能扛,事事能听父母的规劝引导——这是非常危险的,当今社会,女孩不可能一辈子生活在父母的庇护下,总是要离开家出外求学、生活的,因此,从小训练女孩子的独立生活意识和独立生活能力是非常必要的。

那么,如何才能很好地培养女孩独立自主的精神和能力呢?一个方便有效的方法就是有意识、有控制地在女孩日常学习生活中"放权",让女孩尽量独立处理自己能力之内的事情,家长只是适时充当引导者和辅助者的角色,而不能让女孩子产生依赖心理,比如在女孩制订学习计划时提出建议,在女孩遇到学习困难时鼓励她自己寻找解决办法等。

从小培养女孩独立自主的能力,一方面可以让父母省心,另一方面,会为女孩将来的学习、生活和工作打下坚实的基础,所以,当今的城市家庭,尤其是独生女儿的爸爸妈妈们,一定要懂得在女孩的教育中"以逸待劳",不要事事亲力亲为,适当让你的女儿发挥自己的能力,聪明的女孩子往往会带给我们别样的惊喜。

小雪的妈妈是家庭主妇,从小到大,小雪的一切事务基本都由妈妈包揽了。爱女心切的妈妈给小雪制定了严格的时间表,每一分钟做什么都安排得井井有条,从早晨起床先穿哪一件衣服到晚上睡前,从学习日的作息到周末舞蹈课后的娱乐活动,小雪都是听着妈妈的指挥按部就班地进行着,妈妈对听话的小雪也是疼爱有加。

小学五年级时,小雪的姥姥突然重病,平时乐观开朗的妈妈一下子变得十分悲哀消沉，妈妈为了能好好照顾姥姥，不仅搬到了姥姥家住，因为姥姥行动不便不能去医院，妈妈还得天天为姥姥治疗的事情奔走于医院与姥姥家之间，这样一来，妈妈就完全没有时间来管小雪了。临走时，因为小雪的爸爸在外出差，妈妈就将小雪托给邻居赵阿姨照顾。没有了妈妈在身边，小雪一下子失去了生活的指挥者，不知道该如何安排自己的生活。赵阿姨自己的女儿已经离开家去外地上大学了，看到小雪不知所措的样子，平时对小雪妈妈教育方式比较了解的赵阿姨开始试着慢慢减少小雪的依赖性。

首先就是让小雪回想之前妈妈列出的时间表，结合自己的实际情况，划出现阶段自己可以决定的部分，比如每天穿什么样的衣服，家庭作业有困难不是问妈妈而是第二天去学校问老师，等等，然后照着"小雪表"执行。小雪是个很听话的孩子，就严格地照做了。渐渐地，赵阿姨发现，小雪自己安排的学习、生活不仅没有变得乱七八糟，反而因为是自己安排的缘故而更井井有条了。

在逐步学会自己照顾自己的同时，小雪也感受到妈妈平时照顾自己的生活有多么不容易，她开始想到，现在妈妈要照顾生病的姥姥一定更累吧？我能不能帮帮妈妈呢？在赵阿姨的帮助下，小雪学会了做一些简单的饭菜，一个周末，小雪提着自己做的饭菜来到了姥姥家，并对着惊讶不已的妈妈说："妈妈，我终于长大啦。"

不要小看女孩子的自理能力

放一点权给女孩子，让她自己安排力所能及的生活，比如穿着、做作业的时间、玩耍的伙伴，等等，可以与女儿一起制订她的学习、生活计划，但制订过程的主角一定得是女儿，父母只是提出建议或担任女儿征求意见的对象。这样慢慢地，父母会轻松一点，女孩也会成长得更好。

随时引导

孩子毕竟是孩子，缺乏判断是非好坏的能力，需要父母时时地关注和引导，"放权"不等于"放任"，而是在一旁观察、引导女儿自理能力的成长，遇到女儿犯了错误，一定要及时指出或是暗示女儿自己改正。

习劳知感恩——让女孩多做家务活

关于女孩子做家务的问题，很多年轻父母都头疼过，有的是心疼不让女孩子做，有的是想交给女儿做又不知道让她做什么、什么时候做。小时候让她做吧，怕女孩子拿不动水壶，折断了扫帚；长大一点吧，女孩子又开始嫌脏嫌累了，结果就是，很多女孩子都有不爱做家务甚至不会做的缺点，也不觉得做家务会累、会烦琐，反而认为家务事就是爸爸妈妈做的事，不懂得体谅自己的父母。

如何解决这个问题呢？其实从刚刚列出的几种情况中可以看到，女孩子不爱做家务，常常跟父母小小的不忍心或是担心有关。其实，女孩子没有我们想的那样柔弱，一定年龄段的女孩子对于家务活还非常好奇，抓住这两点，父母们完全可以放手让女孩子做一些力所能及的家务，比如擦擦桌子、摆摆碗筷之类的事情，幼儿园大班阶段的女孩子就可以胜任了。不用担心女孩子做不好，只要她迈出了"做"的一步，就是进步。父母可以对女儿的家务活进行鼓励，也可以奖赏激励，但一定注意不能让女孩子在脑海里将"家务活"作为"可以得到奖励的事情"，应当培养她们劳动的意识和习惯，一旦树立起劳动的意识，女孩子会自觉地去完成家务活的任务。

儿童认知发展的规律表明，在2～7岁时的儿童，各种感觉运动行为模式开始内化而成为表象或形象思维。此阶段的主要特点有三：相对具体性，不可逆性，自我中心性。其中"自我中心性"一点，具体讲即是儿童只能站在她的经验的中心，只有参照她自己才能理解别的事物，而认识不到还有他人或外界事物的存在，也认识不到自己的思维过程。故2～7岁的思维阶段又称为自我中心思维阶段。教育处于这一思维阶段的女孩子，让她有亲身的体验是最有效的方法。做家务时，女儿一边会模仿父母平时做家务的样子，一边会凭自己"累""烦琐""辛苦"等体验去感知父母做家务时的感受，有了这样的体验认知，不用父母说，女儿会自己主动学会感恩平时照顾自己的父母。

元元读小学四年级的时候，语文老师布置了一篇课堂作文《我第一次做家务》，几乎从来没做过家务的元元傻眼了。平时老师让写春游、花草，元元都能写得很好，因为她有真实的经历，可这一次，元元绞尽脑汁也写不出来了，只有胡乱编造了一篇洗碗的作文交了上去。老师看了之后就明白元元肯定没洗过碗，于是在点评作文的课上，老师布置了一项附加作业，回家后做一件家务事，跟自己第一次做家务时比较一下，有哪些方面比第一次做这件家务时要做得好一些了，写下感受交给老师。

当天晚饭后，元元主动向爸爸妈妈提出洗碗。真正洗起来，元元才知道，家务活不是那么好做的，洗完了碗，手油油的，很不舒服，腰也酸酸的，也才明白，爸爸妈妈平时下了班还要做家务有多么辛苦，自己不做家务是不应该的。在交给老师的"感受"中，元元写道："昨天是我第一次洗碗，今后，我会尽力帮爸爸妈妈多做家务事，他们太辛苦了。"

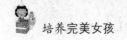

与女儿约定，让女儿和父母一起承担家务

孩子的公平心理非常强烈，如果父母只是一味地让孩子做家务而自己在一旁看着，会让孩子产生强烈的不满，就算父母平时做得再多，她也会视而不见。因此，可以与女儿"约法三章"，比如妈妈做饭，爸爸洗碗，女儿就负责摆放碗筷和收拾桌子，一家三口自己的内衣自己负责洗，等等。

表扬女儿劳动的行为，给她积极的暗示

女孩子都是喜欢表扬的，尤其是她认真做的事情，父母都应给予积极的表扬并耐心地教会女儿她所负责的家务的技巧，让女儿明白自己在做一件让爸爸妈妈高兴的事情，这种事情她是很乐意一直做下去的。

让女孩当一天家

让女孩当一次家不仅可以锻炼女孩面对问题的能力，而且还能让女孩获得一定的技能和技巧，这不仅是一次道德教育，更能提供一个广阔无垠的思想世界。

根据一项抽样调查显示，某个城市的高中生近六成起床不叠被子；五成从不倒垃圾，也不扫地；七成不洗碗，不洗衣服；九成从不洗菜做饭。还有部分高中生什么家务也不做，个别人连整理书包都还要家长代劳，更别说给他一次当家的机会。

针对女孩做不了家务，当不了家的情况。一些家长给出的理由是：她还只是个孩子，她现在的任务就是学习，这些事等她长大了再学着做也不迟。

这些家长的一片"苦心"，使孩子们不仅不会做家务，还养成了衣来伸手、饭来张口的习惯，以为别人为自己做什么都是应该的，却不知道自己也有关心与帮助别人的一份责任。

独立生活能力差，是当前我国儿童普遍存在的问题。究其原因，大多归之于"独生子女"。其实在西方发达国家，许多家庭也是独生子女，但他们对待女孩的态度则与我国的父母很不相同。

女孩小时，正是孩子品性形成与发展的重要时期，极具可塑性。孩子虽小，却也具有独立的人格，也是家庭中的一员，父母应该适时教育，加以指导，让孩子在家里承担一定的责任。

有一个懂事善良的小女孩，名叫曼丽。

在她5岁的时候父亲已经过世，陪伴着她的，只有穷困的母亲和一个2岁大的妹妹。

她很想能帮上母亲的忙，因为母亲挣的钱总是难以养家糊口。

一天，曼丽帮着一位先生找到了他丢失的笔记本，于是这位先生给了她10块钱。

曼丽把钱放到一个谁也找不到的地方。她母亲一直教育她要诚实，绝不能拿任何不属于自己的东西。

她把这10块钱用来买了一个盒子、三把鞋刷和一盒鞋油，接着她来到街角，对每位鞋不太干净的人说："先生，能让我给您的鞋擦擦油吗！"

她是那样的彬彬有礼，因此人们很快便都注意到了她，并且也十分乐意让她替鞋擦油。第一天她就挣了5块钱。

当曼丽把钱交给母亲的时候，母亲情不自禁地流下了热泪，喃喃地说："你真是一个懂事的好孩子，曼丽。我以前不知道怎样才能赚更多的钱来买面包，但是现在我相信我们能够过得更好了。"

从此以后，曼丽白天擦鞋，晚上到学校上课。她挣的钱已足以负担母亲和妹妹的生活了。

俗话说："穷人的孩子早当家。"穷人家的孩子，由于家境贫困，从小就经历了痛苦和磨难，因而较早地体味到生活的艰辛，从而更加珍惜现在，努力创造未来。

从这个意义上说，女孩能否早日"当家"，其实并非只取决于家境，而是看她有没有经受过艰辛的经历。我国古人也指出："父母之爱子，则为之计深远。"因此，对家长而言，只有立足于现在，适时地让女孩吃点苦，才能帮助女孩将来早当家。

在此，家长为了女孩将来能更好地适应社会，让女孩了解父母的辛苦与不易，在女孩上小学高年级或初中时，周期性地让女孩当一天（或两三天）家，是一个行之有效的办法。

为女儿提供当家的机会

家长可以找一个周末，让女孩为第二天的生活与活动安排做一个预算与计划，然后从第二天早上起床开始，就由女孩上岗指挥与组织一天的家务与游玩。父母则在女孩指挥下加以配合，需要多少钱，买什么菜，到哪里玩，坐什么车，走哪条路线，均由女孩来筹划。

女儿当家后的总结

父母要放手、信任，不要干预，即使女孩安排得不是很合适，也不要当即否定，而是等第二天再与她一起总结，先让她自己提出改进意见，然后再补充。相信女孩对这样的活动定会兴致很高，也会十分用心和负责任，快乐与收获定会出乎家长们的意料。

不要放任女孩的小毛病

现在的家庭里，大多数只有一个孩子，而女孩更是往往被父母娇惯着长大，因此，即使有时发现孩子的一些小毛病，父母也会因为溺爱而迁就，甚至强化这些小毛病。有时，父母会觉得孩子还小，这些小问题以后可以慢慢解决，殊不知孩子越大某些小毛病就会越顽固，越难以解决。况且，我们要知道，任何的小习惯、小毛病都是孩子性格成长中的一部分，有时小时候的一些小毛病会成为孩子长大后严重的缺点，有时甚至会影响孩子的一生。

欣欣从小就爱吃甜食，尤其是糖果之类。因为父母的疼爱，她几乎天天都会吃一些糖类的零食。然而，欣欣最不喜欢的就是每天晚上睡觉之前要刷牙，几乎能赖就赖掉了。一开始，妈妈觉得这只是一个小小的坏习惯，小孩子不喜欢刷牙可以理解，所以也就没有强制要求欣欣每天晚上必须刷牙，只是想起来的时候提醒一下，想不起来的时候就算了。就这样过了几年，有一天欣欣在吃东西的时候突然牙疼，她跑到妈妈身边。

"妈妈，我的牙好疼啊。"欣欣捂着嘴说。

"过来，让妈妈看看。"妈妈让欣欣张开嘴，发现欣欣已经有两颗很大的蛀牙了。

在带着欣欣到牙科医院看过之后，医生告诉欣欣的妈妈，欣欣已经有 3 颗很严重的蛀牙，以及两颗稍微轻微的蛀牙，并且由于已经换了乳牙，这些蛀牙会陪伴欣欣一生，以后甚至有可能需要补牙。在经历了痛苦的补牙过程之后，欣欣对之前晚上不刷牙的习惯感到非常的后悔，而更后悔的是欣欣的妈妈。因为没有在欣欣小的时候就纠正她的一些小毛病，而让她以后都要遭受蛀牙的困扰。

然而怎么样才能注意到孩子的小毛病，从而帮助孩子改善这些小毛病呢？首先，做家长的应该从细节上注意孩子的举动，尤其是小的时候，在一些小毛病还未养成时。同时，要注意孩子的性格，尤其是女孩子，常常比较慢性子，容易撒娇。在纠正孩子的习惯的时候，一定不要被孩子牵着走，有时候需要适当强硬一些，才能帮助孩子改变某些旧习。

除此之外，让女孩明白某些小毛病不改就会成为大毛病也很重要，让她们明白这些道理，然后约法三章，并且坚持去做。通常 8~12 岁是养成习惯的最佳时期，但是也是小孩最容易习得某些坏习惯的时期。因为此时的女孩缺乏辨别好坏的能力，很容易受到周围人的影响，如果父母能够制定明确的规定，告诉孩子哪些事是该做的，哪些事是不该做的，就更加有助于孩子从小养成正确的习惯。

家长可以对女孩进行适当的奖惩

适当的奖惩措施也是非常有效的，让女孩明白承诺的重要性，在出现不好的习惯的时候适时制止，在出现正确的行为的时候适当奖励，会让孩子倾向于自我控制，从而达到改正孩子小毛病、养成正确习惯的目的。

家长要对女孩的行为严格监督

鼓励是养成习惯中很重要的一环，但是不能一味地鼓励从而纵容女孩的一些坏毛病，因为有些小毛病也许在成长的过程中会成为影响女孩一生的因素，因此，纠正女儿的小毛病，父母的严格监督是非常关键的，只有时时督促，时时提醒，女儿的小毛病才能"长痛不如短痛"，快速改正。

鼓励女儿参与到家庭决策中来

一位女孩的父亲讲述了这样一件事情：

女儿 5 岁的时候，每当我跟她妈妈商量一些关于女儿的事情，比如入学、学校老师时，女儿总会打断我们，不停地想吸引我的注意力：她一会儿指着自己的玩具对我说："爸爸妈妈，快看，我给我的洋娃娃做饭了！"我们常常是应付地点点头："好，继续玩吧。"一会儿又会跑过来问："爸爸妈妈，你们在说什么呀？"为了避免她继续问下去，我们常常说："这是大人的事情，小孩子不懂。"她一会儿又装作不小心摔倒，坐在地上哭个不停，希望我们把她扶起来。

……

最后我跟她妈妈都忍无可忍了，只有躲到楼梯间里去商量。

后来我听了一个关于亲子关系的讲座，才意识到这种做法对女儿是多大的伤害。小孩子不懂得什么叫"大人的事情"，尤其在女孩儿的心目中，平时跟爸爸妈妈的关系相较于男孩子来说更加亲近，她跟爸爸妈妈是平等的，是没有秘密的，彼此间的交流应该是无时无刻都开诚布公的。而跟女儿有关的家庭决策，谈论的是关于女儿的事情，女儿当然认为她应该参加。

我们知道，女孩是渴望得到关注的，别人的关注能让她找到自我认同的感觉。尤其是来自于很有权威的关注，更是意义不同。对女孩子来说，爸爸妈妈凑在一起谈论事情，便是最权威的事情了，如果自己能够参与进去，便会高兴不已。一些不太紧急重要的家庭决议，如果能让孩子参与进来，对于女孩子自尊心、自信心的树立会起到很好的作用。虽然父母有时会觉得两个人商量起来更方便一些，但爸爸妈妈们应该想到，被你们排除在外的孩子心里会有多么难过。如果父母对女儿参与要求毫不关心，一开始，小女孩会采取某些小伎俩，或通过哭闹的诡计来引起父母的关注。但如果这一目的不能达到，女孩就会感到十分困惑，她会认为父母不爱她了，不愿意理她了，她会因此而感觉到被欺骗、生气，甚至还会产生内疚的心理：究竟我做错了什么？父母为什么不愿意理我？我怎样做爸爸妈妈才会更喜欢我，让我加入他们的讨论呢？

如果女孩长期生活在这样的心理下，她就会自觉不自觉地为自己贴上这样的标签：不够听话、不够聪明、不够可爱、不够讨人喜欢……一直如此，会使得女孩拥有了一颗极度自卑的心灵。相反，如果父母能向女儿敞开家庭决策的大门，为女儿提供一个除了向父母撒娇、询问之外还能向父母提供自己意见的平台，对于女儿的健康成长会很有帮助的。

为女儿开放家庭决议

女儿是家庭的一员，不要因为女儿小就认为女儿不懂"大人"的事，为女儿开放家庭会议，她会安静地听，反而会比将女儿撇在家庭会议的门外表现得更好。再者，如果商量关于女儿的事情，有女儿的参与决议，她会更积极主动地去实行，因为这是她自己认可的决定，不是父母强加于她的。

鼓励女儿对父母提出建议

父母是女儿生活的引导者，同时，女儿也可以成为父母生活的"辅助者"，鼓励女儿对父母提出建议，女儿会很认真地思考，这样，一方面可以让女儿感受到父母对她的重视和喜爱，一方面，女儿的眼光往往能为家长们提供别样看问题的角度。

如何让女孩不再黏父母

女儿与父母的依恋关系是正常的，也是必须建立的。

依恋是形成亲密关系的基础，依恋是婴儿与抚养者之间一种积极的、充满深情的感情连接。它对于激发父母和照顾者更精心地照料后代，对形成儿童最初信赖和不信赖的个性特点有着重要的影响。依恋是女孩出生后最早形成的人际关系，是成人后形成的人际关系的缩影。因此，父母要与孩子建立良好的依恋关系。既不能对女儿太强硬，也不能让女儿太过于黏人。

孩子在出生后的第一年对她是至关重要的，母亲的接纳、喜欢、拥抱、躯体抚慰和精神关注，将促进孩子与母亲形成信任、安全、温暖的关系，这样的依恋关系能让孩子变得健康、活泼、开朗、自信和自尊。如果母亲性格强硬，动作粗糙，情绪不好，对孩子疏于照料（让孩子处于饥、渴、冷、湿等不安状态），或不愿意亲自陪伴孩子，把孩子寄养在别处，甚至虐待孩子，那么孩子就可能很难与人形成良好的依恋，心理发展延缓甚至出现自闭倾向。有很多不能形成依恋的孩子，在成长中会慢慢出现边缘型人格障碍或自恋型人格障碍等。

当然，也不能走向另一种极端，即养成女儿黏人的习惯，只愿意跟着父母，尤其是母亲，而不愿意面对朋友、老师或是陌生人，这对于女儿的性格养成也是有害的。如果女儿太过黏人，做父母不要强硬反对，需要慢慢引导。

妈妈正在厨房烧菜，圆圆像条小尾巴似的在妈妈身边蹭来蹭去，妈妈担心不小心伤着她，于是对圆圆讲："圆圆，厨房里很危险的，你先出去玩，一会妈妈做好饭就陪你，好不好？"

"我不！我要跟妈妈在一起！"圆圆撅着小嘴。

"圆圆乖，你看厨房里这么小，万一妈妈不小心碰着圆圆了怎么办？"

"我就不！"

无论好说歹说，圆圆就是不肯出去玩。

平时，圆圆就跟妈妈特别亲，无论是吃饭、玩耍还是睡觉都要妈妈陪着。一见妈妈不在，她就会到处找，甚至妈妈洗澡时，她也要守在门外。刚上幼儿园的那会儿，圆圆根本就不愿意离开妈妈，无奈之下，妈妈在幼儿园陪了她整整一周，她才慢慢地肯去幼儿园了。现在，即使每天去幼儿园，圆圆也对妈妈依依不舍，从幼儿园回家后，她就会寸步不离地守着妈妈。

圆圆的爸爸因为工作忙，平时都是早出晚归，因此，圆圆的吃喝拉撒都是由妈妈操持的，这无意中养成了圆圆特别依恋妈妈的习惯。

与父母形成良好依恋关系的孩子具有以下的特征：在母亲离开时会哭闹，在母亲回来时会高兴；如果母亲在场，通常以母亲作为认识世界的起点；如果在玩耍，会不断地回到母亲身边寻求安慰；通常比较合作，较少生气，会友善地对陌生人。

这样的孩子容易形成积极的人格。主要表现为：人际关系中，开朗活泼，有自信和自尊，懂得爱别人，能与人"共情"，没有暴力倾向，善良，宽容，知道自我的边界，不对别人过度要求。能正确解读父母教育自己的信息，打得也骂得，孩子不会忌恨父母，一般也不会让父母太伤心。依恋不够的孩子

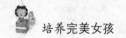

打不得也骂不得，因为父母这样做会激发孩子内心深处对父母的不信任。

对于需要和母亲加强依恋的孩子，母亲最好不要做的事

对孩子身上的某些行为、特征、习惯不满意，忙着纠正孩子，让孩子感觉很糟糕，没有安全感。很长一段时间里不要批评孩子，如果什么事非说不可，也要这样说："孩子你这样做很不错啊，不过，妈妈还有一种方法，你想不想试试？"

急于向孩子或让孩子表达亲密感，结果遭到孩子拒绝，引发大人的挫败和孩子的焦虑害怕。

拒绝原来曾与孩子形成依恋的人（如老人、阿姨），嫉妒孩子对那个人太好，让孩子在客体关系发展中产生混乱的感觉。

扔掉孩子随身携带的旧手帕、毛绒玩具、漫画书，给她买更好的。其实，这些东西对孩子内心平静很重要，是一种对父母依恋的替代品，要暂时保留，耐心地等待孩子自己失去兴趣。

对于太过黏人而需要减少依恋的孩子，建议父母亲有意识地从孩子的生活中"消失"

可以送孩子去夏令营或是参加需要跟其他孩子在一起时间比较久的活动，让孩子明白，不在父母身边，她也可以过得很好。

过度保护的孩子长不大

惠施和庄子都是魏王的好朋友。一天，魏王分别送给他俩一些大葫芦的种子，对他俩说："你们把这些种子拿去种在地里，会结出很大的葫芦。比比看，你俩究竟谁种的葫芦大，到时候我还有奖赏。"

惠施和庄子都高兴地领受了，并去种在地里。

为了能种出比庄子更大的葫芦，惠施非常用心，而且每天都施肥、除草。庄子的葫芦就种在不远的地方，但他从不施肥、除草，只是到时候来看看，见没有什么异常，就做别的事去了。

没过多久，惠施的葫芦苗一棵一棵地相继死去，最后，一棵也没成活。而庄子的葫芦苗却长得格外好，慢慢地，都开花结了果，而且，长出的葫芦都很大。

惠施觉得很奇怪，就跑来请教庄子："先生，为什么我那么用心地栽培，所有的苗都死光了，而您从来都不曾好好地管理，反而长得那么好呢？"

庄子笑着答道："你错了，其实我也是在用心管理的，只不过与你的方法

不同罢了。"

"那你用的是什么方法呢？"

"自然之法呀！你没见我到时候也要去地里转转嘛！我是去看看葫芦苗在地里是不是快乐，如果它们都很快乐，我当然就不用去管它们啦。而你却不管它们的感受，拼命地施肥，哪有不死之理啊？"

"这么说来，还是我害了它们？"

"就是啊！你的用心是好的，可是你不用自然之法，怎么可能得到自然万物的拥戴呢？"惠施恍然大悟。

这个故事对当今的家庭教育会有所启迪。在孩子成长的道路上，存在着一个非常温柔的陷阱，就是那些过分庇护孩子的父母亲自挖掘的，掉进陷阱里的孩子，由于被剥夺了犯错误和改正错误的机会，从而也失去了长大成人的权力。

保护孩子是父母的天性，没一个父母不对孩子倾注着满腔的热爱。没有父母的保护，孩子是很难长大成人的。然而，过度的保护则没有益处，只会使孩子变得软弱无能，缺乏自主性和独立性。

据报载，一名8岁的小女孩，仅仅因为偶然的迷路，她母亲便痛下"不再让女儿离开自己一步"的决心，并辞去公职，留在家里照看女孩。这样的事例，在生活中是很少见的，但家长对孩子过分呵护，凡事顺着孩子，生怕孩子饿着、累着、受委屈的现象却不是个别。我们在一些小学门口观察发现，家长早送晚接，更有甚者，干脆帮小孩做家庭作业，收拾学习用品，帮小孩值日打扫学校卫生区等。一个四年级的学生上课没带课本，老师问她为何不带课本，她却振振有词地说："还不是我妈，忘记装了！"

有一位母亲，在孩子很小的时候和丈夫离异，这位母亲便把全部的爱转移在孩子身上，好吃好穿的任她挑，在家想干什么就干什么，想要什么母亲就帮她买什么，恨不得把天上的月亮也摘给她。母亲的娇惯和纵容，使她滋生了"唯我独尊"的心理。在学校里霸道十足，不听老师的话；在家稍不如意，就拍桌子摔碗；在社会上经常与人打架斗殴，最终走上了抢劫的犯罪道路。

另外，我们要说的是，父母过度保护孩子的做法其实是一种自私心理的反映。因为过分溺爱的背后，一定会有对孩子行动的禁止和干涉。父母们总是按照自己的意愿去爱孩子，总是站在大人的角度去判断何事该做，何事不该做，从来没有问过孩子是否真的就需要这样的保护。尽管这些都是出自于对孩子的爱心和关怀。但是父母们有没有想过，孩子会在这种连续"禁止"

中，逐渐失去表达自己要求的能力，甚至会变成"无力量""无意欲""无关心"的"三无人类"。从某种意义上说，过度保护孩子，是一种无形的剥夺。剥夺了孩子独立生活的权利，剥夺了孩子自主选择的意愿。这是一种悲哀！

过分保护导致如今孩子某些生理、心理机能退化。一些家长一方面在学业上拼命给自己孩子"加压"，另一方面又为她们在生活上尽可能地创造很好的条件，这便导致现在的孩子大脑"发达"，四肢无力。在舒适的环境中，孩子身体中的某些机能正在逐步退化。因为她们生活的需要很容易得到满足，几乎不用克服什么困难，不用付出，也就没有发展。孩子成长过程中用于发展自己能力的机会就这样被剥夺了。

真心地关注女孩的需要，不要把自己的意识强加于孩子

父母们应该放低自己的姿态，听听孩子内心深处的声音，真正将自己的关怀和保护用在刀刃上，给孩子们多一些自由成长的阳光、温度、水分、空气……别让你的孩子在"腻歪"了的爱中苟延残喘，倍感"生命不能承受之轻"。

留给女孩独立的空间

不管我们做父母的多么想保护孩子，她们一旦融入集体生活，就有一种强烈的独立意识，她们会把这种过分的关心看成是很没面子的事。可以说，当孩子们离开家长时，平时在父母温暖的怀抱下软化的独立意识开始得到了复苏。那些向来将孩子"含在口里怕化了，捧在手中怕摔了"的父母需要认真地去思索了。

帮助女儿甩开坏习惯

引导女儿从小养成好习惯

俗话说，三岁看老。从小养成的好习惯会对女孩产生一生的影响。著名的教育家叶圣陶先生就曾说过："我们在学校里接受教育，目的在养成习惯，增强能力。我们离开了学校，仍要在多方面接受教育，并且要自我教育，其目的还是在养成习惯。习惯越自然越好，能力越增强越好。"当今的社会竞争愈加激烈，如何让孩子尤其是女孩在未来的生活中脱颖而出就显得尤其重要。而奠定孩子一生基础的就是良好的习惯，因此如何让女孩从小养成良好的习惯就成了家长们的热点话题。

好的习惯有时可以决定人一生的价值，培养女孩从小养成好的习惯是非常重要的。而培养孩子的好习惯，首先必须从家庭教育入手。培养女孩良好的习惯并不是一天就能做到的事，必须长期训练和培养。同时，培养孩子从小养成良好的习惯一定要讲究方法。父母，是孩子模仿的对象，父母的一言一行、一举一动都会影响孩子，当这种被动的模仿变成了主动的习惯，纠正就会难上加难。因此父母的言传身教在孩子养成良好习惯的过程中起着非常重要的作用。

琪琪是一个非常害羞的小女孩，上课的时候几乎从来都不主动回答问题。妈妈问她为什么，她都说因为害怕在很多人面前讲话。妈妈一直想要改正琪琪这个小毛病，但是无论怎么努力，琪琪始终在很多人面前都很害羞。

有一天，琪琪的幼儿园举行灾区捐款活动，那天去了不少家长，突然老师对琪琪妈妈说想请她上台作为家长代表讲几句话。面对突如其来的邀请，毫无准备的妈妈，看着那么多的家长，无故地怯场起来，本想回绝老师，可是看到女儿期盼的眼神，妈妈突然想到"言传身教"，于是她鼓足劲上台即兴演讲。果然从那时起，老师给琪琪的评价成了："上课积极回答问题，而且不乱喊，都是举手回答的。"看到老师这样的评语，妈妈曾问过琪琪，现在上课怎么敢回答问题了，琪琪说："妈妈都上台了，我也可以，我现在一点也不害怕了。"瞧，这就是"言传身教"的奇特功效，好多妈妈都在提同样的问题："我的宝宝上幼儿园胆怯，我该怎么办？"其实妈妈可以模拟一个舞台，妈妈上台表演给宝宝看，宝宝看在眼里，自然学在心中。要知道，宝宝的模仿能力是最强的。

好的习惯会让孩子受益一生，好的习惯会影响孩子的生活方式以及个人成长道路。那么怎么样让孩子养成好习惯呢？

第一，重在预防，父母要有意识地引导孩子从小养成好习惯。有些家长认为孩子的习惯培养要顺其自然，小孩子有一些坏习惯是很正常的，只要长大了，就会变好的。实际上，什么事情都是重在预防，如果你在孩子年幼的时候能够有意识地进行引导，让孩子从小就养成良好的习惯，那么，就不用在孩子染上坏习惯的时候而烦恼。

第二，不断强调，父母要有意识地提高孩子对好习惯的认知。孩子在年幼的时候，对于好习惯、坏习惯是没有概念的，这就需要父母在有意识地引导过程中，不断地向孩子强调好习惯的重要性。

第三，榜样示范，父母要用自己的好习惯去感染孩子。就像例子中提到的那样，孩子具有模仿心理，只要身边的人和事物引起她的好奇心，她都会去模仿。因此，父母应当经常在行为举止谈吐等方面做好示范。

第四，抓住关键期，轻松预防孩子出现坏习惯。当孩子刚出现一些坏习惯的时候，许多父母不仅不进行教育，反而引以为傲，这使孩子误以为，自己的行为是正确的，从而使坏习惯越来越牢固。

从某种程度上说，好的习惯是人生的重要指导。叶圣陶先生曾说过："什么是教育？简单一句话，就是养成良好的习惯。"因此作为父母一定要在孩子的习惯培养上下大功夫。六岁以前是孩子人格陶冶最重要的时期，这个时期如果父母培养得好，以后只要顺其自然，孩子就会朝着优秀的方向发展，父母一定要记住，习惯成了不易改，倾向定了不易移，态度决了不易变。

好习惯贵在持之以恒

其实习惯就是不断地强化某种行为，直到它变为一种定式。父母要不断地引导孩子养成好习惯，纠正坏习惯，时时监督提醒孩子。

淡化批评，学会暗示

父母要学会宽容对待孩子的坏习惯，避免纠正坏习惯过程中的亲子冲突。要想纠正孩子的坏习惯，必然会引起孩子的反抗。怎样避免产生亲子冲突呢？父母要在教育的过程中使用暗示的方法，于无声无息中进行教育。

让女孩照顾花草或者是小动物

拥有小动物的孩子往往更容易接近，更容易结识新的朋友，因此与他人交流的机会也更多。成年人在帮助女孩照顾小动物的过程中，也能与孩子分享乐趣，从而加深亲子关系。拥有小动物的女孩，更加有同情心、责任感和交际能力。因为相对于女孩来说，小动物和植物是更为弱小的，它们更需要照顾。经常照顾小动物的女孩不会再以自我为中心，她们会学会关注和帮助弱势群体，体现出她们的同情心与爱心。同时，在与小动物的相处过程中，小动物也会成为女孩倾诉的对象，在这个独生子女占多数的时代，小动物和植物会帮助女孩摆脱孤独，获得安慰，让孩子在自己的世界获得安全感。

安安是一个被娇惯坏了的小女孩，做事总是先考虑自己。在安安生日的时候，有人送了安安两只荷兰鼠，因为安安从来没养过小动物，对荷兰鼠的兴趣非常大，妈妈即使反对，也只好硬着头皮陪她饲养了。安安这下可乐坏了，每天都早早起来，也不赖床了，生怕小老鼠饿坏了；放学后，也不大会在游乐城流连忘返了，她要赶紧给她的小老鼠喂食去。小老鼠食用的蔬菜叶子都要用水浸泡，妈妈总记不住这茬儿，安安强烈批评妈妈办事不力，开始自己动手；并且还自己学会了用"刨子"削苹果喂小老鼠。当两只小老鼠为了一块胡萝卜争抢时，安安像个大人似的："小可爱，你们要乖哦，一人一块，不能抢哦，你们是好朋友呀！"妈妈觉得安安怎么一下子像换了一个人？从前只考虑自己的坏习惯没有了，变得有爱心，也更有责任感了。同时体会到了养育的辛苦的安安，也更加理解爸爸妈妈平时的辛苦了。

后来安安还养了小蝌蚪，安安养了蝌蚪之后，趴在那儿会一看老半天，且常常会有一些惊奇的发现。每隔一个时间段，就可以观察到小蝌蚪明显的变化。每次变化的发现，都会让安安大为惊奇。蝌蚪先长前腿还是后腿，尾巴是缩短的还是掉下来的，这些问题都不言自明了。妈妈也辅助她用相片和文字记录下蝌蚪每个阶段的变化，尝试让安安口述"观察日记""喂养心得"，让孩子养而有获，感受神奇的生命过程。

饲养小动物、照顾小植物可以让孩子们感受到生命的崇高，也可以培养她们良好的观察习惯。在小动物面前，女孩子们是强大的，担任喂养教化的工作，可以培养她们的责任心，也是她们自我教育的良机。她们会把小动物当成自己的朋友，会让她们觉得快乐，安全和信赖，更会让她们明白生命的可贵和可爱。

走出教育女孩的误区

很多父母都会有这样的误区，认为小动物很脏，有很多看不见的细菌，即使是花草植物等也会有很多小虫子，如果让女孩接触，传染疾病或者被蚊虫咬到，是得不偿失。或者认为，照顾小动物、小植物等需要花费很多的精力，小女孩年纪还小，一定会让大人帮忙，而养一个小孩已经非常麻烦了，还要养动物，更是烦上加烦。其实，这些问题在小动物、小植物能给孩子带来的益处面前都不算什么。

鼓励女儿给小动物做记录

小动物不仅是女儿的倾诉对象，也为女儿认识生命世界打开了一扇门，鼓励女儿给小动物做成长记录，可以让她更仔细地观察小动物，培养对大自然的热爱，更可以作为女儿集中注意力的训练。

试着把生活安排得有条不紊

由于现在多是独生子女，很多父母对孩子过于溺爱，很多父母喜欢为孩子安排一切，觉得孩子没有安排自己生活的能力，需要父母的帮助才能安排好一切。尤其是女孩，更是在家里受到宠爱，从小几乎没有自己决定过任何

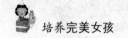

事。这样做实际上是剥夺了孩子从小安排自己生活的权利。

在这样的生活环境下，孩子只会越来越依赖父母的安排。然而，孩子不会一辈子活在父母的帮助里，没有安排自己生活能力的孩子在以后的生活中只会是一团糟。因此，让孩子逐渐认识到安排自己生活的重要性，学会合理地自主地安排自己的生活，不仅是孩子身心健康的重要条件，更是为孩子以后的生活顺利打下了基础。

上五年级的洋洋是个很乖的女孩，学习成绩算是中上水平。她的爱好就是阅读课外读物，看各种各样的书籍。

暑假到了，洋洋更加疯狂地看起课外书了，每天去书店一待就是一整天的时间。按照常理来说，孩子喜欢读书是个很好的习惯。可是洋洋的父母却为此非常的苦恼。因为洋洋把时间全部放在了阅读这些课外书籍上，根本就没有时间去顾及课内的学习内容，很多时候甚至连作业都没有完成。妈妈每次催促洋洋完成作业，洋洋都会说："我正在看书呢，作业待会儿再做。"

就这样每次暑假的作业，洋洋都是留在最后几天才紧赶慢赶地做完，速度是有了，但是根本没有质量可言。爸爸妈妈知道洋洋爱看书是好习惯，但是，因为看课外的书占据了大部分时间，而导致没有时间学习课内的知识，就是一个比较严重的问题了。

洋洋的这种情况，相信很多家长都遇到过，怎样让孩子树立正确的时间观念，懂得在适当的时间做适当的事呢？首先，可以要求孩子制定一个时间计划表。时间表的内容应该包括在家什么时间起床、什么时间上学、什么时间放学回来、什么时间休息，睡觉、复习功课用多长时间等。父母应该通盘考虑、合理安排、忙而不乱，还要教育孩子认真遵守、持之以恒。这样养成了按照计划做事的习惯，就会有井井有条的感觉，而不会显得做什么事情都是一团乱。但是安排这样一个时间表的同时，也要注意张弛有度，不能事事都安排好。要留一些空余时间给孩子，以应对突发状况。

每个人都是在时间的长河中开始人生的旅途，每个人的生命都需要自己把握，谁能够把握自己的生活，谁就最能接近成功的终点。所有希望孩子成才的父母，都应该培养孩子做自己的主人，这会使她们终身受益。

与女孩一起制定时间表

学会安排时间是安排生活的重要一环。让孩子明白时间管理的重要性，明白一寸光阴一寸金，是学会安排自己生活的第一步。孩子自己制定了一个时间表，可以使她的学习、生活有秩序地进行。

严格监督女孩提高做事效率

时间表制定了，但很多孩子毅力、耐力欠缺，这就需要父母及时检查孩子的计划执行情况，督促女孩们完成预定目标。

帮助女孩纠正爱拖拉的习惯

娜娜是个非常可爱的小女孩，安静听话，只是她有一个坏毛病，那就是无论做什么事情，都喜欢拖拖拉拉。早上6时左右起床，却要磨蹭到8时出门；做作业时，边做边和同学说悄悄话；椅子上仿佛有钉子，坐在上面能"扎"起几十次……日常生活中，妈妈对娜娜说得最多的一句口头禅莫过于"快，快，快"了。一天晚上，妈妈开着车，带娜娜回家，娜娜脱了鞋，舒服地躺在车后座上听音乐。到了车库，妈妈停好车，叫娜娜下车，可她就是磨磨蹭蹭的半天也没有穿好鞋。妈妈一急，就大声催她快点。娜娜不喜欢别人大声对她说话，妈妈一大声，她就干脆停下来了，之前虽说慢，好歹还有进度，这下子好了，完全停下来了。妈妈不得已只得放下两只手里拎着的东西，迅速地帮她穿好鞋子，火速拉她下车，完了，还在她屁股上拍了两下。这样一来就把喇叭按响了，这时娜娜开始哭了，妈妈不吭不响地拎起东西，开始往家走。娜娜跟在后面，一直哭，直到家门口。

相信这种情况，众多父母并非第一次遇到。爸爸妈妈们经常感到纳闷：孩子做事为什么这么拖拉？怎么才能改正孩子这些不良习惯呢？

其实孩子会有拖拉的坏习惯有些是本身的性格特点，有些是受到了家庭的影响。所以首先，家长必须起到榜样的作用，自己要改变以往做事慢慢腾腾的坏习惯，养成雷厉风行、干净利索的习惯，让"快"这个字贯穿在生活之中。因此，家长可以尝试跟孩子比赛，在做家务的时候看谁先做完，或者谁能在规定的时间做完。久而久之，孩子拖拖拉拉的毛病必然会有所改变。

同时，更要树立孩子能够完成某件事的自信。作为家长在教育孩子方面要有耐心，要多和孩子沟通交流，当孩子有进步的时候不要吝啬自己的表扬，多鼓励，适当的时候给予一些小小的奖赏，这点很重要，不要急于求成，更不要把她和其他孩子作比较，要知道再调皮的孩子也有她的长处和优点，要善于发现和及时地做正确引导，现在都是独生子女，过分的溺爱是没有好处的，到将来后悔就晚了。拖拉的习惯有时不是马上就能改变的，也不是完全靠父母的纠正就能改变的，让孩子明白拖拉的坏处，靠自己的决心改变才能取得效果。

切勿操之过急

改正孩子爱拖拉的毛病，当务之急不是催促，而是放任。就好像治理洪水的方法不是堵，而是疏。很多家长都抱怨孩子穿衣服慢，早上的时间分分秒秒都要赶，孩子穿衣服总是弄得当妈的手忙脚乱。其实，之所以有这样的局面，有些时候恰恰是因为妈妈太着急了。类似的情况，你越催她，她越不会做。

和女孩沟通的时候要追根溯源

多跟孩子沟通，了解到她们拖拖拉拉的真正原因，尊重孩子的需求，做好引导。孩子在某种事上拖拉一定有她拖拉的原因，找出原因，帮孩子克服心理压力，才能真正从心理上帮助孩子克服拖拉的毛病。

物归原处，杜绝随手乱放

有小朋友的家庭是很容易看出来的，往往沙发上放着玩具，桌子上有很多零食，孩子的用具随处可见。有了小宝贝，再想让整个家庭保持二人世界的浪漫和情调已经成了一件不可能的事情。但随着孩子的长大，有的家庭恢复了规整，有的家庭却"十面埋伏"，总能在某个角落冒出孩子的书本、文具来。

其实，只要方法得当，孩子的东西是能够很好地归类的。

有一个小孩子在家里的时候总是丢三落四，不停地找妈妈要东西，这也不见了那也不见了，孩子一边放，妈妈就一边收，结果谁都不知道东西去哪儿了。

但是很奇怪，孩子在学校里面从来不丢东西，从家里带过去的文具和饭盒，总能完璧归赵，从来不缺胳膊少腿。孩子的科目很多，教科书、参考资料、试卷、作业、强化练习，等等，也从来没有少过。这让妈妈很奇怪。

"聪聪，你们在学校都是怎样放东西的？"

"我们每个小朋友都有一个柜子，上面贴了自己的名字，大家都把东西放在自己的柜子里。其他的东西都是装在自己的书包里，别人我就不知道了。"

"哦，原来是这样。"妈妈开始考虑给孩子设计几个专用的柜子。

她给孩子买了一个雕花的大木箱，里面可以放很多东西。"这是你的魔法宝盒，我们把所有的玩具都放进去吧，娃娃留在外面。"然后妈妈给复印纸盒子贴上了好看的包装纸，上面写着"文房四宝"四个字。"往后，所有的文具就放在这个文房四宝盒里面好了。"然后买了几个大大的粘钩，贴在孩子房间的门背后，孩子够得着的地方，让孩子把书包都挂上去，随手可以拿走。

这个办法大大缓解了女儿找东西的痛苦，而且孩子还觉得很有意思，自己又动手做了几个"多宝格"，仿照故宫中的多宝格样子，把大大小小的零碎都放了进去。她的小世界越来越清晰了。

聪聪上小学时，已经渐渐有了自控的能力。

对于那些低龄的孩子来说，妈妈们要培养孩子物归原处的习惯，先要自己做好示范。比如说，孩子要灰太狼玩偶的时候，妈妈最好能每次从同一个地方比如摇篮下面的储物层拿出来，这样孩子就能形成灰太狼放在储物层的概念。她们自己就会动手拿。如果孩子忘了放回去，妈妈可以提醒她："灰太狼可能想要回家啦。"孩子就能明白妈妈的意思是要把灰太狼放回到原处，也很愿意帮助灰太狼回家。

其实人小时候的培养都是生活习惯的培养。小时候培养了良好的生活习惯，孩子在独立之后，更能掌控自己的生活。这种投资是利益长远的，值得妈妈们耐心地培养。

提出建议，并帮助孩子实施

正如故事中的妈妈一样，她对聪聪提出了解决随手乱放这个毛病的有效措施，并敦促聪聪实行，有了一定的成效之后，又跟孩子一起改良原有的措施，一步步帮孩子纠正了随手乱放的毛病。

适时表扬，耐心培养

心理学家说，一个习惯的培养需要 21 天的重复，也就是说孩子要培养一个哪里拿哪里放的习惯，大概需要 3 周的时间。妈妈需要有耐心，不能 1 周之内总是大发脾气说"提醒了多少次你都记不住，真是没用的东西"这样的话，这只会打消孩子的积极性，对培养好习惯一点效果也没有。孩子一两次没有做好也没关系，当她有意无意地物归原处了一次之后，妈妈最好能表达一下高兴的心情："这次我很快就找到你的球鞋了，真好。"孩子也会觉得自己的行为给家人带来了方便，也会感到骄傲的。

自己的事情，就让女孩自己决定

大多数的小女孩都会依赖父母，而大多数的父母也喜欢让女儿依赖自己，但明智的父母应该懂得：孩子总有一天要长大，独立是孩子的必然发展趋势，这与孩子的性别无关。父母对于女孩的爱，应该更加理智，更加放松，让女孩学会自己决定自己的事情，虽然黏人的女孩子在小时候会显得很可爱，但长大之后，父母能为她们提供的庇护越来越少，只有独立的女孩子才能在社会中勇敢地生存下去。理性地爱我们的小公主，才能让她们真正成长起来。

在青青很小的时候，父母对她的爱就充满了理性。他们很早就培养青青自理的能力，甚至全家人出去玩的时候，2岁的青青也会背一个小背包，里面放着自己的奶瓶和婴儿湿巾。

青青学步的时候经常摔跤，每一次父母都会说："乖女儿，你自己能站起来，是不是？"等青青自己站起来，父母就会说："宝贝，你真棒！"

有一次，青青一家去朋友家做客，告辞的时候，大家在门口换鞋，发现调皮的小狗把青青漂亮的蝴蝶结鞋带弄丢了。"换双鞋吧。鞋码多大？我女儿有一双新鞋。"朋友夫妇热情地帮忙。青青的父母听到朋友的建议，婉言回绝道："这是她自己的事，让她自己来处理吧。"

只见4岁的青青镇定自若地从头上摘下橡皮筋，比划了一下，有些笨拙但却稳妥地把橡皮筋缠在鞋上。鞋子又可以穿啦！朋友夫妇看到这一幕，想到自己衣来伸手、饭来张口的女儿，不禁陷入沉思。

其实，在女孩的养育过程中，有很多"美丽的陷阱"，会让家长"误入歧途"。例如，很多家长认为，女孩天性弱小、依赖性强，这是性格方面的不足，因此需要给予她们更多的保护，使她们免受失败之苦。有些家长还认为，女孩子就应该表现出顺从的一面，不能太过有主见。这些想法都是不对的，同男孩子一样，女孩子们也需要独立，更需要主见，勇敢而有决断力和行动力的女孩子才是我们真正的"公主"。

持着这样的态度的家长，往往会不自觉地就向女孩传达了这样一个信息："你是弱者，你需要保护，没有我们，你什么也做不好。""你需要表现得柔顺，这是女孩的本分。""不要逞强，不要独自决定事情，要问爸爸妈妈。"多么危险的暗示！这样暗示的结果就是：女孩不再相信自己能够做到，而是理所当然地依赖，小时候依赖父母，听父母的话，长大后依赖丈夫，对丈夫百依百顺，心甘情愿地做别人的附属品。

给予女儿理性的爱

在前面，我们一直强调父母要给女孩更多的爱，但更多爱并不代表要代替女孩去决定、不给她机会去独立面对这个世界……要知道，女孩也需要自立、女孩也需要吸取生活的经验、女孩也需要独立、女孩也需要成长。父母们应该给女孩更多爱，但必须有一个前提：在不把女孩看成"弱者"的基础上。只有在父母理性的爱的呵护下，女孩才能独立，才能更快成长。

留给女孩自己思考的空间

让女儿能够自己决定，自己思考，不要把父母的意志填入女儿的小脑袋中，发挥女儿自己的创造力和想象力。对于她自己能够解决的问题，大胆放手。

让女孩明白：是勤劳使生活富足

《战国策·赵策》中"触龙说赵太后"一文中，触龙向溺爱幼子的赵太后提出，国君的子孙往往难以继承父业，就是因为他们自小养尊处优，地位高而没有功勋，俸禄丰厚而没有劳绩，占有满屋的珍宝却不知道劳动的艰辛，从而劝赵太后"爱其子，则为之计深远"。现代社会的家长们，也应"爱其女，则为之计深远"，为了女孩的全面成长，为了女孩子能够更好地生活，父母应从小培养女孩爱劳动的习惯。劳动可以无声地教会女孩子许多只有亲身体验才能了解的事情，也可以潜移默化地训练女孩多方面的能力，促进女孩全方位发展。

劳动可以让女孩获得生存技能，锻炼意志品质，增加知识，促使女孩早日成才。父母要让女孩明白，劳动最光荣，劳动是一切幸福的源泉。同时，劳动可以使女孩的双手和大脑得到协调发展，使女孩的脑细胞得到更多的刺激，加快脑细胞的发育，促进女孩的智力培养。劳动还可以减少女孩的依赖心理，促进女孩独立意识、创造意识的形成。

姜会3岁多时，一天妈妈在家扫地，她歪着脑袋津津有味地看着，像欣赏一件艺术品。妈妈看到她的神情，笑着对她说："宝贝，过来试一试！"她真的跑了过来，夺过妈妈的扫帚，像模像样地扫起来，当然，有些瓜壳、纸屑成了"漏网之鱼"，可妈妈丝毫没有责备她。而是一边讲解要领，一边耐心地给她做示范。没多久，她居然也能把地面打扫得干干净净了。

妈妈着实表扬了她一番，还给了她一颗糖作为奖励。从那以后，她总喜欢学着干一些力所能及的事儿，而且积极性也越来越高。

像故事中的姜会一样，许多女孩子喜欢模仿爸爸妈妈的行为，父母们可以利用这一点，及时进行引导，激发女儿劳动的兴趣，将劳动变成一种乐趣而不是强制性的任务，让女儿自己慢慢体会劳动的内涵。有的父母怕女孩弄巧成拙，帮了倒忙，就不让女孩自己动手去做事，这样就扼杀了女孩的劳动积极性。经常带着女孩做她力所能及的事，让女孩感到劳动的乐趣，会使女孩受益匪浅。女孩真正自己做事后，会将快乐的情感深化为自己的内在意识，

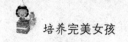

从而将勤劳变成一种习惯，进而变成一种优良的品质。

家长可以先养成正确的教子观念

要让女孩形成勤劳的品质，父母首先要有正确的教子观念。要认识到劳动对于女孩一生的重要意义，重视对女孩劳动习惯的培养。不要因为女孩娇弱，便不给她劳动的机会；女孩稍花些时间做家务，不会影响她的学业。

寓教于乐是教育的艺术

让女孩在劳动中体会乐趣，保持女孩劳动的积极性。女孩具有极强的模仿能力，许多女孩刚会走路，就想拿着扫把扫地，就要帮着父母洗菜、洗衣服，对此父母要对女孩及时进行鼓励，正确引导和培养她的劳动兴趣，强化女孩的劳动观念。

懒惰绝不是女孩的好品质

有一句谚语："早起的鸟儿有虫吃。"无论对女儿多么娇生惯养，父母也绝不会认为懒惰是女孩的好品质。劳动观念的培养，需要父母对女孩从小就进行，教会女孩勤劳，就是给了女孩一个成功的法宝。让女孩儿懂得"懒散如酸醋，会软化精神的钙质；勤奋像火炬，能燃起智慧的火焰"，没有勤劳的品质，即使家财万贯，也有坐吃山空彻底穷困的一天。唯有勤劳才能使女孩生活富足。

某科学研究所曾对 23 名小学生进行调查，结果发现：中国小学生每天平均劳动仅 1 分钟，而韩国的是 0.7 小时，美国的竟高达 1.2 小时。可见我国孩子参加劳动的时间是很少的。美国的家长们对孩子劳动教育的理念就是：自己养活自己。无论家里经济状况如何，美国孩子到 12 岁以后，就必须给家里的庭院剪草坪，给别人送报纸，以换取一些零花钱。18 岁后，就必须离开家长独立生活。微软巨头比尔·盖茨就一直在训练自己的孩子独立谋生的能力，并承诺死后将遗产全部捐给慈善机构，让自己的孩子完全脱离父母的庇护。在日本，有一句教育孩子的名言：除了空气和阳光是天赐的，其余的一切都要通过劳动获得。

中国的情况却恰恰相反，因为不重视劳动教育，许多女孩逐渐养成了依赖、懒惰的恶习。很多父母出于疼爱女孩，也为了让女孩能有更多的时间学习，自动承揽了全部的家务劳动。上学放学，有爷爷奶奶、父母帮女孩背书包；甚至有的父母心疼女孩，代替她写作业。长期这样，女孩必然养成生活上"饭来张口，衣来伸手"，学习上不爱动脑，知难而退的懒惰习惯。现在的女孩普遍存在生活自理能力差，自己的事不会干或干不好的现象。这是因为父母溺爱女孩而事事包办，女孩因而懒惰，缺乏动手能力。

孩童时期是培养女孩自理能力的关键期。通常女孩到三四岁时，已经萌发出自信心和独立性，许多事情都要求自己动手做，这时父母要及时鼓励女孩，及早让女孩学会自己的事情自己干，在实际生活的实践中，培养女孩勤劳的习惯。让女孩自己的事情自己干，从小培养女孩勤劳的习惯。

受益一生的自立教育

让女孩娇而不弱

小女孩是父母的小公主，她们好像天生就胆小：她们怕黑，晚上睡觉时非要跟爸爸"抢"妈妈；她们说话细声细气，不敢争取自己的正当利益；她们娇气，受不得委屈，有一点点伤就哭个不停……正因为如此，胆小和懦弱好像总是喜欢这些小女孩，于是小女孩受到小男孩的欺负便成了常事。

另外，女孩的胆小还会因父母而起。一种情况是，家长对女孩过分的溺爱会促使她们胆小。"宝宝不要动，小心烫着你！""想吃梨？妈妈给你削，刀子会伤到手！"家长的过分保护会给女孩消极的暗示。在家长的溺爱下，女孩会变得娇纵、不可一世；再者，由于很多事情女孩都没有亲自体验过，她会对实践产生畏惧心理。这样的女孩在面对"侵略"时，常常只会躲避。还有一种情况是，当女孩哭时，很多父母经常这样吓女儿："狼外婆来了，专吃爱哭的小孩子！"年幼的女孩很容易对家长的戏言信以为真，并且产生深深的恐惧。对生活带有恐惧心理的女孩，是很难有勇气面对别人的欺负的。在被欺负的时候，她的恐惧心理会卷土重来，给女孩幼小的心灵枷上一个巨大的阴影。

有这样一个故事：

4岁的小女孩桐桐非常胆小。有一次，妈妈带她去社区的小广场玩，旁边突然跑过来一个2岁多一点的小男孩，他直勾勾地盯着桐桐手里的小皮球，非常好奇的样子。桐桐看见了，不自觉地把球往身后藏，然后壮着胆喊："你不许抢我的小皮球！"小男孩好像看出桐桐的胆小，冲上来就抢，桐桐吓得号啕大哭。妈妈连忙说："小弟弟，你怎么可以抢东西呢？"又对桐桐说："小弟弟比你还小呢，你为什么怕他？来，和小弟弟握握手，大家做个好朋友。"

小男孩做个鬼脸，跑了。从那以后，他只要看到桐桐经过，就会跑过来

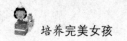

打她一下，或者把桐桐手里的东西抢走。而桐桐看到那个小男孩，总会不由自主地躲得远远的。

又有一次，桐桐正在楼下的车库里玩，看到那个小男孩朝这个方向走来，便马上对爸爸说："爸爸，快把车库的门关上，那个小哥哥要打我。"

桐桐竟然将比她小的孩子升级为"哥哥"了。这也正是很多女孩家长感觉头痛的事，由于女儿的文静、胆小，常常在学校受那些"坏孩子"的欺负，自己又不好插手小孩子之间的事情，但又不知道怎样才能让胆小的女儿保护自己。对于这个问题，桐桐爸爸的解决方法是：

晚上，爸爸认真地问自己的宝贝女儿："那个小弟弟比你小，怎么会是小哥哥呢？你能告诉爸爸你为什么这样怕他吗？"

"因为他总抢我东西，还老打我。"桐桐有点委屈地说。

"如果你按爸爸说的去做，小弟弟就不敢欺负你了。下次小弟弟再抢你东西，你就大声地对他说'不许欺负我'，然后再把东西抢回来！"

第二天，桐桐跟爸爸出门，远远地看到小男孩走过来，爸爸就对桐桐使了个眼色，躲到一边。小男孩过来了，看到桐桐手里的玩具熊，就上来抢。桐桐鼓起勇气，大声说："你不许抢我的东西！"然后用力把玩具熊夺回来，小男孩由于没有站稳，而摔倒在地上。小男孩没想到桐桐变得这么"勇敢"，这次他居然坐在地上哭了起来！

并不是所有的女孩都天生胆小，这与孩子的性格有关，当然与父母从小对她的教育也有很大的关系。家长要想让女孩变得娇而不弱，就要告诉她：躲避不能解决任何问题，用正确的方法去面对那些"纸老虎"，你才能永远不受欺负。

鼓励女儿自己面对困难

女儿遇到困难向父母寻求帮助的时候，父母要做的，不是替女儿解决问题，而是让女儿明白父母是她坚实的后背，无论她做什么父母都会帮助她、引导她，首先树立女儿的安全感，进而鼓励女儿自己面对困难，解决问题，少依赖父母。

提出有效的建议

女儿自己面对困难，不等于父母就在一边喊口号，女儿毕竟是女儿，缺乏生活经验，父母是她可以依靠的最坚实的屏障，对于遇到的问题，父母可以提供一个开诚布公的讨论的平台，跟女儿一起讨论，或是提出建议，引导女儿认可并自己来实行。

告诉女儿，化眼泪为行动来解决问题

前文的例子中，桐桐的爸爸为我们教育女儿树立了很好的榜样，那就是一定要让女儿擦干眼泪，让她们明白眼泪是解决不了任何问题的，女孩子需要的是化眼泪为行动来解决问题。面对哭泣的女儿，做父母的一定要先冷静下来，不要吓女儿，也不要大吼大叫，更不要不闻不问，这时的女孩子最需要的是时间，是鼓励。小女孩忘性大，哭一阵子就会自己停下来，父母不必急着围着女孩问这问那，而是等她冷静下来之后，再引导女孩说出自己的内心需要，免不了要安慰几句，但更多的是让小公主们明白问题还没有解决，还需要勇敢地解决。有这样一个故事：

在英语夏令营里，6岁的若彤是个不敢说话的小女孩。面对美国来的老师，她总是远远躲在一边，遇到什么需要的就去找在夏令营工作的妈妈，上课如果有什么需要找美国老师的，也只是拉拉老师的衣角，然后指指自己想要的东西。每次老师一试图鼓励她说英语，她就低着头，逼得急了，还会哭，妈妈看在眼里，非常着急。

一次午休时，妈妈带若彤去美国老师的办公室玩，就要离开时，若彤拽住妈妈的衣角："妈妈，再玩一会儿吧。"眼睛却一直盯着办公桌上漂亮的洋娃娃。妈妈看出了她的心思，却装作什么也不知道，故意这样对若彤说："只能玩5分钟，5分钟后我们就回教室。"5分钟马上就要过去了，小若彤终于忍不住了，她用很小的声音对妈妈说："妈妈，我……想要那个……洋娃娃。"妈妈抓住机会对她说："如果你能向美国老师要这个洋娃娃，我想他很乐意给你的。但是如果你不愿意说的话，我也没有办法啦，因为这不是妈妈的，也不是妈妈想要的呀。"

小若彤望望美国老师，又望望洋娃娃，再望望妈妈，"不知道……该怎么说……"

"很简单，跟妈妈学，doll，洋娃娃……"

……

终于，小若彤在参加了英语夏令营一个星期之后向美国老师说出了完整的句子。

做父母的一定要在女儿小的时候就对她灌输这样一种思想：争取是一种能力。当女孩希望得到某种东西或机会的时候，当女孩的权利被侵犯的时候，当女孩面临各种压力的时候……争取不一定获得，但放弃就意味着失去。在女孩小的时候，父母就应教会她说出自己的内心需要。

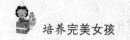

一位教育学家在自己的书中写道："成功是一种感觉，一种态度。'我能行'是成功者的态度，'我不行'是失败者的态度。人改变了态度，由'我不行'变为'我能行'，就会获得成功的感觉，最终改变自己的命运。"

的确，当女孩缺乏自信，眼泪泛滥的时候，即使面对比她弱小的对手也会退缩不前，即使自己的玩具被抢走也不敢要回来……这样的女孩，实际上是把自己放在失败者的假想里，未出征先言败，又何谈将来的成功呢？

耐心等待女儿自己擦干眼泪

看见女儿哭了，家长一般有两种自觉的反应：心疼无比，许下各种愿望让女儿停止哭泣；心烦意乱，呵斥女儿停止哭泣。这样提供另外的刺激让女儿停止哭泣的办法是不正确的，小女孩的注意力集中时间本来就很短，再因为外在刺激而转移的话，她往往会忘记自己啼哭的最初原因，或是在脑海里将"哭"等同于"奖励"。正确的做法，应是留给女儿自己擦干眼泪的时间，当她冷静下来的时候，再询问她。

不过，留给女儿自己冷静的时间，不等于完全忽视女儿的眼泪，小女孩是爱哭，但她的哭不是毫无来由的，父母不要认为哭是不好的，不理她就行，而应该引导女儿把眼泪换成解决问题的动力。

镇定是女孩的另一种勇敢

女孩子更容易慌乱，尤其是在不熟悉的环境中，这是一个不争的事实，想必很多女孩家长对此也深有体会。因此，在我们的耳边，也经常响着父母们不解的声音：

"女儿很容易紧张，如果让她在亲朋好友面前唱歌、跳舞、讲故事，她总是手忙脚乱了半天也开不了口。"

"女儿从小就害羞，家里来了生人（包括不经常往来的亲属），她会很快躲到了妈妈的背后，把脸藏起来。"

"女儿在幼儿园从不主动表现自己，回答问题不积极，老师逼急了还要哭。"

……

在日常生活中，女孩父母们经常会发现自己的孩子在家中活泼大方、能说会道，可一旦到别人家里或碰到生人，就会局促不安、胆怯慌乱，做什么事都要成人代劳。对此，父母们也很无可奈何："这孩子，在家里挺大方的，怎么出来就变样了？"

为什么会出现这种现象呢？其实，从心理学角度来说，孩子在1～2岁时都要经历正常的害羞期。孩子在这个年龄段出现的害羞是属于一种正常现象。但当孩子过了这段害羞期，甚至到了学龄期仍然害怕人多的场合，不能调整自己紧张慌乱的心态，父母就应对此多加关注、多加引导了。因为这时候孩子表现出来的紧张和怯场，虽和天生的生理因素有关，但也和父母的教育方式有着莫大的关系。

对于女儿的怯场行为，许多父母不仅不能体贴女儿的心情，反而横加指责，这会极大地伤害女儿的自尊心，同时也会给孩子打下"我就是害怕，我就是不勇敢的"的心理烙印。

晓晓是个害羞的孩子，每次遇到熟人一逗她，她不是支吾着说不出话来，就是哭着跑开了。因此爸爸每次带晓晓出门，回家后都少不了批评晓晓一顿："你怎么这么不争气，连句完整话都说不出来。"这以后，为了避免尴尬，爸爸越来越少带晓晓出门了。

晓晓很伤心，却又不知道怎么办。有一次，又有客人来家里做客，带来了一个活泼可爱的小妹妹，小妹妹跟晓晓同一个幼儿园，比晓晓低一个年级，非常大方，蹦蹦跳跳地来拉着晓晓的手要一起唱一首她们在幼儿园学过的歌，晓晓起初不敢，但经不起小妹妹恳求，就答应了，小妹妹高兴地拉起晓晓跑到客厅，两人一起为大人们唱了歌，又跳了舞，爸爸妈妈和客人们都很高兴，大声称赞，晓晓很高兴，也玩得非常开心。

客人走了之后，爸爸对晓晓说："晓晓，你今天的表现太棒了！爸爸终于知道晓晓也是个大方的孩子，只是爸爸平时老是批评你，对你的鼓励太少了，现在爸爸跟你说对不起，明天我们就一起再去那个小妹妹家玩好不好？爸爸妈妈跟叔叔阿姨还想看你们俩表演呢！"晓晓高兴地答应了。

孩子之所以会形成容易紧张、懦弱慌乱的性格，与父母的少鼓励、多指责有很大关系。这样的孩子一般都会自信心不足，父母一味地指责只会让孩子的自信心再次受到打击。可以想象，一个自信心严重受创的孩子，又怎么可能变得开朗大方呢？

怯场是很多女孩子都需要面对的一个问题。对此，父母们千万不要着急。只要面对孩子的慌乱行为，我们不犯"不体贴反指责"的错误，采取循循善诱、增加锻炼机会等教育方法，我们的小公主自然会成长为一位勇敢大方的优秀女性。适当地给予孩子一些外在因素的刺激，等孩子有了进步就马上给予肯定和鼓励，我们的小公主会逐步摆脱怯场自卑的心理，变得阳光又勇敢起来。

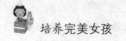

让女孩放宽心态

在一定的年龄阶段（一般是 3 岁之前），孩子在陌生人面前容易紧张是正常的反应，家长千万不要大惊小怪，也不要认为女孩出了什么问题。孩子会慢慢成长，过了慌乱期，很多孩子都会渐渐开朗大方起来。

鼓励是最好的镇静剂

要是随着年龄增长，女儿还是表现出怯场、怕生、容易慌乱的特征，就是缺乏自信的表现，这时候，父母千万不要指责她"见不得人"，或是当着女儿的面对客人们说"她是我们家脸皮最薄的"，这会对女儿产生消极的暗示。在女儿手忙脚乱、不知所措的时候，父母要做的，就是鼓励，就是不厌其烦地支持和鼓励你的小公主。

让女孩做家庭的"女主角"

要想让女孩子告别害羞、告别腼腆，培养女儿大方、端庄的气质，父母就必须给予她更多与人接触的锻炼机会。这其中，让女儿做家庭的"女主角"就是最直接、最有效的一种方式。父母可以经常请亲戚朋友到家中做客，给女儿创造当小主人的机会，一方面可以提高女孩的自信心，一方面可以趁机教教孩子如何待人接物。对那些在生人面前易胆怯的孩子，父母不必急于求成，可循序渐进地教她们，在孩子做好前一步的前提下再提高要求，不要强迫孩子做她不能胜任的事。等孩子习惯了前一种做法，可自然过渡到下一步。此外，在做客之后，父母还要抓住时机对孩子的表现进行表扬。

乐乐的妈妈告诉乐乐，明天家里要来客人，他们知道乐乐是个很聪明乖巧的孩子，想看看乐乐，既然是来看乐乐，当然是由乐乐来当小主人了，爸爸妈妈会随时配合乐乐的。乐乐听了，很高兴地抓着妈妈问这问那："是什么样的叔叔阿姨呀？""我应该怎么做呀？""我可不可以唱幼儿园老师教的歌给他们听呀？"妈妈都一一回答了。

果然，乐乐表现得出奇的大方，客人们都很高兴，爸爸妈妈就更高兴了。

在做客之后，父母千万不要吝啬自己的表扬。哪怕孩子的表现还没有达到你的要求，也要力求表扬到位。父母的表扬、父母的礼物，不仅是对孩子的认可和鼓励，更可促使孩子向着更好的方向发展。

客人走了之后，妈妈对乐乐说："女儿，你今天真棒。客人都夸你了，爸爸妈妈真为你高兴。"听了妈妈的表扬，乐乐马上显出高兴的样子。妈妈接着说：

"明天爸爸要把你一直很喜欢的那个小熊文具盒买给你，作为你这次优异表现的奖励。"乐乐高兴地抱住了妈妈："谢谢妈妈，我下次还可以做得更好。"

其实，不仅是家里来了客人，一家三口的日常生活也可以适当地让小女儿来做做主，比如问问女儿爸爸第二天打哪种颜色的领带好看，或是让女儿当一天家，等等，给予女儿展现"身手"的机会，同时也灌输给她"我很能干"的意识，对于女孩今后的学习生活会有莫大的帮助。

孩子也有"知情权"

客人来之前，提前一天或半天告诉孩子这是什么样的客人，什么时候会来，他们很喜欢你，想看看你，爸爸妈妈还告诉他们你很喜欢唱歌（或是其他女儿擅长的东西），客人们想看你表演……诸如此类，充分表现出对孩子的尊重，也可以调动孩子的积极性。

让女孩从最基本的小事做起

家长可以循序渐进地教会孩子怎样才是好的待客之道，可以以询问的方式，也可以以建议的方式，与孩子达成"小主人共识"，比如小主人应该向客人问好，为客人送递茶水，帮助大人招待来客，与客人交谈或为客人表演节目，等等。

培养女孩不畏挫折的坚强个性

让女孩明白：吃苦就是吃"补"

被誉为"国际美容教母"的郑明明从小生活优越，她的父亲在印尼的华人圈子里很有名望，优裕的环境培养出郑明明优雅的气质，更培养了她勤于思索的习惯。很小的时候，郑明明就习惯于把自己打扮得漂漂亮亮，而且她对美的事物也很敏感。

按照当外交官的父亲的设想，女儿将来应该是个"高等知识分子"。可是郑明明坚持要为自己负责，于是瞒着父亲，到了日本著名的山野爱子学校，开始了美容美发的学习。

因为得不到父亲的支持，她只带了 300 美元只身到日本，这些钱在交完学费、住宿费后就所剩无几。到了冬天，她的同学都穿着各式各样的皮衣，而她只有一件破旧的黑大衣。她穿着这件唯一可以御寒的大衣从住处乘地铁去学校，到了校门还要赶紧把大衣脱下叠好，生怕穿坏了就没有钱买新的了。

从日本的学校毕业以后，郑明明来到了香港，租了间店铺，成立了蒙妮坦美发美容学院。"万事开头难，刚开始的时候，我每天早睡晚起，至少工作11个小时。那会儿我一人身兼数职，既是老板，也做工人；既迎宾，也要洗头。"郑明明回忆自己刚刚创业的时候，微微一笑，露出洁白的牙齿："可是忙碌之余，我还有个雷打不动的习惯，就是到了晚上就把白天顾客留的姓名、特征、发型等资料建成档案，以后经常翻阅，也便于下次和顾客沟通。"

正当郑明明的贵夫人化妆品在印尼打开市场，准备在雅加达建立蒙妮坦的分支机构时，一场大火却将仓库连同化妆品毁于一旦，郑明明耗光了老本，并且欠了很多债。

痛定思痛，事后整整一年，郑明明在香港的店里，带领大家埋头苦干，白天做生意，晚上教学生，每天只限一个半小时处理私事，其余时间除了吃饭、睡觉，全部花在工作上。经过一年多的苦干，她不但还清了银行贷款，手上还有了积蓄，脸上的阳光终于驱散了那场大火的阴影。

"我父亲很爱玩不倒翁，他说，奋斗的过程，会不断碰到一大堆困难，只要像不倒翁一样不断站起，理想就会实现。"

苦难可以打磨出坚强的男子汉，也可以培养出有韧性的女孩。人生之路不可能一帆风顺，没有哪个女孩可以在父母的城堡中生活一辈子。但是眼下，很多女孩子由于缺乏锻炼的机会，很难学会忍受挫折和失败带来的负面情感，会因为一件很小的不如意的事情而发脾气，或者总是用眼泪来逃避问题。这样的女孩，不是我们要"富养"的。

女孩在成长时期太顺利了未必是好事，不能吃苦接受磨炼的孩子长大后很容易丧失斗志。只有放开保护的羽翼，让孩子多尝些"苦头"，她才能变得更坚强。

面对问题，化眼泪为行动

古典文学作品中喜欢形容一个女孩温婉美丽，就说她似弱柳扶风，泪光点点，如梨花带雨。眼泪是很多女孩的杀手锏，遇到不如意的事情就会发发小姐脾气。哭是女性的发泄方式，但是总是喜欢哭的女孩可不招人喜欢。

吴健雄出生在江苏太仓浏河镇，那是一个典型的江南小镇，小桥流水，烟雨蒙蒙。她的父亲是一位开明人士，曾在著名的上海南洋公学读书，参加了蔡元培先生主办的倡导"学术自由、兼容并蓄"的爱国学社，并加入孙中山先生的同盟会，参加上海商团。

父亲是个多才多艺的人，他自己动手装了一台收音机，让吴健雄听到无线电广播的声音，还为她买百科小丛书，给她讲述科学趣闻。当时很多人还相信"女子无才便是德"的古训，开明的父亲却鼓励女儿上学读书。吴健雄七岁时便进校受启蒙教育。父亲在课余常带女儿出去玩，寻觅家乡的历史古迹，向女儿讲述三宝太监郑和率船队下西洋的故事。

在苏州女师读书时，吴健雄第一次聆听了胡适的演讲。胡适的讲题是《摩登妇女》，他的话语让坐在台下的吴健雄眼界大开，当得知胡适第二天在东吴大学还有一场演讲的时候，吴健雄又到东吴大学再次聆听。胡适对社会改造、对新时代妇女的见解，让吴健雄大为赞叹。大师的智慧，点亮了一个普通女生内心对知识和世界的好奇之火。

1929年，吴健雄以优异的成绩从女师毕业，被保送到南京中央大学。但当时规定要教书一年才能入学，她就跑到上海的中国公学读书。那时胡适并不认识她，只听说过"吴健雄"这个人是一个成绩优秀的学生。

有一次历史考试，胡适担任监考老师，他发现坐在前排的一个女生两个小时就答完了题，第一个交卷。胡适浏览了一遍她的试卷，十分满意，就把卷子送到教务处，正巧遇上另外两位老师，胡适兴奋地说："我还从来没有见过一个学生，对清朝300年的思想史能理解得那么透彻。"胡适决定给她100分。那两位老师也说有个女生十分聪颖，常得满分，当三个人各自把那位女生的名字写下来，一对照，写的都是"吴健雄"这个名字。

从此，胡适对吴健雄寄予了很高的希望。1936年，吴健雄离开战乱的祖国到美国加利福尼亚大学读博士，那时候她还是一个英文都不太流利的姑娘。但是几年之后，她已经能在世界上最好的物理实验室里工作了。

到美国参加哈佛大学300周年纪念演讲之际，胡适还专门去看望了吴健雄，并给她写了封长信："你是很聪明的人，千万珍重自爱，将来成就未可限量……你在海外驻留期间，多留意此邦文物，多读文史的书，多读其他科学，使胸襟阔大，使见解高明。"

读书人是"家事国事天下事，事事关心"。吴健雄虽为一介女流，但也对祖国命运非常关注。吴健雄的大学时代正是民族危亡的时期，她足不出户地用功看书。大一时发生了九一八事变，莘莘学子愤怒了，纷纷拥向街头游行示威。物理系同学推荐品学兼优的吴健雄做游行请愿的领头人，她当仁不让。

吴健雄平时以俭朴著称，但为设"吴仲裔奖学金"，她捐出近100万美元巨款。

有时候，假装没有看见女孩流泪

在美国，很多家庭都主张用"Time out"的教育方式来处理孩子们发脾气的问题，就是当孩子开始发脾气的时候，把她一个人扔在一边不管他，等她自己觉得没有意思了，也就冷静下来了。女孩子都有一种"表演"的情结，你越是在意她的一举一动，她就越是想表演给你看。就像有些人在有客人的时候会格外娇气，只有家里几个人的时候就很正常一样。这是人之常情。不过，也正因为如此，当女孩因为一件小事情而流眼泪的时候，如果她是故意给你看的，你就假装没有看见好了。像往常一样看看报纸、喝茶聊天，就像把她忘了一样。当没有观众的时候，她就自己停下来了。次数多了，她也会觉得没有意思的。

关键时刻站在女儿的身边

不过，一定要注意的是，当女孩在真正受了委屈或者很脆弱的时候，爸爸妈妈还是要第一时间站在她身边。不必急着让女儿擦干眼泪，而是耐心地引导女儿说出事情的原委，再一起讨论解决的办法。